AF551678

Rainer Ostermann

Kriegsende in der Oberpfalz
Ein historisches Tagebuch

Rainer Ostermann

Kriegsende in der Oberpfalz

Ein historisches Tagebuch

Mit einem Vorwort von Albert von Schirnding

Bibliografische Information der Deutschen Nationalbibliothek

Die Deutsche Nationalbibliothek verzeichnet diese Publikation in der Deutschen Nationalbibliografie; detaillierte bibliografische Daten sind im Internet über http://dnb.dnb.de abrufbar.

ISBN 978-3-95587-424-7

Für uns, die Battenberg Gietl Verlag GmbH mit all ihren Imprint-Verlagen, ist Nachhaltigkeit ein wichtiger Teil unserer Unternehmensphilosophie. Daher achten wir bei allen unseren Produkten auf den Einsatz umweltschonender Ressourcen und Materialien.
Dieses Buch wurde auf FSC®-zertifiziertem Papier gedruckt. FSC (Forest Stewardship Council®) ist eine nicht staatliche, gemeinnützige Organisation, die sich für die verantwortungsvolle und ökologische Nutzung der Wälder unserer Erde einsetzt.

Unsere Partnerdruckerei kann zudem für den gesamten Herstellungsprozess nachfolgende Zertifikate vorweisen:
- Zertifizierung für FOGRA PSO
- Zertifizierungssystem FSC®
- Leitlinien zur klimaneutralen Produktion (Carbon Footprint)
- Zertifizierung EcoVadis (die Methodik besteht aus 21 Kriterien in den Bereichen Umwelt, Einhaltung menschlicher Rechte und Ethik)
- Zertifikat zum Energieverbrauch aus 100 % erneuerbaren Quellen
- Teilnahme am Projekt „Grünes Unternehmen“ zum Schutz von Naturressourcen und der menschlichen Gesundheit

3. Auflage 2023

Karten: Ibañez Design
Abbildungen auf dem Umschlag:
Vorderseite: Neumarkt i. d. OPf., Tor an der Klostergasse
Rückseite: Wernberg, Einmarsch der Amerikaner
Flossenbürg, Konzentrationslager, Häftlinge im Steinbruch
Regensburg, Hafengelände

ISBN 978-3-95587-424-7

Vorwort

Am 9. April 1945 wurde ich zehn Jahre alt. Meine Mutter hatte mit uns vier Kindern schon im Sommer 1943 das durch die Messerschmitt-Werke bombenbedrohte Regensburg verlassen; wir wohnten in einem kleinen Schloß südlich von München. Der Vater blieb im Haus in der Kumpfmühler Straße zurück, Regensburg verklärte sich mir zum Paradies, aus dem ich vertrieben worden war – ohne Sündenfall. An Apfelbäumen fehlte es zwar nicht in unserem Garten, aber der Baum der Erkenntnis stand anderswo.

In den ersten Stunden des 9. April 1945 wurden in Flossenbürg sieben Mitglieder der Verschwörung vom 20. Juli hingerichtet, darunter Dietrich Bonhoeffer und Admiral Canaris. Mein Vater berichtete unter diesem Datum meiner Mutter in einem eilig mit Bleistift geschriebenen Brief von den Vorbereitungen für die Übersiedelung des Fürsten Albert von Thurn und Taxis auf die „Aschenbrenner Marter", eine Jagdhütten-Kolonie in dem nordöstlich von Donaustauf gelegenen „Thiergarten". Er mußte den Umzug von 35 Personen, darunter vier aus Ungarn geflohenen „kaiserlichen Hoheiten" organisieren; kein Wunder, daß er meinen Geburtstag darüber vergaß.

Gleichzeitigkeit des Ungleichzeitigen: In jenen Tagen starben auf den „Todesmärschen" der Evakuierungszüge aus Flossenbürg mindestens siebentausend Häftlinge. Auf der „Hütte" hielt der 78jährige Fürst an dem schon vor dem Krieg anachronistischen Hofzeremoniell mit Lakaien, Mittag- und Abendtafel und der vom Hofkaplan zelebrierten Frühmesse fest – den massiven Einschränkungen und Störungen zum Trotz, die durch eine einquartierte SS-Mannschaft und ein riesiges, den „Prinzenbau" blockierendes Lager von Ausrüstungsgegenständen der Wiener Polizei entstanden. In der achtzehn Kilometer entfernten Stadt wurde am 24. April drei Stunden nach Mitternacht der Domprediger Johann Maier ein Opfer der immer noch fast reibungslos funktionierenden Todesmaschinerie der Nazis. Wir hörten die Nachricht im Schwarzsender; in Friedenszeiten hatte er meine von gelegentlichen Glaubenszweifeln heimgesuchte Mutter in langen Gesprächen aufzurichten gewußt.

Wo stand der Baum der Erkenntnis? In keinem der verteidigten, verspielten, verratenen Paradiese, die der Krieg zerstörte. Erst recht nicht konnte er in den Trümmern der Nachkriegswelt gedeihen. Der Garten, in dem er wächst, heißt Erinnerung. Für uns, die wir endgültig aus dem Paradies der Mythen gefallen sind, gilt das moralische Gebot, von den Früchten des Baums der Erkenntnis, mögen sie noch so bitter schmecken, zu essen.

Dieses Tagebuch ist ein Stück bestellter Erde in dem vom Gestrüpp des Vergessens immer bedrohten Garten der Erinnerung. Sein Erscheinen ist ein kulturelles Ereignis, wenn man Kultur in ihrem ursprünglichen Wortsinn versteht. In den bodenlosen Schrecken der Wahrheit, mit der es uns konfrontiert, mischt sich Ehrfurcht; nur so wird sie erträglich. Da ist beispielsweise Johann Igl, der 32jährige Mesner von Sankt Emmeram in Regensburg, der am Abend von Hitlers letztem Geburtstag hingerichtet wird, weil er ein halbes Jahr früher dem „Führer" einen gewünscht hat, „der ihm das Messer reinrennt". Das ist mein Held.

Albert von Schirnding

Einführung

„Kriegsende in der Oberpfalz" – dieses Thema ist so scharf umrissen, daß es kaum einer Aufklärung darüber bedarf, was den Leser erwartet; allenfalls sollte gesagt werden, daß hier mit der Oberpfalz das Gebiet des heutigen bayerischen Regierungsbezirks gemeint ist – 1945 waren Niederbayern und die Oberpfalz noch in einer Verwaltungseinheit zusammengefaßt. Und was die zeitliche Begrenzung des Gegenstands angeht, so kann mit dem 3. Mai die Darstellung der Geschehnisse in der Oberpfalz abgeschlossen werden, denn an diesem Tag war ihre Besetzung durch die US-Truppen vollendet, und die Waffen schwiegen. Vom „Kriegsende" kann mithin gesprochen werden, obwohl die Kapitulation der deutschen Streitkräfte bekanntlich erst am 8. Mai stattfand.

So leicht also der Gegenstand zeitlich und räumlich zu begrenzen ist, so verschiedenartig sind die Aspekte, unter denen er sich bei näherer Betrachtung zeigt: Es ist zu berichten von Einzelschicksalen wie massenhaftem Leid, von glücklichen Umständen wie tragischem Mißgeschick, von Befreiern und Befreiten, von Verfolgern und Verfolgten; es finden sich Beispiele für einsichtiges Sich-Fügen wie fanatische Verblendung, für Anstand wie Schändlichkeit, für Mut wie Feigheit; es ist zu sprechen von Typischem wie Außergewöhnlichem, von Regel und Ausnahme. Einzufangen sind die Verhältnisse auf dem Land ebenso wie in den Städten, die Vielzahl der Akteure des Geschehens, also Besatzer wie Besetzte, Militärs wie Zivilisten, Parteiaktivisten wie Mitläufer und Oppositionelle. Nicht zuletzt ist auch gelegentlich der Blick über die Region hinaus zu richten, sei es, wenn ein mehr oder weniger direkter Zusammenhang mit den Geschehnissen in der Oberpfalz gegeben ist, sei es, daß es sich eher um historisches Kolorit handelt, das mir indes doch einem zumindest intuitiven Verständnis dieser Zeit dienlich erscheint.

„Kriegsende in der Oberpfalz" – das heißt die Gleichzeitigkeit von Verschiedenem, das Nacheinander von Gleichem darzustellen, und überhaupt einer Vielfalt von Erzählenswertem gerecht zu werden. Dies schien die literarische Form des Tagebuchs am besten zu erfüllen – eine Idee im übrigen, die mir Hans Woller anempfohlen hat.

Nicht jeder wird seinen Heimatort in diesem Buch entdecken. Was den Textteil betrifft, so war Vollständigkeit weder angestrebt noch zu erzielen, und zwar aus zwei Gründen: Erstens harrt noch manche Gemeinde der Oberpfalz einer Ortschronik, jedenfalls einer solchen, die das Kriegsende detailliert beschriebe; letzteres mag, am Rande bemerkt, auch daran liegen, daß man vielerorts noch immer einen Bogen um die NS-Zeit und das Fiasko, in dem sie endete, macht. Dieses Defizit aufzuarbeiten, war im Rahmen der Konzeption dieses Buchs schlechterdings unmöglich. Zweitens: Es gleichen sich die Ereignisse, so daß es gerechtfertigt erschien, sich auf Beispielhaftes zu beschränken. Anstelle des – ohnehin nicht erreichbaren – Ziels, die *Vielzahl* der Ereignisse dieser bewegten Zeit so umfassend wie flächendeckend abzuhandeln, trat also die Absicht, deren *Vielfalt* sichtbar zu machen.

Was den Bildteil angeht, so ist aus vielen Orten, insbesondere den Dörfern, so gut wie nichts überliefert. Dies dürfte seinen Grund hauptsächlich darin haben, daß die meisten Menschen – nicht nur in der Oberpfalz – wahrlich mit anderem befaßt waren, als ihre brennenden oder verwüsteten Städte zu photographieren. Andere Motive, etwa solche von militärischer Bedeutung, aufzunehmen, war untersagt oder zu gefährlich. Und nicht zuletzt war der Besitz eines Photoapparats damals noch keine Selbstverständlichkeit, so daß die Möglichkeiten, auf private Aufnahmen zurückzugreifen, notwendigerweise begrenzt sind.

Die Endphase des Zweiten Weltkriegs

Als am 1. September 1939 der Zweite Weltkrieg mit dem Einmarsch der deutschen Truppen in Polen begann, ließ der Großteil der deutschen Bevölkerung – anders als 1914 – begeisterte Zustimmung vermissen. Die Gegner des nationalsozialistischen Regimes mußten sich ohnehin in ihren Warnungen bestätigt sehen: „Hitler bedeutet Krieg", das sahen sie schon in den Jahren vor 1933 voraus, als die Machtergreifung noch zu verhindern gewesen wäre. Doch dem Regime gelang es aufgrund seiner anfänglichen militärischen Erfolge zunächst nicht nur, die besorgten Stimmen zu beschwichtigen, sondern sogar einen Ansehenszuwachs zu erlangen – von „Legitimität" zu sprechen, verbietet sich angesichts seines verbrecherischen Charakters. Binnen kurzer Zeit waren große Teile Europas überrannt; nicht nur das militärisch zu schwache Polen, sondern auch die Großmacht Frankreich waren bezwungen und mußten sich der nationalsozialistischen Herrschaft beugen. Die Niederlande, Belgien, Dänemark und Norwegen folgten, nach dem siegreichen Balkanfeldzug war jedoch die Phase der „Blitzkriege" beendet. Die Sowjetunion und England erwiesen sich als wesentlich ernster zu nehmende Gegner, die USA, denen das Deutsche Reich im Dezember 1941 den Krieg erklärte, ohnehin. England war durch seine Insellage geschützt, die Armee der Sowjetunion zeigte sich doch als widerstandsfähiger, als von den nationalsozialistischen Strategen vermutet. Die Niederlage des deutschen Heers in Stalingrad vom Winter 1942/43 wurde denn auch allgemein als Fanal der kommenden militärischen Niederlage begriffen.

Als dann im Juni 1944 den Alliierten die Landung in der Normandie glückte, war es nur noch eine Frage der Zeit, bis ihre Verbände die Grenzen des Reichs erreichen, überschreiten und Hitler-Deutschland besiegen würden. Das erwarteten einsichtige Militärs auf deutscher Seite ebenso wie ein Großteil der deutschen Bevölkerung, die seit 1943 massierten Bombardements ausgesetzt war, und nun auf eine rasche Beendigung des Kriegs hoffte.

Die nationalsozialistische Führung dachte jedoch nicht daran aufzugeben. Waren Hitler und seine engsten Gefolgsleute wirklich davon überzeugt, das Blatt noch wenden zu können, nachdem sich die – dank des amerikanischen Potentials drückend überlegene – alliierte Kriegsmaschinerie dem Westen des Reiches entgegen bewegte und auch im Osten die unterworfenen Gebiete Stück für Stück von der Roten Armee zurückerobert wurden? War es verblendeter, autosuggestiver Fanatismus oder zynische Kalkulation der Zerstörung Deutschlands, die das Regime den Krieg fortführen ließ? War es Fatalismus? War es bloßes Verbrechertum? Suchte man das Kriegsende aufzuschieben, um wenigstens ein Ziel zu erreichen, nämlich die restlose Vernichtung der europäischen Juden? Vermutlich trugen all diese möglichen Beweggründe – und sicher noch viele andere mehr – zusammen dazu bei, daß es zur totalen Niederlage des Deutschen Reichs gekommen ist. Vergessen wir jedoch nicht: Die Kapitulation war Bedingung dafür, daß Deutschland vom Nationalsozialismus befreit werden konnte, waren auch viele Zeitgenossen nicht imstande, eben diese Befreiung als solche würdigen zu können.

Der „totale Krieg", den Reichspropagandaminister Joseph Goebbels 1943 ausgerufen hatte, mündete also schon ein Jahr später in die totale Niederlage. Nur gestand dies von verantwortlicher deutscher Seite niemand ein, schon gar nicht Goebbels. Noch am 30. März 1945, wenige Wochen vor Kriegsende, notierte er in seinem Tagebuch: „Aber der Krieg ist ja nicht nur eine militärische, sondern auch eine politische Erscheinung, und seine Entwicklung hängt von zuvielen Imponderabilien ab, als daß man sie in den kritischen Phasen halbwegs genau voraussagen könnte. Vor allem die Lehren aus der Geschichte, die ja unverkennbar sind, und die unseren Standpunkt von heute durchaus rechtfertigen, geben uns in der gegenwärtigen Kriegsphase einen sicheren Halt." Für Goebbels war der Krieg noch längst nicht verloren, das Deutsche Reich befand sich lediglich in einer „kritischen Phase". Militärisch durfte man sich zwar keinen allzu großen Illusionen hingeben, aber in politischer Hinsicht schien ihm noch alles offen zu sein, womit er die in der Tat schon damals auftretenden Spannungen zwischen der Sowjetunion einerseits und den westlichen Verbündeten andererseits meinte und doch die Entschlossenheit der Kriegsgegner, Deutschland gemeinsam niederzuwerfen, fatal unterschätzte. Nicht zuletzt sog er Zuversicht aus historischen Beispielen, die zeigten, daß es zahlenmäßig unterlegenen Verteidigern eines Landes möglich war, sich der Übermacht eines Gegners zu erwehren.

Trotzdem, ganz gewiß war sich das Regime seines „sicheren Halts" nicht. Man begnügte sich nicht mit in Presse und Rundfunk täglich verbreiteten Durchhalteparolen, die das kriegsmüde gewordene deutsche Volk bei Kräften halten sollten, sondern griff zu drakonischen Maßnahmen: Schon am 15. Februar 1945 waren aufgrund einer Verordnung des Reichsjustizministeriums in den „feindbedrohten Verteidigungsbezirken" Standgerichte eingeführt worden, was dann im April auch für die Oberpfalz Bedeutung gewinnen sollte. Die Präambel verhieß für all die, die nicht mehr bereit waren, ihr Leben in einem längst verlorenen Kampf zu riskieren, und zwar Soldaten wie Zivilisten, nichts Gutes: „Die Härte des Ringens um den Bestand des Reiches erfordert von jedem Deutschen Kampfentschlossenheit und Hingabe bis zum Äußersten. Wer versucht, sich seinen Pflichten gegenüber der Allgemeinheit zu entziehen, insbesondere, wer dies aus Feigheit oder Eigennutz tut, muß sofort mit der nötigen Härte zur Rechenschaft gezogen werden."

Eine weitere Einschüchterungsmaßnahme stellte der „Flaggenbefehl" vom 29. März 1945 dar, den der Reichsführer SS Heinrich Himmler an Wehrmacht und Waffen-SS ausgegeben hatte. Fortan war es strafbar, sein Leben zu retten: Wer zum Zeichen der Aufgabe des Widerstands eine weiße Fahne an seinem Haus anbrachte, mußte damit rechnen, von den eigenen Truppen erschossen zu werden. „Im jetzigen Zeitpunkt des Krieges kommt es einzig und allein auf den sturen und unnachgiebigen Willen zum Durchhalten an. Gegen das Heraushängen weißer Tücher, das Öffnen bereits geschlossener Panzersperren ... ist mit härtesten Maßnahmen durchzugreifen. Aus einem Haus, aus dem eine weiße Fahne erscheint, sind alle männlichen Personen zu erschießen. Es darf bei diesen Maßnahmen keinen Augenblick gezögert werden." Eine andere Fassung des Befehls sah zudem vor, ebensolche Häuser niederzubrennen. Und wie nicht anders zu erwarten, wurde der Befehl denn auch tatsächlich ausgeführt.

Unübersehbar und unausweichlich ging das Regime seinem Ende entgegen. Dem schon auf der Konferenz von Casablanca im Januar 1943 erklärten Kriegsziel der Verbündeten, den Nationalsozialismus in Deutschland zu zerschlagen, vor allem der Forderung nach „bedingungsloser Kapitulation", stand zwar die Entschlossenheit der deutschen Führung gegenüber, um keinen Preis zu kapitulieren. Dies war jedoch nichts anderes als politisches und militärisches Desparadotum. Man war auf deutscher Seite bereit, immer mehr Soldaten wie Zivilisten zu opfern und immer verheerendere Zerstörungen in Kauf zu nehmen.

So konnten die mit Hitlers Erlaß vom 25. September 1944 eingerichteten Einheiten des „Volkssturms", ihrem martialischen Namen zum Trotz, nicht darüber hinwegtäuschen, daß es sich bei ihnen um das letzte militärische Aufgebot des Dritten Reichs handelte. Eine wirkliche Stärkung der Verteidigungskraft war von diesen schlecht ausgebildeten und unzureichend ausgerüsteten Milizen, zu denen „alle waffenfähigen Männer im Alter von 16 bis 60 Jahren“ einberufen werden konnten, ernsthaft nicht zu erwarten. Zudem waren die Angehörigen des Volkssturms auch oft genug nicht sonderlich kampfmotiviert, insbesondere die älteren: Wer wollte schon die Heimat um den Preis ihrer Zerstörung verteidigen?

Spektakulärster Ausdruck der selbstzerstörerischen Tendenzen des Regimes war der Führerbefehl „Verbrannte Erde“ vom 19. März 1945, der auch unter dem Namen „Nero-Befehl“ bekannt wurde. Mit ihm wurden die vor dem Gegner zurückweichenden deutschen Truppen angewiesen, zugleich mit ihrem Rückzug sämtliche „militärischen Verkehrs-, Nachrichten-, Industrie- und Versorgungsanlagen sowie Sachwerte innerhalb des Reichsgebietes, die sich der Feind für die Fortsetzung seines Kampfes … nutzbar machen kann“, zu vernichten. Hitlers Motiv war dabei weniger, dem Feind seine Beute vorzuenthalten, als die Lebensgrundlagen eines Volks zu zerstören, das sich „als das schwächere erwiesen“ hatte. Nicht nur der Nationalsozialismus sollte untergehen, sondern Deutschland überhaupt. Zum Glück dachte man außerhalb des Führerbunkers langfristiger. Nicht nur der schon längere Zeit mit Planungen für das Nachkriegsdeutschland befaßte Rüstungsminister Albert Speer widersetzte sich, auch die Wehrmacht, die Reichsverteidigungskommissare und viele Gauleiter verweigerten die Ausführung des Befehls. Diese Möglichkeit hatte Hitler bedacht, weshalb die Direktive ausdrücklich, wenn auch vergebens, vorsah: „Entgegenstehende Weisungen sind ungültig.“

Gewissermaßen eine Etage höher fühlte man sich Hitlers Vorstellungen weitaus mehr verpflichtet: Am 12. April erging ein von Himmler, Wilhelm Keitel, dem Chef des Oberkommandos der Wehrmacht, und Martin Bormann, dem Leiter der NSDAP-Parteikanzlei, unterzeichneter Befehl an die Kampfkommandanten der Städte, die an wichtigen Verkehrsknotenpunkten gelegen waren: Diese waren angewiesen, ihre Städte bis zum äußersten zu verteidigen. Zuwiderhandlungen konnten den Tod nach sich ziehen, auch Zivilisten, die die Ausführung dieses Befehls behinderten, waren mit der Todesstrafe bedroht. „Für die Befolgung dieses Befehls sind die in jeder Stadt ernannten Kampfkommandanten persönlich verantwortlich. Handeln sie dieser soldatischen Pflicht und Aufgabe zuwider, so werden sie, wie alle zivilen Amtspersonen, die den Kampfkommandanten von dieser Pflicht abspenstig zu machen versuchen, oder gar ihn bei der Erfüllung seiner Aufgabe behindern, zum Tode verurteilt.“ Der Befehl lag zwar nicht ganz auf der Linie des „Nero-Befehls“, mußte aber, soweit er befolgt wurde, zu einem ähnlichen Ergebnis führen. De facto war es ja unerheblich, ob die sinnlose Vernichtung – nicht nur der Industrieanlagen – deutscher Städte durch die gegnerische Luftwaffe erfolgte und durch aussichtslose Verteidigungsanstrengungen geradezu provoziert wurde oder ob die deutschen Truppen das Zerstörungswerk selbst besorgten. Sofern hierin ein Unterschied bestand, war er allenfalls von propagandistischem Belang. Doch die Deutschen waren in den letzten Kriegswochen kaum noch erreichbar für Nachrichten aus dem Hause Goebbels.

Das wußte der SD, der Sicherheitsdienst der NSDAP, aus erster Hand; anders als die doch zunehmend realitätsentrückte Zentrale in Berlin war dieser mit der Stimmungslage der deutschen Bevölkerung bestens vertraut. Von Ende März datiert der letzte Bericht des SD, in dem ohne jeden Versuch einer Beschönigung ein Bild von dem Autoritätszerfall des Regimes und der Hoffnungslosigkeit, in die die Deutschen verfallen waren, gezeichnet wird: „Keiner glaubt mehr, daß wir siegen. … Das Volk hat kein Vertrauen zur Führung mehr. Es übt scharfe Kritik

WEITERMACHEN bedeutet :

FÜR DEUTSCHLAND-

Ständig wachsende Verheerung durch Materialschlachten auf deutschem Boden im Osten und Westen. Vernichtung der letzten Voraussetzungen für den Wiederaufbau nach dem Kriege.

FÜR DEINE FAMILIE-

Ständig wachsende Gefahren durch den einrollenden Krieg. Selbstmörderische Volkssturm-Einsätze, Bombardierungen, immer mehr Nahrungsknappheit, Parteiterror und schliesslich Chaos.

FÜR DICH-

Ständig wachsende Material-Unterlegenheit, in der Deine Opferbereitschaft allein nichts ausrichten kann. Ein Selbstopfer in letzter Stunde, das seinen Zweck verloren hat.

ZG 119 K.

SCHLUSSMACHEN bedeutet:

FÜR DEUTSCHLAND -

Einen harten aber gerechten Frieden, in dem man leben können wird.

Präsident Roosevelt erklärte in seinem Bericht über die Beschlüsse der Dreimächtekonferenz in Yalta : „*Bedingungslose Kapitulation bedeutet nicht die Vernichtung oder Versklavung des deutschen Volkes... Wir werden nicht wieder, wie nach dem vorigen Krieg, in den Fehler verfallen, Wiedergutmachung in Geldleistungen zu verlangen, die Deutschland niemals aufbringen kann. Wir wollen nicht, dass das deutsche Volk Hunger leidet oder eine Last für die übrige Welt wird.*"

FÜR DICH -

Den Schutz der Genfer Konvention. Allein im Westen haben sich bisher über 1 000 000 deutsche Soldaten unter diesen Schutz gestellt, indem sie sich in hoffnungsloser Lage ergaben. Als Kriegsgefangenem stehen Dir die folgenden Vergünstigungen zu:

1. Sofortige Entfernung aus der Kampfzone
2. Verpflegung wie die der alliierten Truppen
3. Dieselbe Lazarettpflege wie die der Alliierten
4. Regelmässiger Postverkehr mit der Heimat
5. Baldmöglichste Heimkehr nach Kriegsende

Wenn Du Schluss machen musst, so lege Waffen, Helm und Koppel ab. Hebe die Hände, schwenke etwas Weisses, und rufe den alliierten Soldaten zu: **EI SÖRRENDER!**

Seite 10/11: Flugblatt der Alliierten, über Cham abgeworfen. Über sechs Milliarden Flugblätter produzierte die Anti-Hitler-Koalition während des Zweiten Weltkriegs. Der Nutzen dieser Art von psychologischer Kriegführung war umstritten. Arthur Harris, Oberbefehlshaber der britischen Luftwaffe, bemerkte sarkastisch, „daß wir nichts weiter erreicht haben, als den Kontinent während fünf langer Kriegsjahre ausreichend mit Klopapier zu versorgen.“

an der Partei, an bestimmten Führungspersonen und an der Propaganda.“ Was als besonders schlimm empfunden wurde: „Jeder macht sich mit seinen eigenen Ansichten und Meinungen selbständig. … Eine Stimmung macht sich breit, in der die Volksgenossen durch die Propagandamittel kaum noch erreicht und angesprochen werden“, und zwar deshalb, wie der SD-Berichterstatter resignierend feststellt, weil die Bevölkerung nur noch glaubt, was sie sieht und täglich erfährt: Die desolate militärische Situation ist nicht mehr zu verheimlichen. Die psychische Verfassung der Bevölkerung ist auf dem Nullpunkt angelangt: „Aus der allgemeinen Hoffnungslosigkeit werden persönlich die verschiedensten Folgerungen gezogen. … Irgendein sonst belangloser Anlaß führt dazu, daß die letzte Flasche ausgetrunken wird, die ursprünglich für die Feier des Sieges … aufgespart war. Viele gewöhnen sich an den Gedanken, Schluß zu machen. Die Nachfrage nach Gift, nach einer Pistole und sonstigen Mitteln, dem Leben ein Ende zu bereiten, ist groß. Selbstmorde aus echter Verzweiflung über die mit Sicherheit zu erwartende Katastrophe sind an der Tagesordnung.“

Auch den Alliierten war die Depression, die sich in Deutschland ausgebreitet hatte, nicht verborgen geblieben: Schon im Oktober 1944 bemerkte der britische Geheimdienst, daß „sich viele Deutsche mit dem Gedanken [trösten], daß eine alliierte Besetzung nach allem doch nicht so schrecklich sein würde.“ Indes stellte man sich auf alliierter Seite darauf ein, den Krieg bis zur völligen Unterwerfung Hitler-Deutschlands führen zu müssen, denn zum einen gab es keine Widerstandsbewegung, der man einen Umsturz hätte zutrauen dürfen, zum anderen waren nach Einschätzung des britischen Geheimdienstes die friedenswilligen Teile der deutschen Armeeführung nach dem Scheitern des Putsches vom 20. Juli 1944 zu sehr demoralisiert, als daß sie ein weiteres Mal gewagt hätten, „die gegenwärtige Nazi-Regierung zu stürzen und den Krieg zu beenden“. Und was die verantwortlichen Personen im Berliner Führerbunker, vor allem Hitler, anging, so prognostizierte der amerikanische Geheimdienst auch für den April 1945, daß es nicht zu erwarten sei, „daß Hitler in diesen letzten Tagen der nationalen Katastrophe einen Versuch macht, zu kapitulieren, abzutreten oder mit den Alliierten zu verhandeln.“ Das einzige, das man auf alliierter Seite dem Deutschen Reich noch zutraute, war, seinen Untergang zu verzögern.

Natürlich stellt sich die Frage, weshalb das Deutsche Reich nicht schon viel früher am Ende war – die Übermacht der Alliierten stand jedem vor Augen, nicht zuletzt den Bewohnern der Städte, die schutzlos den zahllosen Bombardements ausgeliefert waren. Die Drohungen und der Terror des Regimes gegen das eigene Volk allein hätten wohl nicht genügt, es zu solch zähem Abwehrkampf gegen die Alliierten zu bewegen. Es war der sprichwörtlich gewordene Kadavergehorsam, die viele Jahrzehnte, also nicht erst seit 1933, eingeübte Disposition zur fraglosen Ausführung von Anordnungen, die es vielen Angehörigen von Armee und Bürokratie unmöglich machte, sich über die Durchhalte-Befehle hinwegzusetzen, und das, obwohl sie vom militärischen Nutzen weiteren Widerstands gegen die vorrückenden gegnerischen Truppen im Grunde längst nicht mehr überzeugt waren. Bei anderen allerdings überwog der Pragmatismus, ohne daß sie deshalb Gegner des Nationalsozialismus waren: Die Niederlage war für sie unausweichlich geworden, weshalb also Leben und Eigentum riskieren, um das sichere Ende dann doch nur um wenige Tage hinauszögern zu können?

Seitens der Bevölkerung wiederum wußten viele nicht, wen sie mehr fürchten sollten: den Feind oder die eigene Truppe. „Je näher die Fronten uns kamen, desto zwiespältiger wurden meine Gefühle: so sehr ich das Regime verabscheute (hatte ich doch in vier Fällen mit der Gestapo nähere Bekanntschaft gemacht), so teilte ich doch nicht die Begeisterung derer, die in unseren Kriegsgegnern nur Befreier und Freunde sehen wollten." So Ignaz Weilner in seinen Erinnerungen. Je aussichtsloser sich jedoch die Lage entwickelte, desto größer wurde die Bereitschaft der Bevölkerung, sich in die unvermeidliche Niederlage zu schicken. Nur notorische Fanatiker waren noch bereit, sich im Volkssturm oder in einer der Werwolfgruppen dem Feind entgegenzuwerfen.

Verschanzte sich eine Einheit der Wehrmacht oder SS irgendwo, um gegenüber den vorrückenden Amerikanern hinhaltenden Widerstand zu leisten, so bedeutete das eine größere Gefahr für die Zivilbevölkerung als die kampflose Übergabe des Orts. Trotzdem war es nicht ratsam, den Wunsch zu äußern, nicht verteidigt zu werden. Selbst wenn sich die Führer einer solchen Kampfgruppe schon längst in Sicherheit gebracht hatten, um der Kriegsgefangenschaft zu entgehen, konnte es passieren, daß einige Unentwegte ausharrten, um „die Heimat zu verteidigen". Sie aufzufordern, die Waffen niederzulegen, konnte jedoch das Leben kosten, insbesondere viele der jungen und jüngsten Kämpfer waren nicht bereit aufzugeben. „Es war zu riskant, einem dieser fanatisierten Jungen etwa ins Gesicht zu sagen: ‚Wirf deine Spritze weg, geh heim zu Muttern! Eure Führer sind längst abgehauen.' Man konnte gewärtigen, daß so ein kleiner Narr glaubte, einen solchen Defaitisten auf der Stelle umlegen zu müssen. ... Mit diesen halben Kindern war nicht zu spaßen. Sie fühlten sich als Retter des Vaterlandes. Man durfte ihrer Unreife zutrauen, daß sie ihr Wort gegebenenfalls in die Tat umsetzten," so nochmals Ignaz Weilner.

Die Besetzung der Oberpfalz

Nach der Besetzung Aachens bereits im Herbst 1944 kam der Vormarsch der Alliierten zunächst ins Stocken, mit der winterlichen Ardennenoffensive leisteten die Deutschen ein letztes Mal ernsthaften Widerstand. Am 7. März 1945 jedoch versetzten die Amerikaner den deutschen Verteidigern mit der Eroberung einer unbeschädigten Rheinbrücke bei Remagen einen entscheidenden Schlag. Das Haupthindernis ihres Vormarschs nach Osten war beseitigt, drei Wochen später hatten sie das Reichsgebiet annähernd zur Hälfte besetzt. Auf deutscher Seite reagierte man auf das Debakel von Remagen mit Panik. Die verantwortlichen Offiziere wurden wegen ihres „Versagens" erschossen. Damit sich ähnliches nicht wiederholte, wurden, wo immer der Feind sich näherte, sämtliche Brücken gesprengt, und zwar unabhängig von ihrer militärischen Bedeutung. Damit schnitt man sich oft mehr ins eigene Fleisch, als daß man dem Gegner schadete: Denn zum einen wurde die zur Aufrechterhaltung des Wirtschaftslebens erforderliche Mobilität der Bevölkerung erheblich beeinträchtigt, zum anderen wurden oftmals die Umgruppierung oder der Rückzug der eigenen Truppen mit fatalen Folgen behindert, so zum Beispiel infolge der Sprengung der Regensburger Donaubrücken.

Insgesamt war die Besetzung Deutschlands eher vom Kampf mit den schwierigen Wegverhältnissen und den zahlreichen natürlichen Hindernissen bestimmt als vom Aufbäumen der deutschen Truppen. Trotzdem gingen die Amerikaner kein Risiko ein – wo immer sich Widerstand regte, setzten sie ihre Luftwaffe ein und bombardierten die deutschen Städte sturmreif. Zuvor allerdings boten sie in aller Regel die Kapitulation an, um unnötiges Blutvergießen zu vermeiden, und forderten mit Flugblättern, die sie über den Städten abwarfen, dazu auf, die Waffen niederzulegen.

Oft gingen freilich auch Städte ohne militärische Notwendigkeit zugrunde. Solche „Terrorangriffe", wie sie das Regime nannte, waren nicht gerade geeignet, die an sich moralisch überlegene Position der Alliierten zu stärken, sondern nichts anderes als Ausdruck einer Rache, die Churchill bereits 1941 angekündigt hatte: „Wir werden Deutschland am Tag wie in der Nacht in immer steigendem Maße bombardieren, Monat für Monat werden wir auf sie eine immer schwerere Bombenlast abwerfen, wir werden dem deutschen Volk jeden Monat eine schärfere Dosis von dem Elend zu kosten oder hinunterzuwürgen geben, das es über die Menschheit gebracht hat."

Im Zuge der Besetzung Deutschlands war die Oberpfalz nicht eigentliches militärisches Ziel, sondern Durchmarschgebiet. Die Region, die mit Ausnahme Regensburgs und Neumarkts bis zum April von Luftangriffen weitgehend verschont geblieben war, wurde Mitte April zum Kriegsgebiet, weil die 3. amerikanische Armee unter General Patton den Befehl erhalten hatte, nicht weiter östlich vorzustoßen – ihre Spitzen befanden sich bereits im Raum Chemnitz –, sondern nach Süden und Südosten zu schwenken, um zu den Alpen vorzustoßen. Hier vermutete man die letzte große Bastion der Wehrmacht, die sogenannte „Alpenfestung". Doch handelte es sich auch hier wieder um einen Bluff der deutschen Seite, denn neben Material fehlten auch die erforderlichen Hochgebirgstruppen, wie Generalfeldmarschall Albert Kesselring, Oberbefehlshaber West, später in seinen Memoiren zugeben mußte.

Der Feldzug der Amerikaner durch die Oberpfalz war durch nichts aufzuhalten. Zu spät erkannte das deutsche Oberkommando West den Richtungswechsel der 3. Armee, weshalb die 2. und die 11. Panzerdivisionen nicht mehr rechtzeitig an Böhmens Westgrenze geführt werden konnten, um die 3. Armee Pattons an ihrem Vorstoß nach Süden durch die Oberpfalz hindurch zu hindern. Zudem war auch die Übermacht des Gegners an Personal und Material erdrückend: Die Gesamtstärke der 3. US-Armee betrug 12 Infanterie- und 6 Panzerdivisionen mit 346 000 Mann. Diesen standen gerade 60 000 Soldaten von Wehrmacht und SS gegenüber. Auf deren Seite kämpften noch ungarische Verbündete mit, die nach dem Sturz der faschistischen Pfeilkreuzler-Regierung und der sowjetischen Besetzung Ungarns am 4. April 1945 geflohen waren. In Grafenwöhr wurde noch eilends aus weißrussischen Kriegsgefangenen und Flüchtlingen die 30. SS-Division gebildet, die dann allerdings nicht mehr zum Einsatz kam.

In welchem Verhältnis amerikanischer und deutscher Materialeinsatz in der Oberpfalz zueinander standen, läßt sich nicht mehr feststellen, doch folgende Zahlen aus dem Februar, die das Kriegstagebuch der Wehrmacht nennt, dürften ohne weiteres auf die Verhältnisse in der Oberpfalz übertragbar sein: Der Oberbefehlshaber West beklagte sich darüber, daß bei der 5. Panzerarmee 185 Panzern und Sturmgeschützen 400 des Feindes gegenüberstünden, daß die 7. Armee mit 114 Panzern gegen 800 und die 15. deutsche Armee mit 115 Panzern gegen 1000 gegnerische zu kämpfen hatte. Auch die Gefangenenzahlen sprechen eine deutliche Sprache: Im Laufe des Aprils machte die 3. Armee – nicht nur in der Oberpfalz – rund

Das total zerstörte Stadtlagerhaus an der Donaulände (heute Donaumarkt) nach dem Luftangriff vom 20. Okt. 1944. (Slg. Sack)

236 000 Gefangene, verlor aber selbst nur etwa 15 200 Soldaten durch Tod oder Verwundung.

Der Aufmarschplan der 3. US-Armee sah folgende Aufteilung des Operationsgebiets vor: Im äußersten Westen der Oberpfalz agierte das III. Korps, in der Mitte das XX. Korps und im Osten, entlang der böhmischen Grenze, das XII. Korps. „Entschiedener und organisierter Widerstand" begegnete den amerikanischen Truppen, wie es im After-Action-Report der 3. Armee heißt, nur in Neumarkt und in der Gegend um Regensburg. So äußerte sich denn auch General Patton, als die Donau erreicht war, fast schon enttäuscht über die geringen militärischen Herausforderungen, die sich gestellt hatten. Am 27. April, dem Tag der Einnahme Regensburgs, teilte er auf einer Pressekonferenz in Erlangen den Journalisten mit: „Es passiert nichts Interessantes. Ich war heute unten und überquerte die Donau – sie war es nicht einmal wert, hineinzupissen." Am Rhein hatte er sich dieses Vergnügen noch gegönnt.

Für die Oberpfälzer Bevölkerung hingegen waren die Tage zwischen dem 16. April, als die Spitzen der 71. US-Division vor Auerbach standen, und dem 3. Mai, als mit dem östlichen Stiftland der letzte Zipfel der Region erobert war, eine Zeit des Schreckens und der Angst. Auch sie mußte noch kurz vor Kriegsende dafür büßen, daß das Deutsche Reich einen Weltenbrand entfacht hatte.

Domprediger Dr. Johann Maiers Osterpredigt wurde wegen Fliegeralarms erst am Ostermontag gehalten; der vollständige Text ist nicht überliefert. Dank seiner Beredsamkeit hat Johann Maier für seine Predigt nur wenige Stichworte benötigt. Schon aus diesen jedoch geht hervor, daß der Prediger kein weltabgewandtes Christentum vertritt, sondern die Osterbotschaft auf die Zeitumstände bezieht.

+ [Ostermontag, weil Ostertag Alarm: 2.IV. – 2x]

Ostern: 1945:

E[inleitung]:

1.) „Frohe Ostern!“
- *a) in dieser Zeit? Leben – Freude – Friede?*
- *b) „Haec dies“ [dieser Tag] u. Sirenenheulen –*
- *c) „die Botschaft hör’ ich wohl ...“*
- *d) Männer singen: „Seinen Christum“*

2.) Tatsachen u. ihre Bedeutung.
- *a) cf. [confer = vergleiche] Ostern 1943.*
- *b) aber jeweils sofort!*
- *c) Emmaus.*

3.) überspitzt: „wenn Christus nicht auferstanden ist ...“
- *a) Paulus sagt es!*
- *b) der Weg, den er dabei gehen mußte.*
- *c) Messias am Kreuz u. Volk ...!!*
- *d) alle vom Pfade u. blind,*

4.) Sch[luß]:
- *a) Bahnhofallee: Regenwürmer*
- *b) Bombentrichter u. Bunker = Tote!*
- *c) „wenn ihr nicht werdet wie Kinder...“*
- *d) Leben hüten, sich daran freuen, Friede dafür erbitten!*

5.) nur wer es tut auf Christus hin

6.) „Frohe Ostern!“ das = gemeint! ...

Sonntag, 1. April 1945

Ostern 1945: „Es ist Frühling geworden – fast über Nacht! Noch zeigt sich das Grün sehr wenig, der ganze Wald erscheint durchsichtig und fast grau. Doch aus den Lichtungen recken die knorrigen Eichen ihre knospigen Äste sehnsüchtig gegen den weichen hellen Himmel und gewundene Zirbelkiefern am Wege tragen an ihren tiefhängenden Zweigen schon die ersten harzigen Kurztriebe. Drunten im ‚Bruch' aber steht die Schwarzerle längst hoch in den jungen Schößlingen, stäubt der Haselstrauch weithin seine verschwenderische Fülle und die gelblich verblühenden Kätzchen der Saalweide nicken im zarten Hauch des späten Nachmittagswindes." Dieses Bild des tiefsten Friedens malt der Regensburger Kurier für seine Leser in drei Spalten farbenprächtig aus, nur gegen Ende seines Beitrags „Frühling im Gambachtal" entfährt dem Autor unversehens ein Seufzer: „Deutsche Heimaterde, wie fühlen wir uns gerade in diesen Tagen so tausendfältig mit dir verbunden!"

Die Bemühungen der Redaktion um Normalität sind unübersehbar, aber es ist Krieg: Unter der täglichen Rubrik „Gefallen für Führer und Großdeutschland" sind elf Todesanzeigen zu plazieren, das liegt etwas über dem Durchschnitt.

In einem kleineren Artikel wird erläutert, wie sich die Hausfrau eine Kochkiste basteln kann, um Energie zu sparen. Dann wieder eine Meldung vom Fußball: In München wird über die Ostertage der Tschammer-Pokal ausgetragen, allerdings ohne Oberpfälzer Beteiligung. Sollte jemand vorhaben, sich die Spiele anzusehen, wird er mit einer Anzeige direkt unter der Sportmeldung daran erinnert, daß er die Reise vielleicht doch besser nicht antritt, denn „Bei Alarm gibt es nur eins: Sofort in den Luftschutzraum!"

Das Kino „Capitol" gibt die Erstaufführung des Films „Die schwarze Robe" bekannt. Vier Tage später wird sich der Kritiker enthusiastisch über das Melodram äußern, in dem eine Frau erfolgreich den Anwaltsberuf ausübt – die Umstände haben erzwungen, daß Frauen in traditionelle Männerdomänen eingebrochen sind, im Film spiegelt sich diese Entwicklung deutlich wider. Allzu gute Einnahmen darf sich der Kinobesitzer von dem Film freilich nicht versprechen, denn schon am Tag der Premiere wird Fliegeralarm gegeben.

Aus diesem Grund entfallen auch die Ostergottesdienste in Regensburg. Domprediger Dr. Johann Maier muß seine Osterpredigt, in der er auf die Friedenssehnsucht – nicht nur – der Gläubigen eingeht, auf den nächsten Tag verschieben.

Die Botschaft der NSDAP dagegen lautet: Durchhalten und Weiterkämpfen. In einem auf der ersten Seite der Osterausgabe des Regensburger Kuriers abgedruckten gemeinsamen Aufruf des Gauleiters der Ostmark, Fritz Wächtler, und des Befehlshabers des Wehrkreises XIII, General Weisenberger, wird die Bevölkerung aufgefordert, ihre letzten Kräfte aufzubieten: „Jetzt ist in Wahrheit jeder Hof eine Burg, jede Fabrik eine Festung, jedes Haus ein Bollwerk. ... Jetzt gibt es kein persönliches Interesse mehr, unser ganzes Ich, der letzte Blutstropfen gehört unserem Volk und unserem Führer." Denn – das NS-Regime als Hüter von Freiheit und sozialen Rechten! – „wir wollen uns nicht schämen müssen vor unseren Kindern, die einen Anspruch auf Freiheit, Brot und soziale Rechte haben und die wir vor Versklavung und Knechtschaft zu bewahren wissen." Mit Blick auf die tiefverwurzelte Religiosität der Oberpfälzer äußern Wächtler und Weisenberger zum Schluß ihres Aufrufs die Gewißheit: „Unser Herrgott wird unsere Waffen segnen." Einem wahren Christen dürfte das freilich als Blasphemie erschienen sein.

Für die Leser, die Beweise für die noch bestehende Möglichkeit eines Siegs sehen wollen, bringt die tägliche Rubrik „Aus dem Führerhauptquartier" einen Bericht, der zwar wahrheitsgemäß „ungeheure Menschen- und Materialverluste der Sowjets" auflistet, zugleich aber völlig wahrheitswidrig glauben zu machen versucht, der Vormarsch der Russen nach Westen sei aufzuhalten.

Diejenigen, die keinen Widerstand gegen die Amerikaner leisten wollen und sich mit der militärischen Niederlage Deutschlands bereits abgefunden haben, werden vom Regensburger Kurier mit einem Artikel über das „Fiasko der anglo-amerikanischen Lebensmittelhilfe für Europa" geängstigt. Wer gar erwägt, wenn es soweit ist, mit den Besatzern zu kooperieren, wird mit einem Bericht von der ersten spektakulären Aktion des „Werwolf" gewarnt: Im amerikanisch besetzten Aachen, so rühmt das gauamtliche Organ den Meuchelmord, wurde der Oberbürgermeister Franz Oppenhoff „in der Nacht zum Mittwoch von deutschen Freiheitskämpfern getötet."

Amberg gilt wegen der Industrie- und Bergbauanlagen der Luitpoldhütte als „luftempfindliche" Stadt. Deshalb sind hier seit Kriegsbeginn für die Zivilbevölkerung ausreichende Luftschutzeinrichtungen, Keller wie Deckungsgräben, vorhanden. Die Luftabwehr jedoch ist nachgerade lächerlich zu nennen: Die beiden aus Hilfspolizisten gebildeten Posten, der eine auf dem Grundstück der Villa Baumann am Mariahilfberg, der andere vor der Gaststätte Maximilian in der Vilsstraße, sind nicht mit Flakgeschützen, sondern nur mit jeweils einem MG 08/15 ausgerüstet. Die örtliche Luftschutzleitung hält dies für unzureichend, kann jedoch keine Abhilfe schaffen. Bis zum Jahr 1945 sind immer mehr kriegswichtige Produktionsstätten nach Amberg verlagert worden, was die Gefahr von Luftangriffen steigerte. Trotzdem blieb es bis zum Frühjahr 1945 bei Alarmen, die die Bevölkerung zwar in ständige Unruhe versetzten, aber folgenlos waren.

An diesem Ostersonntag scheint es indes ernst für die Amberger zu werden. Schon in der Nacht war der Himmel über dem Heereszeugamt von Leuchtmunition, den sogenannten „Christbäumen", hell erleuchtet, der Flugzeugverband, der sie abgeworfen hatte, begnügte sich jedoch damit, das Gelände zu erforschen. Am Mittag, zwischen 13 und 14 Uhr, taucht ein Aufklärer über Amberg auf: Durch das Fernglas kann deutlich beobachtet werden, daß die Besatzung sich ebenfalls für das Heereszeugamt und zudem noch für die Metzerkaserne interessiert, dann aber wieder abdreht, ohne daß Bomber folgen.

Längst hat der Bombenkrieg auch die Oberpfalz erreicht. Von einer wirkungsvollen Luftabwehr kann keine Rede sein, aber immerhin beginnt man, sich Gedanken darüber zu machen, wie die Zahl der Opfer möglichst gering gehalten werden kann. Untersuchungen haben ergeben, daß ein überraschend großer Anteil der Todesfälle nach Luftangriffen auf Kohlenmonoxydvergiftungen zurückzuführen ist. Das Amtsblatt des Landkreises Burglengenfeld weist deshalb nachdrücklich auf die Gefahren hin, die von Rauchgasen ausgehen: „Bei Bränden im Haus des Luftschutzraumes oder der Nachbarschaft ist der Luftschutzraum nach Beendigung des Luftangriffes oder spätestens bei Vorentwarnung sofort zu verlassen, trotz der Gefahr, die die Flucht durch brennende Straßen mit sich bringt, weil beginnende Rauchgasvergiftung den Körper so geschwächt haben kann, daß für ein Entkommen aus dem Gefahrenbereich die Kraft fehlt." Diese Anordnung ist zwar sicher begründet, erfordert aber einen kühlen Kopf: Wer mag schon einen – scheinbar – sicheren Keller verlassen und sich in ein Flammeninferno begeben, um dann womöglich von einem herabstürzenden Dachbalken erschlagen zu werden?

Montag, 2. April 1945

„Haß das Gebet – Rache das Feldgeschrei“: Unter dieser Schlagzeile druckt der Völkische Beobachter die Proklamation des „Werwolfs“ ab, die am Ostersonntag über die Deutsche Welle ausgestrahlt worden ist. Reichspropagandaminister Joseph Goebbels hat den Text höchstpersönlich verfaßt und hält ihn, wie er in seinem Tagebuch notiert, für einen „außerordentlich revolutionären Aufruf“. In der Tat: Unter bewußter Mißachtung sämtlicher Rücksichten auf Kriegskonventionen kündigt der „Werwolf“, eine „Bewegung der nationalsozialistischen Freiheitskämpfer“, den Besatzungsmächten in Ost und West erbitterten Widerstand und grausame Rache an: „Unsere durch einen grausamen Luftterror zerstörten Städte im Westen, die hungernden Frauen und Kinder längs des Rheins haben uns den Feind hassen gelehrt. ... Das Blut und die Tränen unserer erschlagenen Männer, unserer geschändeten Frauen und gemordeten Kinder in den besetzten Ostgebieten schreien nach Rache. Die im ‚Werwolf‘ Zusammengefaßten bekennen in der Proklamation ihren festen, unverrückbaren, durch feierlichen Eid bekräftigten Entschluß, sich niemals dem Feind zu beugen, ihm, wenn auch unter schwierigen Umständen und mit beschränkten Mitteln, Widerstand über Widerstand entgegenzusetzen, ihm unter Verachtung bürgerlicher Bequemlichkeiten und eines möglichen Todes stolz und beharrlich entgegenzutreten und jede Untat, die er einem Angehörigen unseres Volkes zufügt, mit seinem Tod zu rächen. ... [Der Feind] soll wissen, daß ihm auch da, wo die deutsche Wehrmacht nach hartem und schwerem Kampfe deutsche Gebiete hat preisgeben müssen, ein Gegner erwächst, mit dessen Vorhandensein er nicht mehr gerechnet hat, der ihm aber umso gefährlicher werden wird, je weniger Rücksicht er zu nehmen braucht auf veraltete Vorstellungen einer sogenannten bürgerlichen Kampfführung. ...“

Goebbels, für den an diesem Tag „das traurigste Osterfest, das ich je erlebt habe“, zu Ende geht, wendet sich mit diesem Aufruf „bewußt an die politische Minderheit der Unentwegten und Beharrlichen“ und schätzt damit die Stimmung in der breiten Bevölkerung sicher richtig ein. Diese ist weder bereit, durch Beteiligung an Aktionen des „Werwolf“ in den noch unbesetzten Gebieten zur Verlängerung des Kriegs beizutragen, noch willens, durch Unterstützung dieser Guerilla-Bewegung in den schon besetzten Gebieten Repressalien der Alliierten auf sich zu ziehen. Selbst Teile der Parteigefolgschaft stehen dem „Werwolf“ ablehnend gegenüber: So äußert der Kreisstabsleiter von Schwandorf nach einem Besuch des Ausbildungslagers auf dem Truppenübungsplatz Grafenwöhr: „Das sind Verbrechermethoden!“

Letztlich aber ist der „Werwolf“ ein Popanz, sein Wirken wird sich auf vereinzelte Meuchelmorde und Sabotageakte beschränken. Die Besatzer allerdings sind „in erheblichen Schrecken versetzt“, wie sich Goebbels freut. Noch lange wird es dauern, bis sich die „Werwolf“-Hysterie legt und das Ganze als einer der letzten Propaganda-Coups Goebbels' durchschaut wird.

Auch Martin Bormann, der Leiter der Parteikanzlei, meldet sich an diesem Tag im Völkischen Beobachter zu Wort. An die Aktivisten des Regimes ergeht eine Anordnung, in der unmißverständlich jeder mit dem Tod bedroht wird, der sich kriegsmüde zeigt: „Jetzt ist die höchste Stunde der Bewährung gekommen. ... Der Kampf gegen den ins Reich eingedrungenen Gegner ist überall mit Unnachgiebigkeit und Unerbittlichkeit zu führen. ... Gauleiter und Kreisleiter, sonstige Politische Leiter und Gliederungsführer kämpfen in ihrem Gau und Kreis, siegen oder fallen. Ein Hundsfott, wer seinen vom Feind angegriffenen Gau ohne ausdrücklichen Befehl des Führers verläßt, wer nicht bis zum letzten Atemzuge kämpft; er wird als Fahnenflüchtiger geächtet und behandelt."

Dienstag, 3. April 1945

Die NSDAP-Ortsgruppenleitung von Neumarkt verfaßt – vermutlich am heutigen Tag – ein Flugblatt, in dem die Bevölkerung der Stadt aufgefordert wird, ein Notgepäck für ihre bevorstehende Evakuierung herzurichten: „An alle Haushaltungen Neumarkts! Es müssen Vorbereitungen getroffen werden für den Fall, daß in Neumarkt Kampfhandlungen mit dem Feinde bevorstehen. Vorher muß die Stadt von Frauen und Kindern geräumt sein. Für den Fall der Räumung sollen die Haushalte schon jetzt das notwendigste Handgepäck bereitstellen: Lebensmittel und Marken, Kleidung, Wäsche, Geschirr und Decken. Der Aufruf zu dieser Räumung geschieht durch ein fünf Minuten langes Auf- und Abheulen der Sirenen. Es soll dann gemeinsam für Frauen und Kinder eine Unterkunft bezogen werden. Handwägelchen und Fahrräder sind mitzunehmen. Für bescheidenes Gepäck und für Gehunfähige werden tunlichst ein paar Fuhrwerke zur Verfügung stehen. Sanitätspersonal wird zugegen sein. Sammelort für alle: das Wäldchen um die Schießstätte hinter dem Arbeitsamt (Mariahilfstraße). Die Ortsgruppenleiter der NSDAP."

Die Autoren schätzen die Wirkung des Flugblatts, das am nächsten Tag verteilt wird, falsch ein – die Botschaft: „Die Partei hat die Lage im Griff" kommt nicht an. Die betonte Sachlichkeit des Textes kann nicht verhindern, daß die Einwohner Neumarkts in Panik versetzt werden. Insbesondere die Zusicherung, daß „Sanitätspersonal zugegen" sein werde, ist alles andere als beruhigend – sie bedeutet nichts anderes, als daß mit Toten und Verletzten gerechnet wird. Die Verbreitung des Flugblatts wird eingestellt, und die NS-Frauenschaft muß, soweit möglich, die schon verteilten Merkblätter wieder einsammeln.

Die Stimmung in Neumarkt ist ohnehin gedrückt. Der Volkssturm hat am 31. März die ersten Panzersperren errichtet und – ein weiteres untrügliches Signal für die drohende Abwehrschlacht – Brücken für die Sprengung vorbereitet. Außerdem ist der Schrecken über das 22 Minuten dauernde Bombardement, von dem Neumarkt am 23. Februar heimgesucht worden ist, noch längst nicht abgeklungen, zumal zahlreiche Ruinen die Erinnerung an diesen Tag wachhalten: Allein im Bahnhofsbunker hatte es rund 400 Tote gegeben, die meisten davon ausländische Zwangsarbeiter. Der gesamte Bahnhofskomplex wurde zerstört: „Very good results" – „sehr gute Ergebnisse" –, lobt das Bomberkommando in seinem Rechenschaftsbericht.

Darüber hinaus ist das städtische Gaswerk explodiert, zudem sind Häuser in der Bahnhofstraße, der Hallstraße, der Holzgartenstraße und der Ingolstädterstraße stark beschädigt worden. Die „Expreß"-Werke, eine der ältesten Fahrradfabriken Europas, waren fast völlig dem Erdboden gleichgemacht. Auch deren Bunker hatte der gewaltigen Kraft der Sprengbomben nicht standgehalten und 90 Russen unter sich begraben.

Mittwoch, 4. April 1945

Der wirkliche Charakter des Nationalsozialismus zeigte sich vor allem in den Konzentrationslagern, die das Regime von Anbeginn seiner Herrschaft für all die einrichtete, die nicht zur „Volksgemeinschaft“ gehörten: Oppositionelle gleich welcher politischen Richtung, Homosexuelle, Kriminelle, Sinti und Roma (damals noch pauschal „Zigeuner“ genannt), Zeugen Jehovas und – zahlenmäßig die größte Gruppe – die Juden Deutschlands und der seit Kriegsbeginn besetzten Länder. Eine dieser Stätten nationalsozialistischer Barbarei war das Konzentrationslager Flossenbürg im Nordosten der Oberpfalz, dicht an der tschechischen Grenze.

Erbaut im April 1938 und zunächst für 1800 Häftlinge angelegt, firmierte es in seinen Anfangsjahren als Lager der Kategorie II, war also „für schwer belastete, jedoch noch erziehungs- und besserungsfähige Häftlinge“ vorgesehen. Aus einer humaneren Perspektive betrachtet, handelte es sich bei ihnen jedoch oft genug einfach um gestrandete Menschen, die ihre Existenz als Bettler fristeten oder von kleineren Betrügereien lebten, um Angehörige von Randgruppen, nicht um „Gewohnheitsverbrecher“. Das „pädagogische Konzept“ der SS, der sämtliche Konzentrationslager unterstellt waren, bestand in „Erziehung durch Arbeit“. Ein überlebender Häftling beschreibt, was das im einzelnen hieß:

„Die Häftlinge mußten bei 25 Grad Kälte ohne Strümpfe und Handschuhe im Freien arbeiten. Die Folge waren erfrorene Finger, Hände und Füße. Der Lagerkommandant ließ Gefangene, die sich krank meldeten, mit 25 Peitschenhieben durchprügeln und kommandierte sie trotz Erfrierungsschäden zur Arbeit. Erst als einige nach Tagen wegen Erfrierungen dritten Grads

Konzentrationslager Flossenbürg, Häftlinge im Steinbruch. Hier wurde das Material für die kolossalen Speer-Bauten an der Berliner Nord-Südachse gewonnen.

Konzentrationslager Flossenbürg, Häftlinge im Steinbruch.

nicht mehr gehen konnten, wurden sie in den Krankenbau aufgenommen. Amputationen von erfrorenen Fingern, Händen und Füßen wurden vorgenommen und hatten häufig tödliche Folgen. Verletzungen der militärischen Lagerdisziplin wurden mit körperlichen Züchtigungen geahndet. Wenn ein Gefangener vor einem SS-Mann nicht schnell genug die Mütze zog, oder wenn er in der ‚Hab-acht-Stellung' nicht die Hände an der Hosennaht hatte, erhielt er 50 Schläge auf den Rücken und das Gesäß. … Bei 20 Grad Kälte hatten die Gefangenen ihr Essen während der Arbeitspause im Freien einzunehmen. Das Essen war damals sehr armselig, die Häftlinge aßen die Kartoffelschalen mit. Der Schutzhaftlagerführer Aumeier bestimmte durch seine Häftlingsführungsberichte das Wohl und Wehe der Häftlinge, oft in sehr willkürlicher Weise."

Anfänglich mußten die Häftlinge des KZ Flossenbürg in den Granitsteinbrüchen der unmittelbaren Umgebung arbeiten; das Material wurde hauptsächlich für Autobahnbrücken und die Bauten der Speerschen Triumphal-Architektur in Berlin benötigt und von der SS-eigenen Deutschen Erd- und Steinwerke GmbH äußerst gewinnbringend vermarktet, denn die Unterhaltskosten für die Sklavenarbeiter waren denkbar gering. Ab Februar 1943 verlagerten die bombengefährdeten Regensburger Messerschmitt-Werke in zunehmendem Maß die Flugzeugproduktion nach Flossenbürg. 1944 war die Granitgewinnung auf ein Minimum herabgesunken, dafür nahm die Rüstung einen um so größeren Anteil ein. 1944 waren 5 000 Häftlinge an die Messerschmitt-Werke „vermietet".

Waren es ursprünglich überwiegend deutsche „kriminelle" und „asoziale" Häftlinge, deren Arbeitskraft in Flossenbürg ausgebeutet wurde, so änderte sich die Zusammensetzung der Insassen ab 1940 in bezug auf Haftgrund wie Nationalität: Im April wurden ungefähr 800 politische Gefangene eingeliefert, ebenfalls im Frühjahr kamen knapp hundert tschechische Widerstandskämpfer an. Ihnen folgten im Januar 1941 die ersten Polen, deren Anzahl im Laufe des Jahres auf 700 anwuchs, im Oktober 1941 kamen 2 000 sowjetische Kriegsgefangene hinzu. Nicht nur Häftlinge aus den osteuropäischen Ländern sind in Flossenbürg, 1943 traf eine nach Hunderten zählende Gruppe von Franzosen, Belgiern und Holländern ein. 1940 wurden die ersten Juden nach Flossenbürg verbracht, im Herbst 1944 betrug ihre Anzahl mehrere Tausend; überwiegend handelte es sich um osteuropäische Juden.

Das Lager platzte mit zunehmender Dauer des Krieges aus allen Nähten, weshalb man bereits 1942 damit begann, Außenlager zu errichten, die organisatorisch dem Stammlager unterstanden. Westlich bis Würzburg und östlich bis nach Dresden verstreut, bestanden Anfang 1945 92 Außenkommandos, wobei die Außenlager Hersbruck und Leitmeritz mit jeweils 6 000 Häftlingen die größten waren. Ende 1944 betrug die Anzahl der Insassen des KZ Flossenbürg einschließlich der Außenlager rund 40 000, davon 29 000 Männer. Diese Anzahl schwoll bis Ende März 1945 infolge der sogenannten „Evakuierungen" von anderen Lagern auf 52 000 Menschen an, wobei im Stammlager zu dieser Zeit knapp 15 000 Häftlinge untergebracht waren. 4 500 Aufseher waren im Frühjahr 1945 im Einsatz, großenteils aus den Reihen der SS, aber auch die Wehrmacht stellte Wachmannschaften.

Zweck des KZ Flossenbürg war zwar nicht die systematische Vernichtung der Häftlinge – entgegen manchen Behauptungen gab es keine Gaskammern –, trotzdem kamen Tausende von Menschen um, insbesondere 1944 und 1945. Von den rund 100 000 Häftlingen, die von 1938 bis 1945 in Flossenbürg und seinen Außenkommandos registriert wurden, haben an die 30 000, von denen allerdings nur ungefähr 20 000 namentlich bekannt sind, die Lagerhaft nicht überlebt.

Gegen Kriegsende führten Überbelegung und Versorgungsengpässe, damit verbunden katastrophale hygienische Verhältnisse und massenhafte Unterernährung, die meisten Todesfälle herbei – hinzu kamen die in aller Eile noch durchgeführten Exekutionen einer Unzahl von Häftlingen. Ein Überlebender berichtet: „Das [lagereigene] Krematorium konnte die in Massen anfallenden Leichen bei weitem nicht alle aufnehmen und so stapelten sich die Toten vor dem Gebäude zu einem Berg. Wie Bahnschwellen waren sie neben und quer übereinander gelegt. Als schließlich kein Platz für die Leichenhaufen mehr da war, hob man eine große Grube am Rande des Lagers aus, direkt am Stacheldrahtzaun. ... In diese Grube warfen wir jetzt die Leichen und übergossen sie mit Teer, der angezündet wurde."

Zugleich mit dem Rückzug aus den besetzten Gebieten im Osten, später infolge des Vordringens der Alliierten ins Reichsgebiet sah sich die SS gezwungen, die Konzentrationslager zu räumen bzw. zu „evakuieren", wie es hieß – es sollte ja keiner der Häftlinge gerettet werden. Vielmehr mußten nach Möglichkeit sämtliche Spuren beseitigt werden, die von der Existenz der Konzentrationslager zeugten, obwohl dies selbstverständlich nur sehr unvollkommen gelingen konnte.

Am 4. April 1945, zu einer Zeit, da noch kein amerikanischer Soldat den Boden der Oberpfalz betreten hat und jeder, der öffentlich Zweifel am „Endsieg" äußerte, wegen „Defätismus" hingerichtet werden konnte, beginnt die SS bereits, die Evakuierung der Außenlager des KZ Flossenbürg einzuleiten. Auffangstation ist zunächst das Stammlager, als sie dieses dann auch nicht mehr glaubt, halten zu können, wird das Konzentrationslager Dachau Ziel der Räumungstransporte.

Die ersten, die evakuiert werden, sind die sogenannten „Ehren- und Sonderhäftlinge". Bei ihnen handelt es sich um prominente Personen aus Politik und Militär, die in der Regel in der Zeit ihres Lageraufenthalts gewisse Vergünstigungen genossen. Trotzdem wurden viele von ihnen hingerichtet, beispielsweise am 29. März, als dreizehn alliierte Offiziere, die vor der Invasion in der Normandie im Juni 1944 auf dem Kontinent gelandet waren und als Untergrundkämpfer Sabotageakte durchgeführt hatten, gehängt wurden.

Die Osterferien sind zu Ende, doch ein regulärer Unterricht findet nicht mehr statt. Die Altdorferschule in Regensburg hat nur noch von 8 bis 10 Uhr geöffnet, die Augustenschule von 15 bis 17 Uhr. Das Stadtschulamt spricht in seiner Bekanntmachung im Regensburger Kurier nicht von einer Unterrichtsverkürzung, sondern beschönigend von einem „auf zwei Stunden ausgedehnten" Lehrbetrieb.

Donnerstag, 5. April 1945

Die Stadt Grafenwöhr ist wegen des benachbarten Truppenübungsplatzes in besonderem Maße von Luftangriffen bedroht. Deshalb wird hier schärfer als anderswo kontrolliert, ob die Luftschutzbestimmungen eingehalten werden. Wer die Verdunkelungszeiten nicht genau beachtet, wird mit einer Geldstrafe zwischen 30 und 50 RM verwarnt. Die Kreispolizeibehörde begründet ihre Strafbefehle damit, daß infolge solcher Ordnungswidrigkeiten „Leben und Gut der Einwohner der Stadt Grafenwöhr der Gefahr der Einwirkung feindlicher Fliegerbomben ausgesetzt" seien. Immer wieder begehen die Luftschutzwarte der Stadt die Häuser, um zu prüfen,

Solche Leuchtplaketten mußten wegen der Verdunkelung auf den Straßen an der Kleidung befestigt sein, um Zusammenstöße zu vermeiden. Junge Leute machten sich oft einen Spaß daraus, unsichtbar zu bleiben und wie aus dem Nichts vor einem Passanten aufzutauchen.

ob die vorgeschriebenen Löschmittel – Handfeuerspritze, Feuerpatsche, Wassereimer, eine Kiste mit Sand sowie Hacke und Schaufel – an ihrem Platz sind.

Das erste Bombardement, von dem Grafenwöhr heimgesucht wird, erfolgt am hellichten Tag – die feindlichen Bomber können inzwischen nahezu ungefährdet ihre Angriffe fliegen. Gegen 11 Uhr werden eine knappe Viertelstunde lang hauptsächlich über dem Truppenübungsplatz Bomben abgeworfen, die beträchtliche Schäden anrichten: Die Militärbahnhofsanlagen, das Heeresverpflegungsamt, das Unterkunftsamt und die Kaserne 14 werden dem Erdboden gleichgemacht. Mehrere Tausend Soldaten halten sich zu dieser Zeit im Lager auf, Dutzende von ihnen überleben den Angriff nicht, zudem sterben zwei Zivilisten.

Die Creußenwiesen und der angrenzende Wald der Mark sind mit Bombentrichtern übersät. Verglichen mit dem, was hätte passieren können, ist Grafenwöhr dennoch von einer Katastrophe – hier hat der Ausdruck wirklich seine Berechtigung – verschont geblieben. Das Waldstück hätte nur etwas weiträumiger bombardiert werden müssen, und ein dort gelegenes Lager für chemische Kampfstoffe, in dem rund drei Millionen Giftgasgranaten deponiert sind, wäre explodiert.

Bis in den nächsten Morgen hinein dauern die Löscharbeiten. Die Brände sind so ausgreifend, daß die einheimische Feuerwehr ihrer nicht allein Herr wird. Aus Weiden, Thomasreuth, Eschenbach, Pressath, Kirchenthumbach, sogar noch aus Amberg werden Männer und Gerät zur Verfügung gestellt.

In Weiden heulen um 10 Uhr 20 die Sirenen auf – feindliche Bomber sind im Anflug. Die fünfzehn Flugzeuge, die gezählt werden, werfen 51 Spreng- und 1 100 Brandbomben ab. Acht Tote sind zu beklagen. Auf das Gebiet zwischen Friedhof und Altem Wasserwerk fallen die meisten Bomben, die Behelfswohnungen des Reichsbahnausbesserungswerks, in dem Ausgebombte untergekommen sind, das Stadtbad und Wohnwagen auf dem Sportplatz Hammerweg werden erheblich beschädigt.

Es ist nicht der erste Angriff auf Weiden: Im Januar wurde schon 27mal Luftalarm gegeben, ohne daß es dann allerdings zu Bombardements kam. Im Februar ertönten die Sirenen 44mal, wobei der Angriff vom 14. Februar 1945, bei dem immerhin 50 abgeworfene Stabbrandbomben niedergingen, keine nennenswerten Schäden zur Folge hatte. Dagegen forderte der Angriff am 20. Februar sechs Todesopfer.

Wenige Kilometer südlich von Weiden liegt Schirmitz, ein Dorf, das bei Kriegsbeginn 900 Seelen zählte. Auch an diesem Donnerstag gehen die Bauern ihrer Arbeit auf dem Feld nach und lassen sich durch die Bomberverbände, die sie überfliegen, nicht irritieren. Ihr Dorf ist militärisch bedeutungslos, was sollen sie die feindliche Luftwaffe fürchten? Die Dorfbewohner haben sich an das Dröhnen der Flugzeugmotoren gewöhnt und sind sich auch heute sicher, daß die Flugzeuge Kurs auf Weiden oder den Truppenübungsplatz Grafenwöhr nehmen würden. Wie groß ist das Entsetzen, als sie, den Blick zum Himmel gerichtet, ohne im geringsten darauf vorbereitet zu sein, bemerken, wie die Bomber ihre tödliche Fracht abwerfen! Schon sind die ersten Explosionen zu vernehmen, im Nu brennt es überall, denn neben Sprengbomben fallen auch Phosphorbomben. Nach wenigen Minuten scheint alles vorbei zu sein, doch den Bombern folgen Tiefflieger, deren Besatzungen auf die Menschen feuern, die in Panik durch die Straßen rennen. Es ist fast ein Wunder, daß der Angriff nur ein Todesopfer und eine schwerverletzte Person fordert. Der Sachschaden ist hingegen groß: Vier Bauernhöfe werden völlig zerstört, bei 14 weiteren Anwesen brennen die Wohn- bzw. Wirtschaftsgebäude nieder. Nach einigem Rätseln ist man sich einig, daß der Angriff nicht Schirmitz gegolten hat, sondern den unweit gelegenen Bahnanlagen von Weiden, das am selben Morgen einem Luftangriff ausgesetzt war. Aber was hilft das schon?

Der Bahnhof von Schwandorf, Schnittpunkt der Linien Hof–Regensburg und Furth i. W.–Nürnberg, wird aus strategischen Gründen immer mehr zum Ziel der feindlichen Luftwaffe. Mehrere Tieffliegerangriffe hat der Bahnhof schon hinter sich, doch den Besatzungen der drei 3,7 cm und drei 2-cm Flakgeschütze ist es noch jedesmal gelungen, die Flugzeuge zu vertreiben. So ist die Bevölkerung auch an diesem Donnerstag nicht sonderlich beunruhigt, als Alarm gegeben wird. Dieses Mal geben die gegnerischen Piloten nicht so schnell auf: Die Vierlingsflak feuert aus allen Rohren, die Flugzeuge weichen aus, und die MG-Schützen schießen ein Magazin nach dem anderen leer. Die Passanten suchen Deckung, stürzen in die Häuser und die Bahnhofshalle, ein Wunder, daß niemand getroffen wird. Unterdessen drehen die Piloten ab und werden nun ihrerseits angegriffen – aus der Luft, wie ein gewiß überraschter Zeuge beobachtet, denn viel hat die deutsche Luftwaffe zu dieser Zeit nicht mehr zu bestellen. Es kommt zum Luftduell, das von Schwandorf aus deutlich wahrzunehmen ist: „Ein Feindflugzeug verfolgte ein deutsches Jagdflugzeug und konnte es auch abschießen. Doch gleichzeitig setzten sich hinter das Feindflugzeug zwei deutsche Jagdflugzeuge. Zwar versuchte es, der Schußlinie der deutschen Garben zu entgehen, doch schließlich wurde es getroffen und zum Niedergang gezwungen. Das deutsche Flugzeug ging bei Sitzenhofen, das Feindflugzeug im Raum der Langen Meile, Gem. Dachelhofen, nieder. Die Feindflugzeuge waren nur mit je einem Piloten besetzt, die bei der Landung noch lebten."

Der Ostersonntag ist den Bewohnern von Kallmünz in unangenehmer Erinnerung: „Auf dem Heimweg von der Frühmesse war trotz des heiligen Tages der Himmel schwarz von Flugzeugen. Bis zum späten Nachmittag war Fliegeralarm. Aus allen Richtungen hörten wir Detonationen." Nicht nur Barbara Bredow-Laßleben wurde damit klar, daß der Krieg nun bald auch Kallmünz erreichen würde.

Gegen Mittag nähern sich feindliche Flugzeuge Kallmünz im Tiefflug und spähen nach Zielen auf der Holzheimer Straße. Die MG-Schützen nehmen den PKW von Baumeister Hans Küfner, der stadtauswärts fährt, ins Visier, treffen aber nur das Auto, denn Küfner hat sich gerade noch ins Gebüsch neben der Straße retten können. An eine Weiterfahrt ist nicht mehr zu denken, denn das Wrack zählt 35 Einschläge; Küfner ist froh, daß er den Angriff überlebt hat.

Erste Erfahrungen mit Tieffliegerbeschuß machen wenig später auch die Töchter der Landwirte Ott und Weigert, die Vieh nach Regenstauf überführen. Den Mädchen passiert nichts, aber einige Tiere müssen notgeschlachtet werden. Damit nicht genug: Noch nicht ganz in Regenstauf angekommen, heißt es bei einem zweiten Angriff schon wieder, in Deckung zu gehen. Die Kallmünzer beginnen, sich auf Schlimmes gefaßt zu machen.

Freitag, 6. April 1945

Nach verlustreichen Kämpfen haben die Amerikaner Würzburg eingenommen. Die Mainmetropole war vom Luftkrieg schwer getroffen worden, insbesondere von dem Bombardement der Engländer am 16. März. Das Inferno, in dem halb Würzburg unterging, war so verheerend, daß es noch in Wondreb, an der Grenze der Oberpfalz zu Böhmen, mitzuerleben war und die Bewohner dieses damals noch vom Krieg weitgehend verschont gebliebenen Dorfs aufschreckte. Johann Schärdel, Oberförster in Wondreb, wurde mitten in der Nacht aus dem Schlaf gerissen und hat den Angriff auf Würzburg aus der Ferne miterlebt: „Aus dem Rollen und Donnern der Explosionen hob sich immer wieder das ‚Wumm' besonders schwerer Bomben heraus. Man sah sogar das Feuer einiger Explosionen über dem nächtlichen Himmel. Wir glaubten, es sei der Angriff auf Nürnberg. Als wir aber am Morgen aus dem Lautsprecher vernahmen, daß der Angriff Würzburg gegolten, stand uns das Herz still. Wenn man über rund 200 Kilometer Luftlinie den Untergang einer Stadt so deutlich wahrnehmen konnte, so mußte das eine Art Weltuntergang für die betroffene Stadt gewesen sein."

Die Lebensmittelverteilung in der 74. Zuteilungsperiode

III.*)

In der 74. Zuteilungsperiode vom 9.—29. April berechtigen zum Bezuge von Lebensmitteln:

4. **Vollselbstversorger.** a) über sechs Jahre (SV). Zucker: 375 Gramm ab 9. April Nummernabschnitt 301 (oder 750 Gramm Marmelade). Käse: 62,5 Gramm ab 9. April Nummernabschnitt 302. Quark: 125 Gramm ab 9. April Nummernabschnitt 303. Kaffee-Ersatz: 100 Gramm ab 9. April Nummernabschnitt 307. b) Bis zu sechs Jahren (SVK). Nährmittel: je 75 Gramm ab 9. April Nummernabschnitte 304—306. Zucker: 375 Gramm ab 9. April Nummernabschnitt 301 (oder 750 Gramm Marmelade). Käse: 62,5 Gramm ab 9. April Nummernabschnitt 302. Quark: 125 Gramm ab 9. April Nummernabschnitt 303. Kaffee-Ersatz: 100 Gramm ab 9. April Nummernabschnitt 307.

5. **Reichsbrotkarte für Selbstversorger:** Nordbezirke je 1000 Gramm Brot ab 9. April Nummernabschnitt 101—105. Südbezirke je 1000 Gramm Brot ab 9. April Nummernabschnitte 401—406.

6. **Zusatzkarte für Schwerarbeiter (S).** Fleisch: je 50 Gramm ab 9. April Nummernabschnitte 511, 513—518, je 50 Gramm ab 16. April Nummernabschnitte 521, 523—528, je 50 Gramm ab 23. April Nummernabschnitte 531, 533—538. Fett: 50 Gramm ab 16. April Nummernabschnitt 522. Brot: je 500 Gramm ab 9. April Nummernabschnitt 519 u. 520, je 500 Gramm ab 16. April Nummernabschnitt 529 und 530, je 500 Gramm ab 23. April Nummernabschnitt 539 und 540.

7. **Zusatzkarte für Schwerstarbeiter (SST).** Fleisch: je 50 Gramm ab 9. April Nummernabschnitt 616—627, je 50 Gramm ab 16. April Nummernabschnitt 631—642, je 50 Gramm ab 23. April Nummernabschnitt 646—657. Fett: 250 Gramm ab 9. April Nummernabschnitt 628, 125 Gramm ab 16. April Nummernabschnitt 643, 125 Gramm ab 23. April Nummernabschnitt 658. Brot: 1000 Gramm ab 9. April Nummernabschnitt 630, je 1000 Gramm ab 16. April Nummernabschnitt 644 und 645, 1000 Gramm ab 23. April Nummernabschnitt 659, 500 Gramm ab 23. April Nummernabschnitt 660. Kaffee-Ersatz: 100 Gramm ab 9. April Nummernabschnitt 629.

8. **Wochenkarte für ausländische Zivilarbeiter (AZ).** Fleisch: je 50 Gramm ab 9. April Nummernabschnitt 716—720, je 50 Gramm ab 16. April Nummernabschnitt 731—735, je 50 Gramm ab 23. April Nummernabschnitt 746—750. Fett: 50 Gramm ab 9. April Nummernabschnitt 721, 125 Gramm ab 16. April Nummernabschnitt 736, 50 Gramm ab 23. April Nummernabschnitt 751. Brot: je 1000 Gramm ab 9. April Nummernabschnitt 722 und 723, je 1000 Gramm ab 16. April Nummernabschnitt 737 und 738. Nährmittel: je 75 Gramm ab 9. April Nummernabschnitte 739, 741, 742. Zucker: 375 Gramm ab 16. April Nummernabschnitt 743 (oder 750 Gramm Marmelade). Käse: 62,5 Gramm ab 16. April Nummernabschnitt 740. Quark: 125 Gramm ab 23. April Nummernabschnitt 758. Kaffee-Ersatz: 100 Gramm ab 9. April Nummernabschnitt 724.

1. Die Nummernabschnitte gelten sämtlich bis zum 29. April 1945.

2. Alle Brotabschnitte berechtigen auch zum Bezug von 75 v. H. Mehl.

3. Kinder bis zu 18 Monaten können anstelle von 500 Gramm Brot auf die Abschnitte 25 K, 26 K, 27 K, 125 K, 126 K, 127 K, 225 K, 228 K und 227 K auch je 375 Gramm Kindergetreide- oder Kindernährmittel beziehen.

4. Süd umfaßt die Bezirke der Landesernährungsämter Bayern, Württemberg, Baden, Westmark, Sudetenland, Wien, Kärnten, Niederdonau, Oberdonau, Salzburg, Steiermark und Tirol-Vorarlberg, Nord die der übrigen Landesernährungsämter.

5. Brotration beträgt 5100 Gramm. Aus kartentechnischen Gründen erhalten die AZ-Arbeiter in der 74. Zuteilungsperiode 5150 Gramm. 50 Gramm werden in der 75. Zuteilungsperiode wieder abgezogen.

*) Siehe auch Ausgaben Nr. 78 und 79 vom 1. und 5. April 1945!

Regensburger Kurier vom 6.4.1945.

Major Enz, der Wehrmachtsstandortälteste von Tirschenreuth, postiert an sämtlichen Zufahrtstraßen der Stadt Sperren, die Personenkontrollen durchführen und Fahrberechtigungen prüfen. Die Polizei traut ihren Augen nicht: Zahlreiche NS-Funktionäre, unter anderem der Gauleiter vom Moselland, Gustav Simon, und Reichspressechef Otto Dietrich setzen sich in den Süden ab, allerdings durchweg mit gültigen Papieren. Simon kann einen vorgedruckten Führerbefehl vorweisen, der ihn nach Reichenhall beordert, Dietrich führt einen vom Leiter der Parteikanzlei, Martin Bormann, unterschriebenen Ausweis mit sich, der ihm Zuflucht in noch unbedrohtes Gebiet sichert. Für den einfachen Landser, Volkssturmmann wie auch für die Zivilbevölkerung gelten andere Maßstäbe: Täglich werden Standgerichtsurteile wegen Fahnenflucht oder Wehrkraftzersetzung verhängt.

Samstag, 7. April 1945

Beisetzung der Opfer des 5. April in Grafenwöhr: Wie Militärpfarrer Adolf Schultes protokolliert, findet um 18 Uhr auf dem Militärfriedhof die – ökumenische – Beerdigung der Opfer statt. „Der katholische und evangelische Standortpfarrer nahmen die Beisetzung vor in Gegenwart dreier Generale, einer Musikkapelle und angetretener militärischer Formationen. Es war eine Massenbeerdigung von 34 Särgen und 4 Kisten. Die Kisten hatten die Länge eine Sarges, waren aber jeweils etwa doppelt so groß wie ein Sarg und bargen die Fragmente von Toten."

Jagdbomber verursachen in Neumarkt Schäden an den Holzwerken Pfleiderer. Die Überreste der „Expreß"-Werke werden vollends zerstört. Auf der Amberger Straße jagen Tiefflieger Kraftwagen und Pferdefuhrwerke.

Die Räumung des Krankenhauses am Donnerstag – die Kanalbrücke soll gesprengt werden – ist noch immer Gesprächsstoff in der Stadt: Einem Teil der Patienten wurde zugemutet, sich in das für medizinische Zwecke nur unzureichend ausgerüstete Kloster Sankt Josef verlegen zu lassen, andere wurden in der Gaststätte Sammüller, in der man ein Notlazarett eingerichtet hatte, untergebracht; leichtere Fälle wurden nach Hause entlassen.

Sonntag, 8. April 1945

Die SS hält den Zeitpunkt für gekommen, Beweisstücke für die Existenz des KZ Flossenbürg zu vernichten. Man verbrennt Dokumente; die Gummischläuche, mit denen die Häftlinge geprügelt wurden, werden beseitigt; über den noch blutgetränkten Sägespänen auf der Hinrichtungsstätte stapelt man Holzscheite auf; die Haken an den Lichtmasten auf dem Appellplatz, an denen die Opfer öffentlich gehängt wurden, werden entfernt.

Zugleich ändert sich das Verhalten der Wachleute: Die „Brutalitäten durften nur mehr hinter verschlossenen Türen geschehen. In der Öffentlichkeit des Häftlingslagers gab sich die SS friedlicher. Das waren die ersten Anzeichen, daß die Nazi-Herren im schwarzen Rock selbst nicht mehr an einen Sieg Deutschlands … glaubten."

Als weiteres Zeichen dafür, daß der SS das Wasser bis zum Hals steht und sie sich darauf vorbereitet, das Weite zu suchen, muß die Einrichtung einer Lagerpolizei gewertet werden, die sich aus 400 deutschen Häftlingen rekrutiert. Diesen wird in Aussicht gestellt, nach einer Bewährungszeit wieder als vollwertige Mitglieder in die „Volksgemeinschaft“ aufgenommen zu werden. Der Preis dafür ist schändlich: Zunächst sollen sie das Lager in der ersten Zeit nach der Flucht der SS sichern und dann – als Komplizen des Regimes, dem sie ihre Zeit im Konzentrationslager zu verdanken haben – sich militärisch ausbilden lassen, um in Werwolfverbänden diejenigen zu bekämpfen, die sie demnächst ohnehin befreien würden. Wer auf dieses perfide Angebot nicht eingeht, bleibt unbehelligt, ein weiteres verdächtiges Zeichen der Milde. In dieses Bild paßt auch, daß seit längerem Fußball- und Kartenspiele erlaubt sind, in Wirklichkeit geht es um eine Steigerung der Arbeitsmotivation, da die Produktivität des Lagers stark gesunken ist. Die unüberhörbare Tätigkeit der Exekutionskommandos bewirkt dann aber doch, daß sich nicht allzuviele Häftlinge Illusionen hingeben.

In der NSDAP-Kreisleitung von Tirschenreuth findet eine Besprechung statt, an der sämtliche Ortsgruppenleiter des Landkreises und Vertreter des Volkssturmes teilnehmen. Die Reservetruppe des Stiftlandes, wie das Gebiet um Tirschenreuth auch genannt wird, ist zahlenmäßig recht ansehnlich, denn immerhin sieben Bataillone zu je 600 Mann können gebildet werden. Theoretisch ist man bestens gerüstet, denn auf verschiedenen Lehrgängen in Grafenwöhr ist den Männern weisgemacht worden, daß es möglich ist, eine Stadt ohne Panzer und Artillerie zu verteidigen und eine feindliche Armee zurückzuschlagen. Jetzt, da der Ernstfall naht, sieht alles weniger rosig aus: Bei 1 313 Gewehren und rund 40 000 Schuß Munition kann jeder dritte Kämpfer gerade dreißigmal auf den Feind feuern, muß dann aber schleunigst zusehen, irgendwo ein Versteck zu finden, um nicht in Gefangenschaft zu geraten. Die Aufgabe der 2 600 anderen Volksstürmer ist auch nicht beneidenswert: Wie sollen sie mit allenfalls 150 Panzerfäusten und 50 Handgranaten Hunderte von gegnerischen Panzern gefechtsunfähig machen?

Immerhin ist das wochenlange Rätselraten darüber, wer das Stiftland zuerst erreichen würde – die Amerikaner oder die Russen? – vorüber. Nach Lage der Dinge sind die Amerikaner zu erwarten, weshalb die bislang nach Norden und Osten orientierten Verteidigungslinien in westliche Richtung verlegt werden.

Die Bevölkerung ist in höchstem Maß beunruhigt, als sie davon erfährt, daß ihre Stadt verteidigt werden soll. Einen Vorgeschmack davon, was nun auf sie zukommen kann, hat sie am 9. Dezember 1944 erhalten. Damals gingen über hundert Bomben zwei Kilometer westlich von Tirschenreuth auf die Felder zwischen Lengenfeld und Hohenwald nieder und hinterließen gewaltige Löcher im Boden, nur eine Scheune ist zerstört worden. Natürlich war das industrielose Tirschenreuth kein lohnendes Ziel, der Angriff hatte gewiß dem zwanzig Kilometer entfernten Flugplatz im böhmischen Eger gegolten, doch wegen des wolkenverhangenen Himmels müssen die feindlichen Piloten die Orientierung verloren haben.

„Weißer Sonntag“ in Vilseck: Der Himmel ist von wolkenlosem Blau erfüllt und von der Frühlingssonne geht milde Wärme aus. Werden die Familien der Stadt in Frieden mit ihren Kindern die Erstkommunion feiern können? Wird ein Spaziergang ohne Tieffliegergefahr möglich sein? Alle hoffen es, doch kurz nach 11 Uhr heulen die Sirenen auf.

Dieser Moment ist von den Vilseckern schon lange voll Sorge erwartet worden, denn ihre Stadt grenzt im Norden unmittelbar an den überregional bedeutenden Truppenübungsplatz Grafenwöhr an. Damit nicht genug: Die Messerschmitt-Werke haben nach der weitgehenden

Das Votivbild der Schmerzhaften Muttergottes von der Gnadenkapelle erinnert an den Bombenangriff vom 9.12.1944, bei dem zwei Kilometer westlich von Tirschenreuth 105 Bomben in die freie Landschaft fielen. Ölgemälde von Karl Fuchshuber, um 1950 (Originalgröße 55 x 68 cm).

Zerstörung ihrer Regensburger Anlagen im Jahr 1944 ihre Flugzeugproduktion auf das Gelände des nahegelegenen Flugplatzes Heringnohe verlegt – jeden Tag werden von mehreren Tausend Arbeitern bis zu 20 Flugzeuge fertiggestellt – und erhöhen damit die Gefahr eines Luftangriffs auf Vilseck.

Alles flüchtet nun in die Luftschutzkeller, gerade noch können wenige Habseligkeiten zusammengepackt werden, und schon erscheinen einige hundert Bomber am Himmel. Mit gewisser Erleichterung wird dann aber festgestellt, daß der Angriff nicht Vilseck, sondern dem Südlager des Truppenübungsplatzes gilt – um mehr als Ausläufer eines ungleich verheerenderen Angriffs auf Grafenwöhr handelt es sich jedoch nicht. Dutzende von ungarischen Soldaten, die sich im Südlager aufhalten, kommen um, der Sachschaden hält sich dagegen in Grenzen. Die Sprengbomben sind von solcher Kraft, daß sie haushohe Trichter in den Boden reißen.

Großangriff auf Grafenwöhr: Leutnant Klaus Rathje aus Holstein wird an diesem Tag die Realität des Kriegs kennenlernen und einen Kameraden verlieren. „Vier Wochen vergingen mit Ausbildung, Drill und der Vorbereitung auf den letzten Einsatz im süddeutschen Raum. Vier Wochen, in denen wir alle wenig – uns allen viel zu wenig – vom Krieg spürten, der draußen und bereits im Innern unseres Reiches tobte", schreibt der anfänglich noch so tatendurstige Offizier an eine befreundete Familie, der er den Tod eines Sohnes mitteilen muß. „Es war am Sonntag, dem 8. April. ... Die gesamte Abteilung sieht sich im Lagerkino den Film ‚Der große König [Friedrich II.]' an. Auf der Leinwand sehen, erleben wir die Parallele zu der gegenwärtigen Auseinandersetzung. Gerührt und im Innersten ergriffen verlassen wir das Schauspiel. Wer von uns ahnt, daß eine Stunde später bereits unser weltvergessenes Grafenwöhr Kriegsschauplatz sein wird! Uns hat der Krieg doch fast alle vergessen. ... Fliegeralarm. Wie alle Tage. Es ist kurz vor Mittag, etwa 11.30 Uhr. Durch einen drei Tage vorher erfolgten Bombenangriff sind wir gewarnt und begeben uns befehlsgemäß in den festgelegten Ausweichraum. Bereits nach zehn Minuten fallen die Bomben. Etwa 200 Bomber lassen, ungehindert durch irgendeine Abwehr, ihre todbringende Last auf das wehrlose Fleckchen Erde fallen. Welle auf Welle. Der strahlende Frühlingstag hat sich zu Nacht und Rauch und Qualm verwandelt. Wir sind Augenzeugen und können nichts tun, als uns fest an den Boden pressen und abwarten und alles über uns ergehen zu lassen." Rathjes Kamerad Hans hat nicht das Glück, bis zum Ende des Angriffs im Bunker ausharren zu können, sondern ist als Brandwache eingeteilt worden. Alles ist vorüber und „wir suchten, suchten verzweifelt und fanden ihn nicht mehr. Mit zwei weiteren Kameraden ist er auf seinem Posten als Soldat gefallen. Die Unterkunft, in der er bei Beginn des Alarms gesehen wurde, war nur mehr ein Haufen brennender, glimmender und schwelender Bretter. Eine der ersten großen Bomben war als Volltreffer in das Gebäude hineingeschlagen. Trotz angestrengter Suche ... fanden wir von ihm keine Spur."

Dieser Großangriff auf das Ostlager Grafenwöhr vernichtet vollständig, was nach dem ersten Bombardement vom 5. April noch stehengeblieben ist. Die amerikanischen Flugzeuge werfen in 75 Minuten um die 2 000 Bomben ab. Genaue Angaben über die Anzahl der getöteten Sol-

„Grafenwöhr in Flammen": Das Gemälde des gebürtigen Grafenwöhrer Künstlers Norbert Richter-Scrobinhusen aus dem Jahre 1965 hängt im Sitzungssaal des Rathauses. Es erinnert an die Angriffe vom 5. und 8. April 1945.

Grafenwöhr, Gartenstraße: Anwesen Bauer.

Grafenwöhr, Gasthof Waldlust.

Grafenwöhr, alte Amberger Straße.

daten und Kriegsgefangenen, die sich auf dem Gelände befinden, lassen sich nicht machen – einige hundert Tote dürfte es mit Sicherheit gegeben haben. 80 Prozent der Bausubstanz fallen den Flammen zum Opfer, die riesigen Vorratslager brennen aus, ohne daß die Feuerwehr dies verhindern kann.

Von dem Inferno, in dem das Ostlager des Truppenübungsplatzes untergeht, bleibt auch Grafenwöhr nicht verschont. Die Menschen essen gerade zu Mittag, als die Sirenen ertönen. Kaum haben sie sich in die Luftschutzkeller geflüchtet, da geht es auch schon los. Eugen Hierold berichtet: „Der erste Verband kam an, immer 13 Maschinen (eine Maschine voraus ließ Rauchzeichen fallen) und gleich darauf ein Brausen wie bei einem Gewittersturm, und schon schlugen die Bomben im Lager ein. Nun folgte eine Welle der anderen. … Es war bald nichts mehr zu sehen als Feuer und Rauch. Dazu kam noch ein starker Sturmwind. Eine ungeheure Rauchwalze kam auf unsere Stadt zu. Man glaubte, die Welt ginge unter. Menschen weinten und schrieen. Die letzte Welle ging über die Brauerei in die Altstadt, wo ihr noch mehrere Häuser und Stadel zum Opfer fielen. Nach dem Angriff fuhr ich schnell nach Hause. Es sah fürchterlich aus. Die neue Amberger Straße war voll Schutt und Balken. Bettfedern flogen überall herum. Unser Haus stand noch, aber die Fenster waren zerbrochen. Das Dach war abgedeckt und alles verdreckt. Unser Stadel war bis auf einige Balken zusammengebrannt; außerdem waren vernichtet: 2 Wagen, 3 Pflüge, eine Häckselmaschine, alles Werkzeug, 2 Motorräder, davon ein neues Moped, 3 Fahrräder, Heu, Stroh, Holz, Streuschupfe und ein Stoß Bretter.“

Mit dem Ende des Angriffs ist noch längst nicht alles ausgestanden, denn das Feuer von brennenden Häusern droht auf noch unversehrte überzugreifen. Die Feuerwehr kann nicht viel gegen die Feuersbrunst ausrichten, da die Hauptwasserleitung an drei Stellen Treffer erhalten hat. Zudem sind während der Löscharbeiten eine Motorpumpe und zwei Schlauchwagen mit 1 500 Metern Schläuchen vernichtet worden. Erst dank der Hilfe auswärtiger Wehren lassen sich die Brände einigermaßen eindämmen.

Dieser „Weiße Sonntag“ geht in die Geschichte Grafenwöhrs als ihr schwärzester Tag ein. Die US-Air Force hingegen ist mit ihrem Tagwerk recht zufrieden. Im Bericht über den 8. April heißt es: „Grafenwöhr Panzer- und Mannschaftslager: sehr gut getroffen; Munitionsfabriken: größtenteils verfehlt; Fahrzeugpark, Baracken- und Versorgungsgebäude: mit Bomben eingedeckt; insgesamt etwa 1 300 Sprengbomben und 714 Brandbomben abgeworfen; 216 Bomber nach Grafenwöhr losgeschickt, davon erreichen 203 ihr Ziel.“

Die Bewohner Grafenwöhrs ziehen eine andere Bilanz: 25 Ziviltote; 144 Wohn- und 24 Wirtschaftsgebäude – Totalschaden; 81 Wohn- und 7 Wirtschaftsgebäude – beschädigt; 3 000 von knapp 5 000 Einwohnern zumindest vorübergehend obdachlos. Die Versorgung der Stadt ist durch die Zerstörung von drei Bäckereien und des einzigen Milchgeschäftes erheblich beeinträchtigt, erschwert wird die Ernährungssituation zudem durch recht hohe Verluste an Groß- und Kleinvieh.

Montag, 9. April 1945

Wenige Tage zuvor ist in Berlin das Reichssicherheitshauptamt ausgebombt worden. Sieben der Hauptbeteiligten der Verschwörung vom 20. Juli 1944, die dort inhaftiert waren, werden daraufhin nach Flossenbürg überstellt: Admiral Wilhelm Canaris, Generalmajor Hans Oster, Heeresrichter Dr. Karl Sack, Hauptmann der Abwehr Ludwig Gehre, Pfarrer Dietrich Bonhoeffer, General Friedrich von Rabenau und Hauptmann der Reserve Dr. Theodor Strünck. Einiges spricht dafür, daß Hitler selbst die Einberufung eines Standgerichts angeordnet hat, das am Vortag zusammentrat und – niemand hätte etwas anderes erwartet – alle sieben Männer wegen „Hochverrats“ zum Tod durch Strang verurteilte. Mit der Vollstreckung des Urteils hält man sich nicht lange auf: In den ersten Stunden des 9. April sind auch diese Symbolfiguren des Widerstands gegen den Nationalsozialismus tot.

Um 8 Uhr 35 wird die Bevölkerung von Amberg durch Sirenengeheul aufgeschreckt. Es wird so früh alarmiert, daß die Zivilbevölkerung genug Zeit hat, sich in Sicherheit zu bringen, erst eine dreiviertel Stunde später detonieren die ersten Bomben. Drei Gruppen zu je drei Bombern greifen an, ihr Hauptziel ist das Heereszeugamt. Dort verursacht explodierende Munition gewaltige Brände. Zudem werden die Metzerkaserne, deren Stabsgebäude einen Volltreffer erhält, die Regensburger- und die Schlachthausstraße mit Bomben belegt. Als die Flugzeuge abziehen, werden aus den Trümmern viele Tote und Verletzte geborgen – Gerüchten zufolge sollen fünfzig bis hundert Menschen ums Leben gekommen sein.

Teile der Bevölkerung Ambergs beginnen noch am selben Tag, die Stadt zu verlassen, um das Kriegsende in den umliegenden Orten abzuwarten – daß dieses nun nicht mehr lange auf sich warten lassen wird, bezweifelt so gut wie niemand. Die Angst ist so groß, daß viele, die kein Quartier außerhalb Ambergs finden, sich in die Wälder Richtung Köfering flüchten und dort biwakieren.

Mit einem der zahlreichen Flüchtlingszüge, die in Schwandorf eintreffen, kommen auch der ungarische Jude Tobias Rüd, Automechaniker aus Budapest, und seine Frau Gerda an. Beide hatten wegen der unsicheren politischen Verhältnisse Bratislawa, wo sie zuletzt gewohnt haben, verlassen müssen. Auf ihrem Weg in die Stadt, begleitet von zwei Wehrmachtssoldaten, die sie auf ihrer Reise kennengelernt haben, werden sie von einem SS-Angehörigen kontrolliert. Die gefälschten Papiere Rüds, die ihn als Volksdeutschen und Flüchtling ausweisen, erregen das Mißtrauen des SS-Manns. Während er bohrende Fragen stellt, bemerkt er in der Innentasche von Rüds offenstehender Jacke weitere Ausweispapiere. Der SS-ler läßt sie sich zeigen und stellt fest, daß Rüd Jude ist. Nun ist eine Leibesvisitation fällig, bei der auch noch eine Pistole entdeckt wird, die Rüd im Innenfutter versteckt hat. Die Szene erweckt das Interesse der Passanten, viele bleiben stehen.

Frau Rüd hat später die letzten Minuten ihres Mannes zu Protokoll gegeben: „Der Beamte forderte meinen Ehemann auf, sofort mit ihm zu gehen und hat ihn dann hinter den Güterbahnhof geführt, weil wegen des Vorfalles auf der Straße sich zuviel Leute angesammelt hatten, die sich für meinen Ehemann eingesetzt hatten. Ich wollte meinen Ehemann begleiten, bin aber vom SS-Streifendienst schroff zurückgewiesen worden. ... Ich war um meinen Ehemann sehr besorgt und hatte mich deshalb in unmittelbarer Nähe aufgehalten. ... Der SS-Streifendienst und mein Ehemann haben in der Zwischenzeit eine ziemlich erregte Debatte geführt, und nach kurzer Zeit hörten wir [Frau Rüd und die beiden Soldaten, die bei ihr geblieben sind] von der Seite her, wo die Unterredung stattgefunden hatte, einen Schuß fallen. Ich bin dann mit den beiden Herren in großer Besorgnis zur bezeichneten Stelle gestürzt. Ich habe dort zusammen mit den beiden Herren meinen Mann mit einem Kopfschuß liegen gesehen. Wir sind vom SS-Streifendienst in schärfster Weise von der Stelle zurückgewiesen worden. ... Was aus meinem Mann geworden ist, insbesondere wo er bestattet wurde, darüber kann ich keine weiteren Aussagen machen."

Dienstag, 10. April 1945

An die Gemeindeverwaltungen der Oberpfalz ergeht ein Aufruf, in dem vor einem „Sabotage-Brandzündmittel" gewarnt wird, das englische Flugzeuge über dem gesamten Reichsgebiet „in großer Anzahl" abwerfen. „Auf einer roten Pappetafel von 10x15 cm Größe sind mit Isolierband ein Zelluloid-Behälter mit den Abmessungen 15x4x1 cm und eine Gebrauchsanweisung aufgeklebt. Auf der Rückseite der Pappetafel ist in elf Sprachen ein Hinweis über den Zweck und die Gebrauchsanweisung des Sabotagezündmittels aufgedruckt. Der Zelluloidbehälter enthält in einer Kammer den Sabotagelangzeitzünder mit Zündschnur und Anfeuerungskopf. Die andere Kammer ist mit 35 ccm Brandmasse gefüllt." Von der Bevölkerung aufgefundene Sprengsätze sind sofort den örtlichen Behörden zu übergeben oder an Ort und Stelle durch die Polizei „in 1 m tiefen Gruben abzubrennen."

Mit derselben Post erreicht die Bürgermeister in ihrer Eigenschaft als örtliche Luftschutzleiter eine Anordnung bezüglich der Handhabung des Luftalarms in ländlichen Gebieten. Bemerkenswert sind zunächst nicht so sehr die technischen Details als vielmehr, daß mit diesem

Regensburger Stadtberichte

Zwei neue Sirenen-Signale

„Feindalarm" und „Akute Luftgefahr"

Zu den bereits bestehenden Sirenen-Signalen treten jetzt noch zwei weitere.

Das Signal „Feindalarm" (5 Minuten währender Heulton wird gegeben, wenn Luftlandetruppen gelandet sind, auch bei Annäherung von Feindpanzern.

Das Signal „Akute Luftgefahr" wird ab heute in Regensburg eingeführt. Es besteht aus zwei Heultonschwingungen von insgesamt 8 Sekunden.

Die Bekanntmachung des Polizeidirektors als örtlichem Luftschutzleiter unterrichtet im Einzelnen über die sich aus diesen Signalen ergebenden Folgerungen für die Bevölkerung. Sie ist in dieser Nummer abgedruckt. Wir empfehlen sie eingehendem Studium.

Verdunkelungszeiten. Beginn heute 20.01 Uhr, Ende morgen 6.06 Uhr.

Mütterschule. Ende dieser Woche beginnt die Mütterschule, Nonnenstraße 13, 1. Stock, wieder mit ihrer Kursarbeit und zwar zunächst mit den angefangenen Abendnähkursen Donnerstag und Freitag abend. Vorgesehen für die nächste Woche ist ein Nachmittag-Nähkurs. Kursbeginn: Montag, den 9. April nachm. 3 Uhr. Kurstage Montag und Mittwoch. Nähere Auskunft und Meldungen täglich während der Sprechstunden vormittag von 10–12 Uhr und nachmittag von 15–19 Uhr.

Reichsarbeitsgemeinschaft für das Dolmetscherwesen. Gegen Mitte des Monats beginnt je ein Tageskurs in Englisch und Französisch. Voraussetzung sind mittlere Kenntnisse. Dauer sechs Monate. In gewissen Fällen erfolgt Freigabe durch das Arbeitsamt. Anfragen und Anmeldungen sind an die Gaugebietsstelle Königstraße 2 Fernruf 5958 zu richten. – Am Montag, 9. April beginnt ein Abendkurs in Englisch, Grundstufe I.

Auf die Jungpflanzen kommt es an. Kräftige Jungpflanzen sind der Schlüssel zum Erfolg. Vor allem im Frühgemüsebau. Gedrungener Wuchs und gute Wurzelballen sichern einen Wachstumsvorsprung, der durch keine noch so sorgfältige Pflege zu ersetzen ist.

Ausweis bitte!

Kleiner Schnappschuß von der Straße

Inmitten der Stadt hatte ich dieser Tage ein kleines, nettes Erlebnis. Drei kleine Mädchen – ich glaube nicht, daß mehr als eines von ihnen schon zur Schule geht – hatten sich eine besondere Abart kindlichen Spiels ersonnen. Sie haben jedenfalls eine gute Beobachtungsgabe! Sie nahmen sich bei den Händen und machten eine Kette, stellten sich quer über den Bürgersteig und verlangten lachenden Mundes einen Ausweis für die Passage. Sollte ich ein Spielverderber sein und die leichtgefügte kleine Kette zerreißen? Aber nein! Die Forderung nach dem Ausweis war mit soviel Lachen der sechs blitzenden Kinderaugen verbunden, daß ich das wirklich nicht übers Herz gebracht hätte. Also griff ich in die Tasche und langte den Ausweis heraus. Die drei Kleinen prüften ihn mit wichtiger Miene und dann hatte ich die Erlaubnis zu passieren weg. Mit heiterem Lachen quittierten sie darüber, daß ich auf ihren kleinen Scherz eingegangen war. Kinderherzen sind ja so leicht zu befriedigen! Und schon waren die Kleinen daran, das Spiel fortzusetzen. Ich weiß nicht, ob es ihnen immer so gut gelang. Weil ich keine Zeit mehr hatte, das zu beobachten.

Man weiß gar keine Zeit mehr, zu der in Regensburg einmal ein Ausweis vom Passanten verlangt worden wäre. Aber die Kleinen hatten es sich doch gemerkt, daß das schon früher einmal der Fall war. Und so variierten sie ihr Spiel nach Erscheinungen des Krieges hin und spielten „Ausweis". Der Krieg ist eben in allem ein Umgestalter. Er muß sich auch im kindlichen Spiel auswirken. Die Buben spielen mehr als je Soldaten und die Mädel können auch nicht immer bei der Puppe bleiben, also probieren sie es einmal anders. Und wenn es auch noch so ausgefallen wäre! —r.

Reichsbahndirektion Regensburg

Ernennungen und Versetzungen

Ernannt zum Reichsbahnamtmann Reichsbahnoberinspektor Heinrich Kohl bei der RBD. Regensburg; Reichsbahnoberinspektor Reichsbahninspektor Friedrich Weidner bei der RBD. Regensburg und Johann König beim RA. Regensburg; Oberlokführer: Lokführer Josef Kronieder, Josef Wagner, Wilhelm Weinert, Andreas Wirth, Georg Löw, Alfred Bredemeier, Friedrich Kadenbach, Wilhelm Holdinghausen, Paul Lichtenscheid und Josef Wirges beim Bw. Regensburg; Oberrangiermeister: Rangiermeister August Schütz, Johann Treitinger, Johann Winklbauer beim Bf. Regensburg Hbf.; RS.: Reichsbahnassistent Alois Granvogl beim Bf. Köfering, Julius Schindler bei der Am. Regensburg; RS. (Gepäckrevisoren): Oberladeschaffner Stefan Maier beim RA. Hof und Markus Wohlmuth, Bf. Regensburg Hbf. beim RA Regensburg; Wagenmeister: Anwärter Josef Weinberger und Josef Moser beim Bw. Regensburg; Rel.Lokführer: Anw. Ludwig Wolf beim Bw. Regensburg; Versetzt: techn. Reichsbahnoberinspektor Karl Orth von der RBD. Regensburg zum Bw. Hof; In den Ruhestand versetzt: Reichsbahnamtmann Bernhard Bodianka bei der RBD. Regensburg, Reichsbahnoberinspektor Alfred Hofmann bei der RBD. Regensburg, Oberstellwerkmeister Max Fuchs beim Bf. Regensburg Hbf., Zugrevisor Josef Scherm beim RA. Regensburg.

Die NSDAP meldet

NS.-FA.-Schaft. Wir treten am Samstag um 15 Uhr an der Jugendherberge an.

Regensburger Familienchronik

Geburtstage und Jubiläen

Frau Kreszenz Karal, Rentnerswitwe in Zeitlarnheim feiert am 7. April ihren 77. Geburtstag.

Zentralschriftleitung der gauamtlichen Tageszeitungen Hanns Gert Freiherr von Esebeck; Hauptschriftleitung Franz Richard Ott; Berliner Schriftleitung: Dr. Roterberg. Berliner Vertretung: Graf Reischach. Druck und Verlag Gauverlag Bayreuth GmbH., Zweigverlag Regensburg. Preisliste 3. — RPK. I/43.

Gefallen für Führer und Großdeutschland:

Oberfeldwebel Josef Bindorfer
Teilnehmer an allen Feldzügen, Inh. d. E. K. 2. Kl. u. and. Ausz., nach 10½jähr. treuester Pflichterfüllung, geb. 4. 11. 1914, gef. 30. 1. 1945. - Regensburg, 6. 4. 1945. - **Josef u. Therese Plentinger,** verw. Bindorfer, geb. Silbereisen, Geschwister u. übr. Verw. - Heldengd. Dienstag, 19. 4., um 8 Uhr in St. Wolfgang.

SS-Unterscharf. Karl Heselberger
geb. 10. 4. 1917, gef. 30. 1. 1945 im Osten. - Regensburg, Mitterweg 2, 6. 4. 1945. **Xaver Heselberger,** Vater, 3 Brüder, z. Z. i. Felde, m. Fam., 4 Schw. m. Fam., Braut und **Klein-Ute** u. Verw. - Heldengd. Dienstag, 19. 4., um 16 Uhr in der Neupfarrkirche.

Obergefreiter Johann Kreuzer
Inh. d. Verw.-Abz. u. d. Ostmedaille, Elektromonteur, geb. 30. 11. 1921, gest. 22. 2. 1945 in einem Kriegslazarett im Osten. - Regensburg, 6. 4. 1945. - **Joh. Kreuzer,** Postbetriebswart u. **Fr. Berta,** Eltern, Schwestern u. Verw. - Heldengottesd. Dienstag, 10. 4., um 9 Uhr in St. Cäcilia.

Stabsgefr. Georg Reindl
Inh. d. Ostmedaille u. d. KVK., geb. 10. 8. 1913, gef. 21. 2. 1945 im Osten. - Burglengenfeld, 6. 4. 1945. - **Martha Reindl,** geb. Rauch, Gattin mit Töchterchen, Eltern, Bruder **Ludwig,** z. Z. i. Felde, u. Verw. - Heldengd. Dienstag, 10. 4., um 9 Uhr in Burglengenfeld.

Obergefreiter Georg Schreiner
Inh. d. E. K. 1. Kl., Verw.-Abz., geb. 12. 2. 1911, gef. 19. 2. 1945 im Osten. - Borsruck, 6. 4. 1945. - **Franziska Schreiner,** geb. Hofstetter, Gattin m. Söhnchen, Eltern, Geschw. u. Verw. - Heldengd. Dienstag, 10. 4., um 10 Uhr in Bernhardswald. Weggang vom Trauerhause um 9.15 Uhr.

Gefreiter Johann Stockmeier
geb. 29. 2. 1922, gef. 19. 8. 1943 im Osten. - Poign, 6. 4. 1945. - **Johann u. Rosina Stockmeier,** Eltern, Geschw. u. Verw. - Gottesd. Dienstag, 10. 4., um 9 Uhr in Weillohe. Weggang v. Trauerhaus um 8.30 Uhr.

Ogfr. Franz Xaver Karl
gest. 30. 3. 1945 in einem Lazarett, 29 Jahre alt. - Teugn, 5. 4. 1945. - **Therese Karl,** Gattin mit Sohn, Vater, 2 Brüder, 2 Schwestern u. Verw. - Beerdigung hat bereits stattgefunden.

Pionier Willibald Jobst
gef. 9. 2. 1945 im Osten im Alter von 17½ Jahren. - Aufhausen, 5. 4. 1945. - **Anny Jobst,** Mutter, Bruder, Großeltern u. Verw. - Heldengd. hat stattgefunden.

OGfr. Franz Seitz
Inh. d. Verw.-Abz. i. Silber, d. Ostmedaille, geb. 13. 12. 1913, gef. 18. 2. 1945 im Osten. - Eich, 5. 4. 1945. - **Therese Seitz,** geb. Hofmeister, Gattin mit Töchterlein, Sohn, Bruder u. Verw. - Heldengd. Dienstag, 10. 4., um 9 Uhr in Kallmünz. Weggang vom Trauerhaus um 8.15 Uhr.

O.Feldw. Anton Schwabenbauer
geb. 25. 6. 1915, gef. 19. 10. 1944 in Italien. - Teublitz, 5. 4. 1945. **Die Geschwister Spitzner** u. alle Verw. - Heldengottesdienst Dienstag, 10. 4., um 9 Uhr in Teublitz.

Regensburger Kurier vom 6.4.1945.

Schreiben „das Verbot der Alarmierung in den Landkreisen aufgehoben" wird. Zugleich stellt sich heraus, daß für den Schutz der Zivilbevölkerung nur unzulängliche Vorsorge getroffen worden ist, denn „unmittelbarer Anschluß an das Warnnetz ist nicht möglich." Die örtlichen Luftschutzleiter werden ersatzweise auf die Meldungen des „Gausenders Bayreuth" verwiesen. Auch ist nicht überall akustische Alarmierung möglich, weshalb angeraten wird, auf optische Mittel, hauptsächlich Fahnen, zurückzugreifen, die an Kirchtürmen oder Anhöhen zu hissen sind, wenn Gefahr droht.

Jahrelang hatte es das Regime unterlassen, den Zivilschutz auf dem Land auszubauen, weil dies nicht mit den militärischen Erfolgsmeldungen vereinbar gewesen und die Landbevölkerung verunsichert worden wäre. Nun aber hat man es eilig: „Die Alarmierung mit optischen Alarmzeichen ist mit größter Beschleunigung und mit allen Mitteln zu entwickeln. Die Durchsetzung dieser Aktion wird weitgehenden Einfluß auf die Feldbestellung und damit die Ernährungslage haben." Wie groß inzwischen die Gefahr ist, von Tieffliegern beschossen zu werden, verrät auch der amtliche Appell an die Bauern, Deckungsgräben und Einmannlöcher am Rande der Felder auszuheben.

Auch Mitterteich wird in das Kriegsgeschehen einbezogen. Nachmittags gegen 3 Uhr wirft ein feindlicher Bomber in der Nähe der Glasfabrik eine Bombe ab. Bei einem Gebäude auf dem Anwesen des Landwirts Will wird eine Wand herausgerissen, so daß es nicht mehr bewohnbar ist; auch andere Familien des Orts verlieren ihren Wohnraum. Vor allem aber kommen ein Kind und zwei Männer ums Leben.

Die Bevölkerung Ambergs hat sich von den Schrecken des Vortags noch kaum erholt, da wird schon wieder Alarm gegeben. Vormittags gegen 10 Uhr 30 beschießen feindliche Jagdbomber, die sogenannten „Jabos", das Gebiet um den Güterbahnhof im Norden Ambergs. Eine Passantin auf dem Galgenbergweg wird tödlich getroffen, viele Hausdächer und Wehrmachtsfahrzeuge werden beschädigt.

Die sich in der letzten Zeit häufenden Alarme – Amberg wird seit dem 3. April fast Tag und Nacht von feindlichen Flugzeugverbänden überflogen – beeinträchtigen das öffentliche Leben erheblich, unter anderem sind die Schulen geschlossen. Die Amberg-Sulzbacher Zeitung erscheint seit Monatsbeginn nur noch als dünne Notausgabe, eine Woche später ist auch diese – dürftige – Informationsquelle versiegt.

Viele aus dem Osten verschleppte Arbeiter und Kriegsgefangene nutzen in Erwartung des Einmarsches der Amerikaner die außer Kontrolle geratende Situation zur Flucht. Die Kreisleitung der NSDAP ordnet daraufhin deren verschärfte Überwachung durch die Kriminalpolizei an, die um Angehörige des Sicherheitsdienstes (SD), die sich aus dem heftig umkämpften Nürnberg abgesetzt haben, verstärkt wird.

Um die Mittagszeit wird in Schwandorf Fliegeralarm gegeben – bald danach greifen fünf Jagdflugzeuge den Bahnhof an. Obwohl es der Flak gelingt, diese am Bombenabwurf zu hindern, besteht die Gefahr weiter. Ein völlig überfüllter Personenzug – sogar auf den Waggondächern sitzen Menschen – wird schnellstens abgefertigt und auf die Fahrt Richtung Weiden geschickt. Direkt hinter der Lokomotive ist auf dem ersten Anhänger eine Vierlingsflak aufgebaut, auf dem letzten Anhänger befinden sich gleich zwei Flakgeschütze. So erscheint der Zug ausreichend gegen Angriffe gesichert – ein Irrtum, der viele Menschen das Leben kosten wird.

Um 13 Uhr 45 tauchen acht amerikanische Tiefflieger am Horizont auf. Die ersten Bomben, die sie abwerfen, sind so genau plaziert, daß die Flakgeschütze am Anfang und Ende des Zugs sofort ausfallen. Die Lokomotive wird ganze 124mal von MG-Beschuß getroffen und kommt bei Brunnenwiesen zum Stehen. Jetzt feuern die Schützen aus allen Rohren auf die wehrlosen Reisenden. Ein Zeuge erinnert sich an die schrecklichen Minuten: „Als der Angriff einsetzte, stürmte alles, soweit möglich, aus den Personenwagen ins Freie, um irgendwie Schutz zu suchen. Viele krochen unter die Waggons, andere hatte der Schreck in ihrer Entschlußkraft gelähmt, sie blieben sitzen. Beim Angriff wurden die Hochspannungsleitungen zerschossen. In ihrer Angst verwickelten sich die Flüchtenden in die herabhängenden Drähte und zogen sich dadurch entsetzliche Brandwunden zu. Der Lokführer war gleich tödlich getroffen."

Oskar Fürst, Kreisleiter und Bürgermeister von Schwandorf, und einige seiner Leute sind zufällig in der Nähe. Sogleich eilen sie zur Unglücksstelle, um zu helfen. Den NSDAP-Mann packt das Grauen: „Es war furchtbar. Tote, Schwerverletzte, Sterbende lagen teils auf der regennassen schmutzigen Straße, unter der Unterführung, auf der Wiese, mehr oder minder weit vom Zug entfernt. Eine Frau, welcher der Unterkiefer weggerissen worden war, lag in meinen Armen auf meinen Knien. Sie wollte etwas sagen, aber es kam kein Laut aus ihrem Munde, aus dem stoßweise ein dicker Blutstrom quoll. Dann fühlte ich, wie sich die Umklammerung um meine Hände löste." Die Frau ist tot.

Als die Flugzeuge abdrehen, werden die Leichen von 41 Zuggästen gezählt; Dutzende sind so schwer verwundet, daß sie wohl nicht zu retten sind. Die überlebenden Opfer werden nach Schwandorf gebracht, dessen Krankenhäuser völlig überfordert sind. Eine Woche dauert es, bis die Ärzte alle notwendigen Operationen durchgeführt haben.

Mittwoch, 11. April 1945

Amberg kommt nicht zur Ruhe. Vormittags um 9 Uhr wird die Innenstadt unter Bordwaffenbeschuß genommen, allerdings ohne daß dabei Schäden entstehen. Der Angriff ist jedoch nur der Auftakt zu einer massiveren Luftattacke am Nachmittag, denn um 14 Uhr 45 fallen Bomben auf den nordwestlichen Teil des Hochofens der Luitpoldhütte, das Heereszeugamt und den Bereich der Regensburger Straße. Dabei wird eine Starkstromleitung des Bayernwerks getroffen, was den Ausfall der Großalarmanlage zur Folge hat – ersatzweise muß auf Handsirenen und Kirchenglocken zurückgegriffen werden. Ein Feuerwehrfahrzeug, das auf dem Weg zum brennenden Gelände des Heereszeugamts ist, wird direkt vor dem Haupteingang der Metzerkaserne von einer Bombe getroffen – für sechs Feuerwehrleute, darunter fünf Freiwillige der Hitlerjugend, kommt jede Hilfe zu spät.

Mit ziemlicher Sicherheit ist der heutige Bombenangriff, der Neumarkt heimsucht, schon einige Tage zuvor geplant gewesen. Aufklärungsflugzeuge haben immer wieder ihre Kreise über der Stadt gezogen, was nicht nur der Bevölkerung Anlaß zu ängstlichen Vermutungen gegeben hat. Auch die amerikanischen Gefangenen auf dem Wiesengelände gegenüber dem Krankenhaus wissen, was die Flugzeuge am Himmel zu bedeuten haben, doch es kommt ihnen eine ungewöhnliche Idee, wie sie die Kameraden darauf aufmerksam machen können, daß die Bomben nicht nur den Feind träfen: Sie reißen großflächig das Gras in einer Weise aus, daß das freigelegte Erdreich noch aus großer Höhe sichtbar die Buchstaben USA bildet. Und wie allgemein angenommen wird, ist dies der Grund für die Terminierung des Angriffs auf den 11. April – an diesem Tag jedenfalls ist keiner der amerikanischen Kriegsgefangenen mehr in der Stadt.

Um 13 Uhr 45 fallen die ersten Bomben auf Neumarkt. Hauptangriffsziel ist dieses Mal die Altstadt: Zwei Häuser am Unteren Markt werden getroffen, zwei weitere am Oberen Markt, die meisten anderen Schäden entstehen in der Spital-, der Boten-, der Bräu-, der Kasten- und

Neumarkt, Klostergasse.

der Klostergasse. Das Dach der St. Johanneskirche wird abgedeckt, der Kirchturm gerät durch die Erschütterungen ringsum so sehr ins Schwanken, daß die Glocken zu läuten beginnen.

Um die hundert Menschen sterben. Die Familie Geitner verliert alle drei Kinder: Diese hatten mit elf anderen ebenfalls getöteten Personen im Keller des Gebäudes der Metzgerei Hiereth am Oberen Markt 27 Zuflucht gesucht.

Nach diesem zweiten verheerenden Luftangriff auf Neumarkt setzt eine Fluchtbewegung aus der Stadt ein; wer die Möglichkeit hat, sucht in der Umgebung ein Unterkommen. Trotzdem verrichten die Behörden weiterhin ihren Dienst, auch viele Geschäfte bleiben noch geöffnet.

Neumarkt, Glasergasse.

Neumarkt, Stadtbefestigung: Tor an der Klostergasse.

Regensburg, Hafengelände.

Regensburg, Obermünster: Blick in den Chor.

Das erste Bombardement des Monats auf Regensburg gilt dem Ölhafen; die letzten dort gelagerten Treibstoffreserven gehen in Flammen auf. Der Ostbahnhof wird schwer beschädigt, ebenso das Heeresnebenzeugamt, in dem noch lange nach dem Angriff Munitionsbaracken explodieren. Die zerstörerische Wirkung der Bomben ist enorm – das Elektrizitätswerk meldet, daß eine Trafo-Station „samt der Inneneinrichtung vollständig verschwunden" sei. Rauch- und Hitzeentwicklung sind so stark, daß es für Tage unmöglich ist, die Schäden am Ölhafen zu erfassen. Sofort aber ist klar, daß den Alliierten, die diesmal die Wohngebiete verschonen, ein entscheidender Schlag gegen die Ressourcen der Wehrmacht und die Eisenbahnverbindungen der Stadt gelungen ist. – Erstaunlicherweise kommen bei dem Angriff nur drei Personen um.

Drei Tage später wird der für die Treibstoffzuteilungen zuständige Beamte das Ergebnis dieses Bombardements bilanzieren: „Infolge des in dieser Woche auf das Hafengebiet niedergegangenen Fliegerangriffs sind sämtliche Vergaserkraftstoff-Vorräte zerstört. Die drei Regensburger Tankstellen sind leer. Die Versorgung der wichtigsten Sektoren (Lebensmittelversorgung, Gesundheitswesen usw.) ist schwerstens gefährdet."

Dabei hat die Stadt schon einiges hinter sich: Konnte die Oberpfalz aufgrund ihrer geographischen Lage und industriell geringfügigen Bedeutung bis zu Beginn des Frühjahrs 1945 gewissermaßen als „Reichsluftschutzkeller" dienen, in den sich viele Bewohner zerbombter Städte flüchteten und auch zahlreiche Kinder im Rahmen der „Kinderlandverschickung" aus bedrohten Gebieten evakuiert wurden, so war Regensburg hiervon ausgenommen. Die Messerschmitt-Flugzeugwerke, der Hafen, Kasernen, die Funktion der Stadt als Verkehrsknotenpunkt, all dies zog schon früh die Aufmerksamkeit der Alliierten auf sich. Bis zum 11. April 1945

Regensburg, Obermünster: Vespergruppe von Hans Wilhelm (1622).

Regensburg, die Obermünsterkirche vor der Zerstörung: Innenansicht.

Regensburg, Fürstliches Schloß Thurn und Taxis: Bibliothekstrakt.

wurde die Stadt zehnmal bombardiert, das erste Mal am 17. August 1943, wobei es 397 Tote und viele Verletzte gab. Im Zuge der drei Angriffe des Jahres 1945 am 20. Januar, 5. Februar und 13. März war die städtische Infrastruktur nahezu völlig zusamengebrochen. Aber auch die Wohngebiete wurden immer mehr in die Angriffe miteinbezogen, so daß viele Bürger vorübergehend obdachlos wurden, am 13. März gleich 4 000 Personen.

Bei diesem letzten Bombardement mußte die mit Kunstschätzen reichgesegnete Stadt schwere Verluste hinnehmen: Die Obermünsterkirche aus dem frühen 11. Jahrhundert, Mittelpunkt einer romanischen Klosteranlage und im Inneren mit einer Kassettendecke, Hauptaltar und Kanzel aus dem frühen 17. Jahrhundert und anderen Einrichtungen aus der Zeit des Barock und Rokoko ausgestattet, war unwiederbringlich verloren. Im Schloßpark wurde das klassizistische Gartencasino Theresienruhe aus den ersten Jahren des 19. Jahrhunderts so stark beschädigt, daß die Ruine abgetragen werden mußte. Das Haus „zum Löwen im Gitter", ein bedeutendes frühgotisches Bürgerhaus aus der Mitte des 13. Jahrhunderts, konnte ebenfalls nicht mehr restauriert werden. Stark beschädigt wurden der Bibliotheksbau des Fürstlichen Schlosses, die Stadthalle mit den Sammlungen des Naturwissenschaftlichen Vereins, Teile des Dominikanerinnenklosters Heilig Kreuz, die Alte Kapelle, der Justizpalast, die Altdorferschule, St. Leonhard, die Antoniuskirche und die drei Friedhöfe.

Donnerstag, 12. April 1945

Der amerikanische Präsident Franklin D. Roosevelt erliegt nach langer Krankheit den Folgen einer Gehirnblutung, sein Nachfolger wird Harry S. Truman. So sehr diese Nachricht die westliche Welt erschütterte – der Präsident war ungemein populär –, so wenig wurde deshalb die Kontinuität der amerikanischen Politik unterbrochen: Das Ziel der Niederwerfung Hitler-Deutschlands wurde nicht im geringsten in Frage gestellt. Das genau erhofften sich Hitler und seine Umgebung im Berliner Führerbunker, wo die Sektkorken knallten. Hitler, der sich gerne mit Friedrich II. verglich, fühlte sich daran erinnert, daß der siebenjährige Krieg (1756–1763) aufgrund des Tods der Zarin Elisabeth eine Wende zugunsten Preußens genommen hatte. Und ebenso, wie sich damals Preußen doch noch gegen eine übermächtige Koalition behaupten konnte, war man sich nun in Berlin fast schon sicher, daß Roosevelts Tod für Deutschland dasselbe bedeuten würde. Roosevelt galt als Inkarnation der angeblichen jüdischen Weltverschwörung gegen Deutschland und als Haupthindernis eines Zusammengehens von Reich und Westmächten gegen die Sowjetunion. Jetzt aber schien die Niederlage abwendbar, da der Weg für ein antibolschewistisches Bündnis gegen Stalin frei sei. „Im Augenblick, in dem das Schicksal den größten Kriegsverbrecher aller Zeiten von dieser Erde weggenommen hat, wird sich die Wende dieses Krieges entscheiden." Mit diesen Worten suchte Hitler – drei Tage später – den Soldaten der Ostfront die Zuversicht einzuflößen, daß ihre Anstrengung gegen die vorwärtsdrängenden Russen nicht vergebens sei.

In Tirschenreuth greifen Feldgendarmen, von den Soldaten und der Bevölkerung als „Kettenhunde" gefürchtet, mehrere versprengte Wehrmachtsangehörige auf, darunter einen degradierten Gefreiten. Dieser wird vor ein Standgericht gestellt, das im Rathaussaal tagt, aus der Wehrmacht ausgestoßen und zum Tod durch Strang verurteilt. Major Enz soll den Unglücklichen von einem seiner Untergebenen aufhängen lassen, weigert sich aber, angesichts der Massenflucht von Nazi-Größen, die auch in Tirschenreuth zu beobachten ist, das Urteil zu vollstrecken. Während er noch mit Polizeiwachtmeister Hecht nach einem Ausweg sucht, hat sich ein Leutnant der Feldgendarmerie bereit erklärt, die schmutzige Arbeit zu verrichten. Ein

Regensburg, zerstörte Gründerzeitvilla in der Luitpoldstraße.

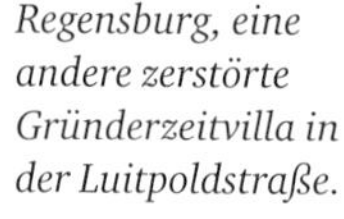

Regensburg, eine andere zerstörte Gründerzeitvilla in der Luitpoldstraße.

Stromleitungsmast an der Mähringer Straße, in der Nähe des Schwimmbades, dient als Galgen, an dem der Soldat zum Grausen der Bevölkerung einige Tage hängengelassen wird.

Kurzweil mit der Hitlerjugend: Das öffentliche Interesse an einem Volksliederabend der Regensburger HJ – einer ihrer letzten Auftritte – ist gering. „Es war ein reizvoller Abend, den die Spielschar der HJ im Neuen Rathaussaal gestaltete." Doch ihr „frohes Singen" erreicht einen „leider nur kleinen Kreis von Hörern", wie Rezensent Hans Huber im Regensburger Kurier bedauernd feststellen muß. Dabei hat man sich solche Mühe gegeben! Franz Kießling hatte eine Liederfolge zusammengestellt, die „stimmungsvoll in das Erleben frohen Wanderns und der erwachten Natur eindrang, die von aller Freude klang, die in der Weite der Landschaft und im Grün des Waldes lebendig wird, die Frau Musika pries und alle Kobolde des Humors weckte …“

Die Zuhörer, die sonst wenig zu lachen haben, danken den Veranstaltern mit „freudig schenkenden Händen“, was wiederum den Kassenwart der Regensburger Hitlerjugend, der den Klingelbeutel herumgehen lassen hat, „freudig“ gestimmen dürfte.

Als alles „beglückt aus dem hellen Rathaussaal in die Nacht“ geht, ist trotz der milden Witterung ein lustvolles Promenieren in den Straßen und Gassen Regensburgs unmöglich: Die Stadt ist von 20 Uhr 16 bis 5 Uhr 49 verdunkelt – die Wirklichkeit des Kriegs hat die Zuhörer wieder eingeholt.

REGENSBURGER KURIER

Amtliche Tageszeitung des Gaues Bayreuth der NSDAP.

Verlagsort: Regensburg. — Druck und Verlag: Gauverlag Bayreuth GmbH Zweigverlag Regensburg. — Fernruf: 4141. — Postscheckkonto: München 54599

Bezugspreis monatl. 1,90 RM einschl. Zustellung, bei Postzustellung 1,96 RM Einzelnummer 0,10 RM. — Anzeigen n. Preisliste — Gerichtsstand Regensburg

Jahrgang 1945 / Nr. 86 — Freitag, 13. April 1945

Jede Stadt ist zu verteidigen!

Es gibt keine offene Stadt / Ein Erlaß des Reichsführers SS

Δ Aus dem Führerhauptquartier, 13. April. Das Oberkommando der Wehrmacht gab am Donnerstag bekannt:

„Städte liegen an wichtigen Verkehrsknotenpunkten. Sie müssen daher bis zum äußersten verteidigt und gehalten werden, ohne jede Rücksicht auf Versprechungen oder Drohungen, die durch Parlamentäre oder feindliche Rundfunksendungen überbracht werden. Für die Befolgung dieses Befehls sind die in jeder Stadt ernannten Kampfkommandanten persönlich verantwortlich. Handeln sie dieser soldatischen Pflicht und Aufgabe zuwider, so werden sie, wie alle zivilen Amtspersonen, die den Kampfkommandanten von dieser Pflicht abspenstig zu machen versuchen oder gar ihn bei der Erfüllung seiner Aufgabe behindern, zum Tode verurteilt.

Ausnahmen von der Verteidigung von Städten bestimmt ausschließlich das Oberkommando der Wehrmacht.

Der Chef des Oberkommandos der Wehrmacht, gez. Keitel.

Der Reichsführer SS gez. Himmler. Der Leiter der Parteikanzlei, gez. Bormann.

*

Reichsführer SS Heinrich Himmler hat ergänzend hierzu folgenden Befehl erlassen:

Der Feind versucht durch Irreführung deutsche Orte zur Übergabe zu veranlassen. Durch vorgeprellte Panzerspähwagen unternimmt er es, die Bevölkerung mit der Drohung einzuschüchtern, daß im Falle der Nichtübergabe der Ort durch angeblich aufgefahrene Panzer oder Artillerie zusammengeschossen würde. Auch diese Kriegslist des Feindes verfehlt ihr Ziel. Keine deutsche Stadt wird zur offenen Stadt erklärt. Jedes Dorf und jede Stadt werden mit allen Mitteln verteidigt und gehalten. Jeder für die Verteidigung eines Ortes verantwortliche deutsche Mann, der gegen diese selbstverständliche nationale Pflicht verstößt, verliert Ehre und Leben.

Volk an den Feind

Wie oft hast du selbstbewußt diesen Satz ausgesprochen; es ging dir oft um Dinge, die nur materiellen Wert haben. — Nun, bedenke, daß auch der Krieg Aufklärung zu deiner und deiner Nachbarn Sicherheit fordert! Aufklärung über den Feind! Wer aufklärt, der schützt sich vor Ueberraschungen. Das ist immer im täglichen Leben, so erst recht im Kampfe. Du kannst morgen in deinem Heimatdorf oder Stadtteil überraschend in der vordersten Verteidigungsstellung stehen, ohne recht zu wissen, wieso. Kamerad mit der Volkssturmbinde am Arm! Erkenne rechtzeitig den Feind, melde deinem Führer alles, was du über den Feind feststellen kannst.

Was gibt es nun aufzuklären? — Bewegungen des Feindes, seine Stärke und Bewaffnung;

[…] bergen tödliche Gefahr für sich und die Kameraden und machen dich außerdem lächerlich.

4. Mache die Augen auf für die Natur. Du bist ihr nur fremd geworden! Gewinne ihre Freundschaft, dann mußt du dich mit ihr abgeben! Dann vertraut sie dir ihre Geheimnisse an.

Ein kühner Handstreich

Δ Stockholm, 13. April. Nach einer Meldung der englischen Reuter-Agentur unternahmen deutsche Freiheitskämpfer im Elsaß einen Angriff auf das Hauptquartier der 1. französischen Armee, General Jean Lattre de Tassigny. Die Freiheitskämpfer — so berichtet Reuter — sprengten zunächst eine für den feindlichen Nachschub wichtige Brücke über den Rhein und griffen dann das Hauptquartier des Generals an. Der Überfall wird von Reuter als ein außerordentlich kühnes und gut vorbereitetes Unternehmen geschildert, bei dem der französische General nur durch einen Zufall mit dem Leben davonkam. Die Verluste unter den Angehörigen seines Stabes waren beträchtlich.

Jude, Stadtkommandant in Hannover

Δ Stockholm, 13. April. Alliierte Kriegskorrespondenten berichten nach einer Meldung der schwedischen Zeitung „Aftonbladet“, daß in Hannover ein jüdischer Hauptmann der USA-Armee namens Fried das Amt des Stadtkommandanten übernommen habe.

Widerstand mit allen Mitteln

ios. — Der Krieg trägt an der Ostfront und an der Westfront im gegenwärtigen Stadium einen durchaus unterschiedlichen Charakter. Im Osten ist es uns gelungen, im wesentlichen eine einheitliche Front gegen das bolschewistische Vordringen zu errichten, die von der Ostsee bis in den ungarischen Raum hineinläuft. Im Süden der Ostfront sind die Verhältnisse durch den russischen Durchbruch auf Wien wieder labil geworden, aber auch hier zeichnen sich die Umrisse einer neuen Festigung ab. Selbstverständlich besteht fast in jedem Augenblick die Möglichkeit, daß der Feind an den bisher ruhigen Fronten zu neuen Großangriffen antritt, worauf gewisse Truppenkonzentrationen hindeuten. Der Charakter des Ostkrieges läßt sich dahin umschreiben, daß es nach dem Durchbruch von Baranow wieder gelungen ist, einen festen Wall gegen das Vordringen der bolschewistischen Horden zu errichten.

Ganz anders ist der Charakter, den der Krieg im Westen genommen hat, nachdem der Feind

Schwere Abwehrkämpfe bei Coburg

Δ Berlin, 13. April. Am Mittwoch erfolgte der Hauptstoß der Anglo-Amerikaner in der Mitte der Westfront zwischen Mittelland- […]

[…] starke Druck setzte sich auch im Raum zwischen Thüringer Wald und Steigerwald fort. Dem am Südrand des Thüringer Waldes vordringen- […]

Regensburger Kurier vom 13.4.1945: Der von Himmler, Bormann und Keitel gemeinsam unterzeichnete Erlaß zerstört jede Hoffnung auf ein glimpfliches Kriegsende.

Herzogau: Im Grenzlandhotel residierte Gauleiter Wächtler nach seiner Flucht aus Bayreuth.

Freitag, 13. April 1945

Der Gauleiter der Ostmark, Fritz Wächtler, setzt sich von Bayreuth nach Herzogau bei Waldmünchen ab. Wächtler, Mitglied der NSDAP seit 1926 und einer der ersten nationalsozialistischen Abgeordneten im thüringischen Landtag, war, bevor er 1936 die Nachfolge des tödlich verunglückten Gauleiters Hans Schemm antrat, in Thüringen Innen- und Volksbildungsminister.

Noch zwei Wochen zuvor, am 1. April, hatte Wächtler in seiner Eigenschaft als Reichsverteidigungskommissar getönt: „Nun sind die anglo-amerikanischen Panzer-Spitzen in Teile unseres Wehrkreises vorgedrungen. Nicht nur für den Offizier und Soldaten unseres Führers, sondern auch für die gesamte Bevölkerung ist jetzt die Stunde der Bewährung, der Opferbereitschaft und des Kampfes gekommen. Wir wollen ja nicht nur den Feind aufhalten, sondern ihn werfen und vernichten. Der deutsche Offizier und Soldat kämpft mit dem Hoheitsträger und den Angehörigen der Partei Schulter an Schulter neben dem deutschen Volkssturmmann bis zum letzten Atemzug.“ Solche Appelle werden in diesen Tagen von der Parteispitze zwar erwartet, trotzdem hat Wächtlers Name weder in Berlin noch in Bayreuth einen guten Klang: In Berlin gilt er als „Psychopath“, in Bayreuth steht er wegen seiner ausufernden Zechtouren, die er zusammen mit seinem Provinzhofstaat unternimmt, im Zwielicht.

Als Bayreuth am 5., 8., 11. und 13. April schweren Bombardements ausgesetzt war, schlägt die von Wächtler beschworene „Stunde der Bewährung“. Doch dem Reichsverteidigungskommissar wird der Boden in Bayreuth in doppeltem Sinne zu heiß, denn die Amerikaner rücken

Englisches Flugblatt, über Regensburg abgeworfen (Rückseite rechts stark verkleinert). Gegen Kriegsende hatten die Alliierten Flugblattbomben entwickelt, die eine einigermaßen exakte Verbreitung des Propagandamaterials garantierten. Der Bombenkörper bestand aus einem Pappzylinder, der ca. 80 000 Flugblätter (zu 13x21 cm) faßte. Nach dem Abwurf zerriß ein kleiner Sprengkörper in etwa 300 m Höhe die Hülle, so daß die Flugblätter auf einer Fläche von ca. 2 km^2 niedergingen; statistisch bedeutete das ein Flugblatt auf 25 m^2. Für die Artillerie wurden von beiden Kriegsparteien in ähnlicher Weise Granaten entwickelt, die die Flugblätter zu den feindlichen Fronten hinübertrugen.

immer näher, und seinesgleichen hat von den Siegern nun wirklich nichts Gutes zu erhoffen. Zwei Busse werden geordert, mit denen die Familien der Mitarbeiter Wächtlers nach Dingolfing gebracht werden sollen. Der Chef selbst besteigt um 16 Uhr einen von zehn PKWs, in denen es zusammen mit vierzig NSDAP-Funktionären zur – noch – sicheren tschechischen Grenze gehen soll – hinter sich läßt er das brennende, rauchverhangene Bayreuth. Von einer „Verlegung der Gauleitung" – davon hatte Wächtler einem seiner Untergebenen gegenüber gesprochen – kann keine Rede sein, es ist nichts anderes als „Flucht vor dem Feind", die er selbst wenige Zeit zuvor strikt untersagt und mit Sanktionen bedroht hatte.

In Herzogau angekommen, residiert man im nahegelegenen Grenzlandhotel, einem Nobeletablissement, und trifft dort auf eine ehrenwerte Gesellschaft, denn der Gauleiter von Thüringen, Fritz Sauckel, ist mitsamt seinem Gefolge auch schon da. Es mangelt den Herren an nichts, „es gab genügend Konserven zum Essen sowie Wein, Schnaps und jede Menge Zigaretten", wie sich einer von Wächtlers Mitarbeitern erinnert. Doch die Sicherheit, in der sich die Bayreuther Nazi-Clique in den abgelegenen Wäldern der Umgebung Herzogaus wähnt, ist trügerisch. Unheil droht indes nicht von den Amerikanern, sondern aus Berlin.

Samstag, 14. April 1945

Reichsführer SS Heinrich Himmler erteilt dem kürzlich zum Reichssonderkommissar für sämtliche Konzentrationslager ernannten Kurt Becher den Auftrag, die KZ den Gegnern kampflos zu überlassen. Hitler hebt jedoch Himmlers Anweisung wieder auf, denn kein Gefangener soll den einrückenden Truppen lebend in die Hände fallen. Die daraufhin einsetzenden Evakuierungs- oder „Todesmärsche" – Eisenbahntransporte sind wegen der zerstörten Gleisanlagen kaum noch möglich – gehen also unmittelbar auf einen Führerbefehl zurück.

Wieder Tote und Verletzte in Amberg: Am Morgen schon müssen auf dem Katharinenfriedhof die Trauerfeierlichkeiten für die drei Tage zuvor umgekommenen Feuerwehrleute wegen Fliegeralarms abgebrochen werden. Nachmittags um 16 Uhr werfen zwei amerikanische Flugzeuge über der Luitpoldhütte Bomben ab, die neben dem Zementwerk auch eine Arbeitersiedlung treffen. Der Angriff erfolgt aus solcher Höhe, daß die Luftschutzposten die nahenden Flugzeuge zu spät bemerken und die Opfer sich nicht in Sicherheit bringen können.

Neun Tage hatte Kallmünz Zeit, sich von seinem ersten Beschuß durch Tiefflieger zu erholen, nun ist es wieder eines der Angriffsziele der alliierten Flugzeuge. Es kommt härter als das letzte Mal: Ein Funkgerätewagen, der sich unzureichend am westlichen Fuß des Aubergs getarnt hat, wird entdeckt und unter Feuer genommen. Drei Tote sind zu beklagen.

Das fürstliche Schloß in Regensburg war am 23. März nur knapp der völligen Zerstörung entgangen, auf dem Schloßgrund waren 24 Bombentrichter zu zählen. Am 11. April ist es zwar nicht zu weiteren Schäden gekommen, doch Fürst Albert Lamoral von Thurn und Taxis, Herzog zu Wörth und Donaustauf, beginnt nun doch, um die Sicherheit der Seinen zu fürchten. Natürlich fällt es nicht leicht zu entscheiden, auf welchem der Besitztümer man das Kriegsende abwarten soll, doch nach längeren Überlegungen scheint eine kleine Jagdhüttenkolonie auf der „Aschenbrenner Marter", etwa 18 Kilometer östlich von Regensburg, inmitten von Wäldern gelegen, eine hinreichend komfortable und auch geräumige Ausweichmöglichkeit zu sein. Schließlich gilt es, nicht nur sich selbst, sondern zudem einem kleinen Gefolge vorübergehende Heimstatt zu bieten: Feldmarschall Erzherzog Franz Joseph, sein Schwager – aus Budapest mit seiner Gemahlin nach Regensburg geflohen –, die Erzherzoginnen Elisabeth und Magda, Prinz Johannes, sein Enkel, und noch weitere Familienmitglieder, Majordomus und Hofkaplan sowie eine nicht näher bestimmbare Anzahl von Lakaien, selbstverständlich auch Küchenpersonal und andere dienstbare Geister sind im fürstlichen Notquartier untergebracht und bilden zusammen einen nicht gerade übervölkerten, aber doch hinlänglich großen Hofstaat, um die Fortdauer standesgemäßen Zeremoniells auch hier zu gewährleisten. Und was das tägliche Brot angeht, so ist man den Zumutungen des Lebensmittelzuteilungssystems gottlob nicht ausgesetzt.

Freilich wissen auch andere Abgelegenheit und Unwegsamkeit des Geländes zu schätzen, weshalb es um die Sicherheit des Fürsten hier nicht zum besten steht. Ignaz Weilner, Kaplan am Hof der Thurn und Taxis, äußert jedenfalls Bedenken: „An der gegenwärtigen Situation wollte mir einiges nicht gefallen: abgesehen von der bohrenden Sorge um die Meinen, mußte ich mir sagen, daß solch ein ausgedehntes Waldgebiet auf beherrschender Höhe für eine materiell schwächere Truppe nur allzu verlockend sein würde, sich darin festzusetzen; die SS im nicht allzu fernen Parkhaus war ebenfalls nicht nach meinem Geschmack; und schließlich erfuhr ich, daß einige Gebäude unserer Kolonie (der sogenannte Prinzenbau, der Stallbau, die Kantine) bis zum Dach vollgepropft waren mit Ausrüstungsgegenständen der Wiener Polizei und SS. Wenn das nur gut ging!“

Indes wird sich die Sorge des Geistlichen als unbegründet erweisen: Gewiß, allerlei gefährliche Situationen werden in den nächsten Wochen zu meistern sein, doch Fürst Albert und seinen Schutzbefohlenen wird kein Haar gekrümmt werden.

Sonntag, 15. April 1945

Die „Evakuierung“ von prominenten Häftlingen aus Flossenbürg ist nahezu abgeschlossen. Schon am 8. April sind der frühere österreichische Bundeskanzler Dr. Kurt von Schuschnigg mit seiner Frau Vera und der vierjährigen Tochter Sissi nach Dachau gebracht worden. Im selben Transport befanden sich der frühere Reichsbankpräsident und Wirtschaftsminister Dr. Hjalmar Schacht sowie der Generaloberst und frühere Generalstabschef des Heeres, Franz Halder. Unter denen, die am heutigen Tag die gefahrvolle Reise in getarnten Autos antreten müssen – es ist ständig mit Tieffliegerbeschuß zu rechnen –, ist Josef Müller, wegen seiner Zugehörigkeit zur Militäropposition in Haft und nach Kriegsende Gründungsmitglied und Vorsitzender der CSU. Dem Transport gehören ferner an: Prinz Philipp von Nassau, ehemaliger Regierungspräsident von Hessen-Nassau, einige englische Offiziere, Amand Mottet, Spion und Mitglied der Widerstandsbewegung General De Gaulles sowie der dänische Abwehroffizier Hans Lundig. Vier Tage später ist die gesamte „Lagerprominenz“ in Dachau: Unter den namhaften Häftlingen, die Flossenbürg zum Schluß verlassen haben, sind die Brüder Keresztes-Fischer, der eine bis zur Besetzung Ungarns im März 1944 Innenminister des Landes, der andere General, Josef Sombor, Chef der politischen Polizei Ungarns, drei französische, zwei italienische Generäle sowie hohe Militärs aus der Sowjetunion und der Tschechoslowakei.

In Waldmünchen hat man schon vor vier Wochen damit begonnen, Panzersperren aufzubauen. Ecke Bahnhof-/Leißstraße, beim Knabenschulhaus, beim Zollamt in der Böhmerstraße, in der Schützenstraße und beim Gareishaus stehen die Bollwerke, zudem sind auf den Feldern rings um die Stadt Befestigungen angelegt worden. Nur widerwillig kommt der Volkssturm diesen Arbeiten nach, besonders für die alten Männer sind das Zusägen der Baumstämme und das Hochwuchten der Lasten äußerst kräftezehrend. Vor allem aber glaubt man, daß der Feind

Roding, Panzersperre: Zeichnung von Ludwig Dieß.

Altenkreuth, der Volkssturm bei Schanzarbeiten: Zeichnung von L. Dieß.

durch die Sperren eher provoziert als vom Einzug in die Stadt abgehalten würde. Wie chancenlos man ist, hatte ein Tieffliegerangriff vor einiger Zeit gezeigt, bei dem drei Viertel des gesamten Waldmünchener Lastwagenbestands vernichtet worden waren.

Stadtpfarrer Ederer, der Niederlage, die dem Deutschen Reich bevorsteht, völlig sicher und den Untergang seiner Stadt vor Augen, hat bereits Ende März, in der Karwoche, 659 Unterschriften von Gläubigen gesammelt, die sich an einem Gelübde beteiligen wollen. Mit diesem versprechen sie, nach Kriegsende einen Kreuzweg vor den Toren der Stadt zu errichten. Hilfe von oben hat die Stadt in der Tat bitter nötig, denn mit SS-Hauptmann Stöhr ist ein Ortsfremder als Stadtkommandant bestellt worden, dem wenig an der Schonung Waldmünchens liegt. Kreisleiter Max Seidel hatte – im Gegensatz zu vielen anderen NS-Funktionären, die in dieser Zeit militärisch dilettierten – seine Unerfahrenheit in Kriegsdingen eingestanden und Stöhr herangezogen.

Am 15. April läßt Stöhr den Waldmünchener Volkssturm antreten und erklärt den Männern, daß nun der Zeitpunkt gekommen sei, die Heimat zu verteidigen. Jeder erhält eine graugrüne Uniform, die gegebenenfalls einem Überwältigten den Status eines Kriegsgefangenen sichern soll – wer nicht zumindest eine Armbinde trägt, darf nach dem Völkerrecht als Partisan erschossen werden. 15 Schuß Munition pro Mann und einige Panzerfäuste müssen genügen, den Feind außer Gefecht zu setzen. Bitten aus der Bevölkerung, die Verteidigung der Stadt zu unterlassen, werden abgeschlagen.

Montag, 16. April 1945

Ein Tieffliegerangriff auf einen Personenzug aus Waldsassen fordert kurz vor Mitterteich 13 Menschenleben. Eine ordentliche Bestattung ist nicht mehr möglich, die Opfer werden in einem Massengrab beigesetzt.

Weiden, Fabrikgebäude der Deutschen Tafelglas AG.

Weiden, Stadtteil Rehbühl.

Durch Mitterteich fluten seit Tagen vor den amerikanischen Truppen zurückweichende Wehrmachtskolonnen Richtung Süden, wegen Tieffliegerbeschuß ist die Flucht inzwischen freilich nur noch nachts möglich. „Ein trauriges Bild sind die vielen Verwundeten, die teils auf Autos, teils zu Fuß aus den Lazaretten hierherkamen und zu hunderten im Schatten der Bäume die Kirche umlagerten", erinnert sich Stadtpfarrer Josef Neidl.

Flossenbürg – Hoffnung und Enttäuschung: Gerüchte, daß die Einnahme Weidens durch die Amerikaner unmittelbar bevorstehe, veranlassen die SS-Wachmannschaften des Konzentrationslagers Flossenbürg zu panischer Flucht. Die Leitung des Lagers wird dem Lagerältesten Uhl übertragen, der es an die Amerikaner übergeben soll.

Als am Nachmittag Tiefflieger über das Geländes des KZ hinwegjagen, scheint der Augenblick der Befreiung gekommen: „Ein freudiges Geschrei der Häftlinge erfüllte das ganze Lager. Weiße Bettlaken wurden aus den Fenstern gehängt oder über die Dächer der Wohnblocks gebreitet, als Zeichen unserer friedlichen Übergabebereitschaft. Von einem Werwolfeinsatz konnte keine Rede sein, denn die nahe Freiheit winkte und damit das Ende der schmachvollen und elenden KZ-Haft. Die Bordellmädchen [die den Privilegierten unter den Häftlingen dienstbar sein mußten] wurden aus ihrem Sonderbau geholt und mit ihnen Freudentänze auf dem Appellplatz aufgeführt, die von unbeschreiblichem Jubel der Häftlinge begleitet waren."

Die Ernüchterung folgt noch in der kommenden Nacht: Die Wachmannschaft ist über den Standort der Amerikaner falsch informiert gewesen und kehrt zurück. Die weißen Fahnen werden eingerollt, die Räumung des Konzentrationslagers wird fortgesetzt.

Über sechzig Tote in Weiden: Schon seit dem Vortag ist der Geschützdonner der nahenden Front deutlich zu hören, es kann nicht mehr lange dauern, bis die Stadt von der nach Südosten vorstoßenden 11. Panzerdivision eingenommen ist. Zunächst aber steht Weiden noch ein schwerer Luftangriff bevor.

Kurz nach 10 Uhr morgens greifen acht Thunderbolt-Jäger die Weststadt an. Drei von sieben Waggons eines Munitionszugs explodieren, neben dem Eisenbahngelände wird auch die Porzellanmanufaktur Seltmann schwer getroffen. Über sechzig Tote sind zu beklagen; neun Gebäude sind total zerstört, über 200 Häuser werden erheblich beschädigt.

Der Angriff erfolgt so überraschend, daß die Bevölkerung noch nicht einmal rechtzeitig gewarnt werden kann. Franka Kaiser, die in unmittelbarer Nähe des Bahnhofs wohnt, kommt eben vom Einkaufen zurück, als sie das Geräusch der Flugzeuge über sich hört: „Ich erreichte gerade noch die Kellertreppe, als es einen fürchterlichen Knall gab, der alles erzittern ließ. Meine zwei Kinder waren mit meiner Mutter schon im Keller und weinten. Ich flog an die Mauer. Meine Hausfrau blutete, sie war von dem Fensterglas getroffen. Wir alle wußten nicht, was überhaupt los war. Nach der Entwarnung sahen wir uns um, und wir mußten weinen. Meine Wohnung sah schrecklich aus. Die Zwischenwand von Küche und Zimmer war weggerissen, die Außenwände klafften nach draußen, die Gegenstände vom Büffet lagen alle im Garten. Als wir nach dem ersten Schrecken nach draußen sahen, ... war alles ein einziger Trümmerhaufen."

Vilseck ist von der Außenwelt weitgehend abgeschnitten, die Telefonleitungen sind unterbrochen, der Eisenbahnverkehr ist wegen ständigen Tieffliegerbeschusses eingestellt worden. Die SS ordnet die Verteidigung der Stadt an und läßt Panzersperren am Hafnertor wie auch beim Tormeier errichten. Der Volkssturm Vilsecks ist jedoch nicht gewillt, durch sinnlosen Widerstand die Zerstörung der Heimat zu provozieren. Die Männer bringen den Mut auf, hinter dem Rücken der SS einen Sprengsatz an der Vilsbrücke wieder zu entschärfen!

Die 65. US-Infanteriedivision steht nordwestlich vor Neumarkt und tastet sich langsam an die Stadt heran. Diese Vorsicht ist angebracht, denn eine ungarische SS-Einheit hat sich festgesetzt und will die Stadt halten – um jeden Preis, wie sich zeigen wird. Frauen und Kinder müssen die Stadt verlassen, die öffentliche Verwaltung stellt ihren Dienst ein. Das russische Kriegsgefangenenlager in der Mühlstraße ist schon am Tag zuvor von den deutschen Wachmannschaften aufgegeben worden. Die Russen verteilen sich gleich darauf in der näheren Umgebung Neumarkts und erwarten die Ankunft der Amerikaner.

Im Laufe des Tages beschießen Tiefflieger die Stadt mit Bordwaffen. Am Abend ist bereits ein amerikanisches Vorauskommando in einen der Außenbezirke Neumarkts vorgestoßen.

Ein mit Panzerfahrzeugen des 6. SS-Artillerieregiments beladener Zug, der durch schwere Flak geschützt ist, läuft in den Bahnhof Cham ein. Die SS-Einheit selbst befindet sich schon seit zwei Tagen in der Stadt. Die Bevölkerung Chams, einer industriell wie militärisch bedeutungslosen und insofern nicht sonderlich gefährdeten Stadt, fühlt sich durch diese Truppen- und Waffenkonzentration alles andere als beschützt und beginnt sich darauf einzustellen, daß ihre Stadt demnächst bombardiert wird. Da am selben Tag noch amerikanische Aufklärungsflugzeuge auftauchen und den Transport sichten, halten die Chamer einen Angriff für völlig gewiß.

Auch im Sägewerk Gebhardt, in dem kriegsgefangene Franzosen arbeiten, kommt Unruhe auf, denn das Betriebsgelände liegt nahe an den Bahnanlagen. Wie Jacques Delarce in einem

Regensburg-Dechbetten.

Tagebuch über die Chamer Zeit berichtet, gelingt es ihnen jedoch, die Aufseher zu überreden, bei Fliegeralarm das Lager zu öffnen, damit die Gefangenen die Möglichkeit haben, Schutz zu suchen.

Am frühen Nachmittag gehen auf den Hauptbahnhof von Regensburg, das Eisenbahngelände Walhallastraße, die Eisenbahnbrücken und die Überreste der Flugzeugfabrik über 300 Bomben nieder. Die Stadt ist jetzt vom Gleisnetz Südbayerns völlig abgeschnitten. Das Elektrizitätswerk wird völlig vernichtet. Auch Teile der Altstadt sind betroffen, dem Unteren Wöhrd und Stadtamhof werden ebenso schwere Schäden zugefügt. 112 Tote belegen, daß es sich um einen besonders massiven Angriff handelt.

Ignaz Weilner nimmt das Bombardement von der „Aschenbrenner Marter" aus wahr: „Die deutsche Abwehr schien schon sehr geschwächt. Das Belfern der Flak ging fast unter im Dröhnen der anfliegenden Bomberverbände. Nur wenige deutsche Jäger warfen sich ihnen entgegen. Ich beobachtete zwei Abschüsse, konnte aber nicht unterscheiden, ob es Freund oder Feind war. Der Himmel schien zerfetzt von wirr durcheinanderlaufenden Kondensstreifen. Es war ein Schauspiel ohnegleichen. Aber die Sorge um die Unsrigen machte uns stumm. Zwei Tage stand eine Rauchwolke über der Stadt."

Regensburger Widerstandsgruppe hält sieben englische Kriegsgefangene versteckt: Im Mai 1943 lernen sich in Regensburg der Oberzahlmeister Georg Mörtel von der Standortkommandantur Regensburg und der Hauptmann Franz Aich von der Bahnhofswache kennen. Als beiden nach vorsichtigem Abtasten klar wird, daß sie einander vertrauen können, stellt sich ihre gemeinsame Ablehnung des Kriegs und des Regimes, das ihn begonnen hat, heraus. Sie kommen überein, im Rahmen ihrer Möglichkeiten Widerstand zu leisten und eine „Kampfgruppe Mörtel-Aich" aufzubauen. Noch im Laufe des Jahres können die beiden zwei Männer gewinnen, die ebenso bereit sind, ihr Leben einzusetzen: den Unteroffizier Kurt Wittich von der Bahnhofswache und den Kriminalbeamten Franz Schamberger; ein Jahr später schließen sich noch der Oberarzt Dr. Paul Egger vom Krankenhaus der Barmherzigen Brüder sowie die Landwirte Franz Eichinger aus Sinzing und Karl Maag aus Bruckdorf der Gruppe an. Als die Männer im Herbst 1944 durch Flugblätter von der Widerstandsbewegung „Das neue Deutschland" erfahren, übernehmen sie deren politisches Programm.

Jedes einzelne Ziel, das sich die Männer vorgenommen haben, ist für sich ausreichend, sie an den Galgen zu bringen. Ein Rechenschaftsbericht, den Mörtel und Aich nach Kriegsende verfassen, listet die Aktivitäten der Gruppe auf:

„1. Stimmungsmäßige Beeinflussung gegen die Partei durch geschickte Weitergabe der alliierten Rundfunkmeldungen. 2. Unterstützung von Wehrmachtsangehörigen bei der Fernhaltung von der Front. 3. Beteiligung an der Flugblattpropaganda. 4. Fühlungnahme mit Auslandsarbeitern und deren Unterstützung. 5. Verbindungsaufnahme mit alliierten Kriegsgefangenen und Hilfeleistung für sie."

Regensburg, Yorkstraße.

Tröstet meine Gattin und mein Kind
Denn ich kehr' in die Heimat nicht wieder
Und wenn sie so sehr weinen um mich
Mein Jesus, ich bitte dich inniglich
Neige dich nieder auf mein Kind
Und gib ihm des sterbenden Vater's Kuß
Und meiner Gattin den letzten Gruß.

†

Gebetsandenken
an meinen innigstgeliebten Gatten,
unseren treubesorgten Vater,
herzensguten Sohn, Schwiegersohn,
lieben Bruder
Wachtmeister
Josef Summer
von Leonberg
geboren am 1. November 1916
gestorben am 8. März 1945
in Breslau (Festungslazarett II)

R. I. P.

Mein Jesus Barmherzigkeit!
Süßes Herz Jesu, sei meine Liebe!
Süßes Herz Mariä, sei meine Rettung!
Vater unser. — Ave Maria.

GEORG BRAND, BUCHDRUCKEREI, REGENSBURG

Sterbebild von Josef Summer aus Leonberg bei Burglengenfeld.

Jedes Mitglied wird hauptsächlich innerhalb seines jeweiligen Arbeitsbereichs konspirativ tätig:

Georg Mörtel: „Unterstützung des Bahnhofwachoffiziers bei der Freimachung von durch Zugwachen und Heeresstreifen festgenommenen Wehrmachtsangehörigen – Hilfeleistung für dieselben durch Ausstellung von Bescheinigungen für Lebensmittelkarten und Auszahlung des Wehrsoldes. Verbindungsaufnahme mit den Engländern im Gefangenenlager in Sinzing."

Franz Aich: „Sabotagearbeit in der dienstlichen Eigenschaft als Bahnhofwachoffizier – Unterstützung von Soldaten bei unerlaubter Entfernung und Fahnenflucht – Hilfeleistung an Ausländern – Zersetzung der Wehrkraft durch propagandistische Beeinflussung."

Dr. Paul Egger: „Fernhaltung von einsatzfähigen Soldaten von der Front in der dienstlichen Eigenschaft als Oberarzt – ärztliche Betreuung und Unterstützung von alliierten Kriegsgefangenen und Ausländern."

Franz Schamberger: „Dienstleistung als Verbindungsmann zwischen Kampfgruppe und Polizei – Unterstützung und Schutz der von ihm dienstlich behandelten deutschen Zivil- und Wehrmachtgefangenen, insbesondere der Ausländer. – Flugblattverteilung."

Franz Eichinger: „Mitbetreuung … der sieben befreiten englischen Kriegsgefangenen – Fürsorge für Auslandsarbeiter – Unterstützung durchkommender Fahnenflüchtiger."

Karl Maag: „Mithilfe bei der Befreiung der Engländer aus der Gefangenschaft."

Sterbebild von Josef Summer (Vorder- und Rückseite).

Im April 1945 führen die Männer mit der Befreiung von sieben englischen Kriegsgefangenen aus dem Lager Sinzing ihr wohl spektakulärstes Unternehmen durch: Die Engländer hatten eines der Mitglieder der Kampfgruppe Mörtel-Aich um Hilfe gebeten und wurden nach ihrer Befreiung, deren genaue Umstände unbekannt sind, auf dem Anwesen des Bauern Eichinger versteckt. Ein längerer Aufenthalt kommt nicht in Frage, denn SS und Feldjäger durchkämmen die Gegend nach Fahnenflüchtigen und anderen „Drückebergern", wie all die genannt werden, die ihr Leben nicht für eine so sinnlose wie verbrecherische Sache hingeben wollen. Also macht Eichinger am 16. April in einem Wald bei Sinzing ein Versteck ausfindig und richtet ein Biwak her, manchmal dient auch eine Höhle den sieben Engländern als Quartier. Eichinger bleibt fast Tag und Nacht bei ihnen und wird von Mörtel, der sich um die Verpflegung kümmert, gelegentlich abgelöst, damit sich er um seine Landwirtschaft kümmern kann.

Manchmal bekommen die Männer Angst vor ihrer eigenen Courage: „Das Wagnis war groß. Wir mußten alle Sicherheitsmaßnahmen ergreifen, um nicht im letzten Augenblick noch mit den englischen Kameraden gehängt zu werden, denn jetzt gab es bei den SS-Standgerichten nur mehr Todesstrafen, die sofort vollstreckt wurden." Noch nicht einmal die anderen Mitglieder der Widerstandsgruppe kennen den genauen Standort des Unterschlupfs – im Fall ihrer Entdeckung wäre damit zu rechnen, daß sie, von der SS gefoltert, das Versteck preisgeben.

Dienstag, 17. April 1945

Siebzehn Tage nach ihrer Einschließung im Gebiet zwischen Rhein, Ruhr und Sieg, dem „Ruhrkessel", kapituliert die Heeresgruppe B unter Generalfeldmarschall Walter Model. 350 000 deutsche Soldaten gehen in amerikanische Gefangenschaft. Model begeht am 21. April Selbstmord.

Die meisten „Sonderhäftlinge" sind bereits aus Flossenbürg fortgebracht worden. Der erste Transport der übrigen Häftlinge besteht aus den 1 800 Juden des Lagers. Auf dem Appellplatz kündigen ihnen die Aufseher zynisch an, daß dies ihre letzte Reise in den Tod sei – es ist die Wahrheit, jedenfalls für viele. Ohne irgend etwas zu essen oder trinken bekommen zu haben, werden sie nun auf vierzig Güterwagen verteilt.

Schon bei Floß nähern sich dem Zug amerikanische Tiefflieger. Die Bewacher bringen sich in Sicherheit, die Häftlinge bleiben hingegen in den Waggons eingeschlossen. Als die Amerikaner bemerken, daß es sich bei den Flüchtenden um SS-Leute handelt, beschießen sie den Zug mit aller Heftigkeit – tragischerweise ohne zu wissen, was sie damit anrichten. Einige Häftlinge werden von den Kugeln, die durch die Waggonwände dringen, getötet, andere schwer verletzt. Nachdem die Tiefflieger abdrehen, kommt es zu einem erneuten Blutbad, denn einigen Häftlingen ist die Flucht gelungen, was die SS viele andere büßen läßt. Der Zug bleibt die Nacht über auf freiem Feld stehen, denn die Lokomotive ist infolge des Angriffs nicht mehr fahrbereit.

Als am Nachmittag eine deutsche Panzereinheit in Speinshart, wenige Kilometer nördlich des Truppenübungsplatzes Grafenwöhr gelegen, ankommt und die Geschützrohre an der Nordseite der Klosterkirche ausrichtet, sind die Fratres in heller Aufregung. Der Prior Gereon

Zum frommen Gebets-Andenken an unsere lieben Kinder und Enkelkinder

Familie Johann Kobmann

Johann Kobmann
geboren am 17. August 1897

Maria Kobmann
geb. Rebl von Schwandorf
geboren am 24. September 1899

Luise Kobmann
geboren am 13. Mai 1927

welche am 17. April 1945 beim Luftangriff auf Schwandorf ihr Leben gaben.

Herr gib Frieden diesen Seelen, führe sie zum ewigen Licht.
Hab Erbarmen — und o zähle, Vater, ihre Mängel nicht.

Mutter Gottes vom Kreuzberg bitte für sie. Barmherziger Jesus, gib ihnen die ewige Ruhe.

Schwandorf: Diese fünfköpfige Familie wurde am 17. April 1945 ausgelöscht.

Motyka protestiert, aber der Kommandant beruft sich auf seinen Befehl und zeigt sich unbeeindruckt von der Möglichkeit der Zerstörung der Kirche aus dem Spätbarock, die zu den bedeutendsten nicht nur der Oberpfalz, sondern ganz Süddeutschlands zählt. In seiner Verzweiflung zieht sich der Geistliche in die Kirche zum Gebet am Bruder-Konrad-Altar zurück. Er findet nicht nur Trost, ihm kommt auch ein Gedanke, wie die Gefahr vom Kloster abzuwenden sei. Oder ist das gar nicht sein Gedanke? Der Prior jedenfalls ist, wie er später schreibt, davon überzeugt, daß sein Bitten erhört wurde: „Bruder Konrad, dessen Reliquie sich in der Statue [am Altar] befindet, hat geholfen."

Der Geistliche erhebt sich also, telefoniert mit einem ihm bekannten General in Grafenwöhr und bittet ihn darum, die Einheit vom Gelände des Klosters wegzuverlegen. Sie erörtern die Lage, und da im Kloster gerade einige verwundete Soldaten gepflegt werden, wird dieses als Lazarett deklariert. Weil militärische Einrichtungen mindestens zwei Kilometer von Krankenanstalten entfernt sein müssen, ist nun ein Weg gefunden, den Befehl, Speinshart zu verteidigen, aufzuheben – am Abend sind die Panzer verschwunden, die klösterliche Ruhe ist wieder hergestellt.

Schon morgens um 8 Uhr wird Tieffliegeralarm in Weiden ausgelöst, im Bahnhofsbereich werfen Tiefflieger Sprengbomben ab, zwei Kamine der Tafelglasfabrik werden getroffen und stürzen ein, eines der Fabrikgebäude brennt.

Die Katastrophe von Schwandorf: Von 3 Uhr 52 bis 4 Uhr 07, für die Dauer von 15 Minuten also, wirft ein britisch-kanadischer Flugzeugverband aus einer Höhe von 1 500 bis 5 400 Metern 633 Tonnen Bombenmaterial über Schwandorf ab, darunter 5-Zentner-Sprengbomben, 10-Zentner-Minen und Stabbrandbomben. Eigentliches Angriffsziel ist das Bahnhofsviertel, ebenso schwer werden jedoch das Kreuzberg-, das Weinberg- und das Lindenviertel sowie die Rothlindenhöhe getroffen. 1250 Menschen sind tot, darunter 495 Schwandorfer oder 4,7 Pro-

Gottes Wille hat kein Warum.

Marianne Kobmann
geboren am 4. Oktober 1928

Albert Kobmann
geboren am 30. März 1931

Deinen Gläubigen, o Herr, kann das Leben nicht geraubt werden. Es wird nur neu gestaltet. Wenn diese Herberge ihres Erdenwallens in Staub zerfällt, steht ihnen eine neue Heimat im Himmel bereit.

O Herr, gib ihnen die ewige Ruhe und das ewige Licht leuchte ihnen.
Vater unser Ave Maria.

✝

Wir beten:

Christus, König, Friedensfürst! Du trägst die Schlüssel zu Leben und Tod. Gib den Frieden der ewigen Ruhe den Seelen der Gläubigen, die vom Wirbel des Krieges in den Tod hinabgerissen wurden. Bekannten u. Unbekannten, Beweinten und Unbeklagten, begraben unter den Trümmern zerstörter Städte und vernichteter Heime, auf blutgetränkten Gefilden, auf zerklüfteten Bergen, in den Grüften der Täler oder in den Gründen der Meere.

Laß sie genießen des ewigen Lichtes Glückseligkeit!

\+ +

Sterbebild Familie Kobmann.

zent der Bevölkerung. 1052 Wohn- und gewerblich genutzte Gebäude sind zerstört oder stark beschädigt, 43,5% des Wohnungsbestands vernichtet. Die evangelische Stadtpfarrkirche, die katholische St. Salvator- und die Kreuzbergkirche sind ausgebrannt, auch die Tonwarenfabrik ist ein Trümmerfeld. Die gesamte Infrastruktur dieses Gebiets – Straßen, Kanalisation, Wasser- und Stromversorgung – ist ebenfalls zerstört.

Um 3 Uhr 50 wird Vollalarm gegeben, nachdem die Regensburger Luftwarnzentrale zunächst irrtümlich nur „einzelne Feindflieger im Anflug auf Amberg" gemeldet hat. Zwei Minuten später erleuchten die ersten „Christbäume" die klare Nacht, die Bomberpiloten haben gute Sichtverhältnisse und werden durch keinerlei Flakabwehr behindert. Der Autor der Geschichte der kanadischen Luftwaffe ist fasziniert von der – todbringenden – Präzisionsarbeit, die nun verrichtet werden kann: „Die Bombardierungsmöglichkeiten waren ideal; die Pfadfindermarkierung [mittels Leuchtmunition] konnte nicht besser sein, und der Master-Bomber hatte sehr gute Arbeit geleistet. Die meisten Besatzungen konnten das Angriffsgebiet erkennen und ausgezeichnet zum Bombenabwurf anfliegen. Nach mehreren schweren Explosionen stieg schwarzer Rauch vom Boden zwei Meilen in den Himmel und verhinderte weitere Beobachtungen der Bombardierungsergebnisse." Dann nämlich hätten die Besatzungen feststellen können, daß sie nicht nur den militärisch bedeutenden Bahnhof vernichtet, sondern auch Wohngebiete eingeebnet hatten.

Das gesamte Bahnhofsgelände mit den umliegenden Gebieten ist verwüstet. Zahlreiche Züge machen in dieser Nacht in Schwandorf Station, unter ihnen auch vier Verwundetentransporte. Die Bahnhofsleitung meint, die Roten Kreuze auf den Dächern der Lazarettzüge würden auch den anderen Transporten Schutz gewähren. Dabei übersieht sie freilich, daß ein Bomberverband nachts aus mehr als einem Kilometer Höhe diese Signale nicht mehr wahrnehmen kann. Flüchtlinge wie Evakuierte – sie stellen den größten Anteil der Reisenden – und noch mehr die Verwundeten, die die Nacht in den Zügen verbringen, sind also besonders schutzlos. Deshalb kommt es auf dem Bahnhof zu den erschreckendsten Szenen, nicht zuletzt, weil ein abgestellter Munitionszug explodiert.

In einem der Züge befinden sich sechzig aus Prag evakuierte Kinder, die auf dem Weg nach Burglengenfeld sind. Einem überlebenden Mädchen hat sich die Erinnerung an diese Nacht ins Gedächtnis eingebrannt: „Als die ersten Einschläge detonierten, stürzte die Schwester in unseren Wagen, schrie uns hellwach: ‚Tieffliegerangriff!' Erschreckt zog ich Strümpfe und Schuhe an. Die Einschläge kamen immer näher, ein ohrenbetäubendes Krachen, ich hockte, unfähig, einen weiteren Schritt zu machen, auf dem Boden des Mittelganges im Waggon. Elisabeth zog eine Wolldecke über unsere Köpfe, um uns vor Glassplittern zu schützen; denn an ein Herauskommen war nicht mehr zu denken. In unserer unmittelbaren Nähe explodierte etwas; ich verlor das Bewußtsein. Als ich wieder zu mir kam, sah ich durch die aufgerissenen Holzplanken den Himmel, einen merkwürdig hellen Himmel. Ich lag ausgestreckt auf dem Rücken. Mit meiner freien linken Hand wischte ich meine Augen notdürftig von Sand und Schmutz frei, auf meinem rechten Arm lastete eine der schweren Röntgenkisten, meine Beine konnte ich nicht bewegen, sie waren irgendwie eingeklemmt. In den Lärm der allmählich schwächer werdenden Detonationen mischten sich die furchtbaren Schreie verletzter Menschen. Angst und Entsetzen erfüllten mich derartig, daß ich zu schreien begann, dann wieder betete und wieder um Hilfe schrie. … ‚Da ist noch jemand!' So hörte ich die erste Männerstimme. Ein Soldat packte mich an den Schultern. Doch erst als ein zweiter junger Mann die Kiste

Schwandorf, Bahnhofsgelände.

von meinem Arm entfernte, konnte mich der Soldat aus dem Schutt herausziehen. Auf seinen Armen trug er mich auf einen großen Platz (Bahnhofsplatz), mahnend, die Augen zu schließen, wohl wegen des grauenhaften Bildes der Umgebung. … Ich hielt die Augen geschlossen, als ich eine Frauenstimme … fragen hörte, ob das Kind tot sei. Ich riß angstvoll die Augen auf und sah vor mir das beruhigende Bild einer Nonne." Allein in dem Zug aus Prag kommen neunzehn Kinder und Betreuerinnen ums Leben.

Unter anderem steht auf dem Bahnhof auch ein Transport aus Berlin mit Akten des Zentralgerichts des Heeres, die vor dem Zugriff der die Hauptstadt bedrängenden Roten Armee gerettet werden sollen. Einer der Sachbearbeiter befindet sich in einem mit Papieren vollgepackten Güterwagen, wird mehrfach verletzt und entgeht doch dem Tod: „Ich selbst befand mich in einem Güterwagen und schlief hinten auf den Akten, bis ich von den Bomben geweckt wurde. … Bevor ich mich erheben konnte, fielen schon Brandbomben, und der ganze Wagen stand in Flammen. Wie ich herausgekommen bin, weiß ich nicht. Ich lag jedenfalls brennend auf dem Bahnsteig und wälzte mich, um die Flammen zu ersticken. Mit der Hand konnte ich sie nicht mehr ausschlagen, da die ganze linke Körperseite brannte. Ein Luftdruck erfaßte mich und schleuderte mich gegen eine Lokomotive. Hier bekam ich einen Teil des Daches auf den Kopf und erhielt schwere Schädelverletzungen. Es gab kein Erbarmen. Ich flog erneut zu Menschenkörpern auf einem Sandhaufen. Dann wurde es schwarz um mich. Unter einem Lokomotivwasserkran kam ich wieder kurz zu mir, als ich im Oberschenkel getroffen wurde."

Die Panik, die während des Angriffs auf dem Bahnhof ausbricht, erfaßt alle. Verwirrt und voll Todesangst rennen die Menschen durcheinander und versuchen, aus der brennenden Stadt herauszukommen. Zur Hilfeleistung sind nur wenige fähig und bereit – im allgemeinen

Schwandorf, Adolf-Hitler-Straße (Friedrich-Ebert-Straße).

Chaos ist jeder sich der Nächste. Ein 17jähriger Angehöriger des Reichsarbeitsdienstes beobachtet voll Entsetzen, wie in einer Grenzsituation jede Mitmenschlichkeit ausgelöscht wird: „Als nach einiger Zeit keine neuen Flugzeugwellen zu kommen schienen, wohl aber noch Zeitzünderbomben hochgingen, machte ich mich auf den Weg zur Stadt. Brennende Züge, vermutlich Lazarettzüge, hinter mir laufend Detonationen eines nach und nach explodierenden Munitionszuges, Schmerzensschreie, Leichen – grauenhaft. Alles rannte nach dem Motto: Rette sich, wer kann. Zusammengestürzte brennende Häuserruinen, vor denen einige ältere Leute die Passanten um die Bergung Verschütteter baten. Der Mensch war zum Tier geworden. Nur einzelne der Fliehenden hatten noch Mitgefühl, die Masse rannte – wohin?"

Diejenigen aber, die etwas tun wollen, können oft nichts ausrichten, weil sie sonst selbst in Lebensgefahr gerieten. Der für den Lazarettzug Nr. 1137 aus Brünn verantwortliche Arzt, Dr. Walter G. Becker, muß ohnmächtig zulassen, daß die Schwerverletzten in seinem Zug verbrennen. Direkt neben diesem sind einige mit Munition beladene Waggons explodiert. Es entsteht, berichtet Becker, „ein gewaltiges Großfeuer mit haushohen Flammen und sehr starker Rauchentwicklung. Unter diesen Umständen war ein Herankommen an den Lazarettzug gänzlich ausgeschlossen. Auch war die Splitterwirkung und Hitze in der gesamten Umgebung des Zuges so stark, daß an eine Bergung überhaupt nicht zu denken war. Sofort nach Beendigung des Bombardements auf den Bahnkörper errichtete ich mit Hilfe meiner und anderer Soldaten auf dem Platz vor dem Bahnhof einen Verwundeten- und Totensammelplatz. Dort und auch im Keller des Bahnhofsgebäudes wurden von mir Notoperationen ausgeführt. Überall, wo irgendmöglich, wurde von meinen Sanitätern erste Hilfe geleistet. Da sich unter meinen Soldaten auch ein katholischer Geistlicher befand, wurde auch im Rahmen des Möglichen geistliche Hilfe gespendet. Dabei ist mir noch

Schwandorf, Blick von der Post über die Augustinstraße und die Schulstraße.

Schwandorf, Kreuzbergkirche.

in Erinnerung, daß eine BDM [Bund deutscher Mädel]-Führerin den Geistlichen in übler Form anpöbelte. … Die Verletzten wurden auf den Oberen Marktplatz vor Kirche und Rathaus gebracht. Herr Stadtpfarrer Wild erbot sich sofort, die Kirche zur Aufnahme der stark schockierten und verletzten Soldaten ganz zur Verfügung zu stellen. Bis tief in die späten Nachmittagsstunden zog sich die Unterbringung der Verletzten durch unsere Lazarettzugmannschaft und durch andere Helfer in die Räume des Rathauses und Klosters sowie in die Schulen hin. … Nach Abschluß dieser Aktion begab ich mich zum Bahnhof. Die Reste des Lazarettzuges mit ca. sieben Wagen [einige Waggons konnten noch rechtzeitig aus dem Bahnhofsgelände entfernt werden] waren total vernichtet, zum Teil ausgeglüht. Ich persönlich kann über das Schicksal der unglücklichen Kameraden, auch über die Anzahl der Umgekommenen, nichts mehr berichten."

Das Elend ist so groß, daß manche den Verstand verlieren: Eine Mutter in einem Bunker bemerkt, daß ihre Tochter erstickt ist, „da versagten ihre Nerven. Das Vernichtungswerk der Bomben, das sie gerade noch überstanden hatte, vollendete sie selbst. Sie schlug mit Mauersteinen auf sich ein, bewußtlos konnte sie noch hinausgetragen werden, und am nächsten Tage vollendete sich ihr Schicksal."

Die Zeugin dieser Szene ist selbst leidgeprüft, denn sie vermißt ihren Bruder, den sie in den Wirren des Angriffs aus den Augen verloren hat. „Acht Tote konnten [in dem Gebäude] geborgen werden, doch einer fehlte, mein Bruder. … Ich suchte in den Bombentrichtern, auf der mit Leichen übersäten Straße. Köpfe und Leichenteile lagen herum. Jedem toten Mann schaute ich ins Gesicht. Ich begegnete unterwegs Zurufen ‚Bring mich um!' – ‚Ich bin blind, ich halte es nicht mehr aus!' … Doch erst nach vier Wochen wurde die Leiche in der Hausruine gefunden. … Fliegen wiesen uns den Weg zu der verwesenden Leiche, sie ward geborgen, eingesargt und schließlich in einem Privatgrab beigesetzt."

Viele der Überlebenden sind für Stunden in den Kellern ihrer zerbombten Häuser eingeschlossen und können ohne fremde Hilfe nicht ins Freie. Im Haus Karmelitenstraße 5, in dessen zum Bunker ausgebauten Keller sich 18 Personen aufhalten, kommt es zu einer dramatischen Rettungsaktion: Zunächst rufen die Nachbarn in die noch rauchende Ruine hinein, geben aber auf, weil sie hier kein Leben mehr vermuten. Später kommt Josef Sand aus Wackersdorf, der in Sorge um seine Verwandten ist. Mathias Mayer hat aufgezeichnet, wie er und seine Mitbewohner dank des Einsatzes von Sand gerettet werden: „Er versucht sich am Brandschutt. Heiß sind die Steine. Er versucht es an anderer Stelle mit der Schaufel. Aussichtslos! Schon ist er auf dem Weg zum Bahnhof; doch eine innere Stimme läßt ihn wieder umkehren und treibt ihn zurück. ‚Wo ist denn der Ausstieg?' – ‚Da, gleich neben dem Birnbaumstumpen!' Und nun beginnt er, er gibt nicht auf, er will Gewißheit haben. Weitere Hände helfen. Stück für Stück wühlen sie sich vor. Die Rufe gegen den Keller verhallen ohne Antwort." Sand und die anderen graben trotz allem weiter, und tatsächlich glauben sie irgendwann, entfernt Stimmen hören zu können. Da „erleben die langsam ermüdeten Hände der freiwilligen Helfer in Not einen neuen Auftrieb. Der Ausstieg ist erreicht, zuerst die Kinder, dann die Erwachsenen, zum Schluß der Familienvater, sie alle werden nach vier qualvollen Stunden dem Leben wiedergegeben. Umarmungen, Händeschütteln beherrschen die Situation."

Schwandorf, 17. April, 4 Uhr 07: 1250 Tote, die Stadt eine Wüste. Vier Stunden später, zu einer Zeit, als die Bevölkerung die ungeheuren Ausmaße der Zerstörung gerade erst zu erah-

Schwandorf, Schulstraße.

Schwandorf, Bahnhofstraße. Hotel Kloster.

nen beginnt, landet der Bomberverband, der den vernichtenden Schlag geführt hat, wohlbehalten auf seinem Heimatflughafen in Südengland.

Der verheerende nächtliche Angriff auf Schwandorf ist noch in Kallmünz zu verspüren: Über zwanzig Kilometer hinweg pflanzen sich die Bodenerschütterungen fort, so daß hier „die Gebäude buchstäblich von der Kellertreppe bis zum Boden [bebten], Fenster und Türen klapperten“, wie eine Kallmünzerin, die aus dem Schlaf aufgeschreckt worden ist, schaudernd berichtet.

Seit Tagen schon ziehen vor den amerikanischen Truppen zurückweichende deutsche Soldaten, aber auch Ungarn und Slowenen, durch den Markt. Viele Kallmünzer erbarmen sich der traurigen Gestalten, unter anderem auch Barbara Bredow-Laßleben: „Wir wohnten am Ortsende, und viele kleinere Gruppen müder, hungriger und durstiger Soldaten kamen ins Haus und waren für einen heißen Trunk dankbar. Wir kochten den ganzen Tag Kaffee und Tee. Die Bäcker halfen mit Brot ohne Marken aus, so daß wir die durchziehenden, abgekämpften Männer wenigstens einfach bewirten konnten.“

Infolge eines Tieffliegerangriffs wird eine Reihe von Häusern in Furth i. W. leicht beschädigt; es ist der zweite Angriff auf den Ort. Beim ersten Beschuß am 3. April wurde zum Glück nur ein Gebäude getroffen.

Tags zuvor hatte die Grenzstadt hohen Besuch: Generalfeldmarschall Schörner, Oberbefehlshaber der Heeresgruppe Mitte, bei der Truppe als gnadenloser Scharfmacher verhaßt wie wenige andere Armeeführer, inspizierte einen Lazarettzug und erklärte viele noch nicht Genesene für kampffähig.

Schwandorf, Bahnhofstraße.

Mittwoch, 18. April 1945

Wieder wird ein Gefangenentransport aus Flossenbürg attackiert: Für den Zug mit ursprünglich 1 800 Juden, der am Vortag in einen Tieffliegerangriff geraten ist, kann in der Nacht eine Ersatzlok beschafft werden. Wenige Kilometer kommt der Transport voran, und schon wieder sind Tiefflieger am Himmel. Die Lokomotive wird beschossen und brennt dabei aus. Diesem Angriff fällt jedoch keiner der Häftlinge zum Opfer.

Vier Tage sind seit dem letzten Luftangriff auf Amberg vergangen, doch Gefahr besteht weiter: Dutzende von Blindgängern sind zu entschärfen. Zwei Tage ist ein Luftwaffensprengkommando aus Fürth damit beschäftigt, noch scharfe Munition und nicht explodierte Bomben aufzuspüren und unschädlich zu machen. Die Spezialisten tun ihr Bestes, werden dann aber abberufen, ohne mit ihrer Arbeit fertig geworden zu sein. Die Amberger Luftschutzleitung findet weit und breit keine Soldaten, die in der Lage wären, die riskante Aufgabe zu vollenden und

Cham, der Rangierbahnhof nach dem Angriff vom 18. April 1945.

muß sich damit behelfen, die Sprengkörper mit Dämmaterial provisorisch abzusichern und die Bevölkerung vor der Gefahr zu warnen.

Seit einem Tag schon liegt Neumarkt unter schwerem Artilleriebeschuß. Die Amerikaner, die sich ihrer Überlegenheit bewußt sind, aber unnötige Verluste vermeiden wollen, haben gestern ein Kapitulationsangebot unterbreitet, das jedoch abgelehnt wurde. So ist Neumarkts Untergang nicht mehr aufzuhalten. Die Kreisleitung, die dies mitzuverantworten hat, verläßt die Stadt, der Kreisleiter verschanzt sich mit dem Volkssturm, der ihm untersteht, in den waldigen Höhen südöstlich von Neumarkt.

Um 14 Uhr 30 eröffnen amerikanische 155 mm-Geschütze, die gefürchteten „Long-Toms", das Feuer; Panzerkanonen unterstützen das Zerstörungswerk. Als die ersten Brände ausbrechen, werfen Jagdbomber Brand- und Sprengbomben sowie Phosphorkanister über der Stadt ab und lösen ein Flammeninferno aus. Die noch in der Stadt verbliebene männliche Bevölkerung wird an den Löscharbeiten durch MG-Beschuß aus Flugzeugen gehindert.

Entflohene ausländische Kriegsgefangene nutzen das Chaos und plündern die Vorratslager im Oberen Ganskeller und im Glossnerkeller.

Nächtliches Bombardement in Cham: Es war vorherzusehen, daß auch Cham angegriffen würde, denn die feindliche Luftaufklärung hatte die Stationierung eines Artillerieregiments der SS bemerkt. Jacques Delarce, ein französischer Kriegsgefangener berichtet: „In der Nacht, um 3 Uhr 35, wecken die Sirenen jeden auf, und sogleich, wie versprochen, befreit von unseren Bewachern, hauen wir ab in Richtung Luftschutzkeller, während über der Gegend schon die Flugzeuge heranziehen. Es ist ein [englisches] Bombergeschwader, begleitet von Jägern; der Himmel ist wie von der Sonne hell erleuchtet von Lichtsignalen, die sie fallen lassen. Zusammenkauernd mit den Zivilisten in dem Luftschutzkeller werden wir nun bald wahrnehmen, wie die Erde unter uns erbebt und die Gewölbe erzittern, wenn die Bomben in der Nachbar-

Cham, Westendstraße.

schaft explodieren. Lange verweilen wir so …" In Wirklichkeit sind es nicht mehr als 19 Minuten, doch die Zeit, die ein Angriff dauert, wird für die Menschen im Bunker zur Ewigkeit. Vor allem ist mit dem Abzug der Flugzeuge die Gefahr nicht vorüber, denn jederzeit können Zeitzünderbomben hochgehen.

Eine Frau, deren Haus in der Westendstraße von einer Bombe getroffen wird, überlebt nur deshalb, weil sie den Keller zu einem Bunker hat ausbauen lassen. Sie schreibt: „Wir waren insgesamt acht Personen im Keller (fünf Frauen und drei Kinder). Als die erste Welle vorbei war und etwas Ruhe eintrat, da sagte meine Mutter: ‚Geh, schau mal 'nauf, wia's ausschaut.' Als ich dann über die Kellertreppe hinaufkam, sah ich schon den weiten Nachthimmel über mir. Mir ham scho koa Dach mehr auf dem Haus g'habt. Ziemlich bald nach dem ersten Fliegerangriff kam eine zweite Welle von Bombenflugzeugen, und wir haben die todbringenden, fürchterlichen Bomben fallen hören. Und es is furchtbar gwen. Wia soll i sag'n: ein Krachen, Splittern, Beben und Feuer rundum. Auf oamoi gab's wieder einen fürchterlichen Schlag, und dann hat's uns die Luftschutztür 'nausghaut, und dann war auf einmal eine unheimliche Stille im Keller. Ein Zeitzünder vor unserem Haus, direkt an der Haustür gelegen, zündete und hatte nunmehr das ganze Haus in einen berstenden Trümmerhaufen verwandelt. Jetzt hatten wir nichts mehr. … Und wir waren allesamt lebendig begraben. Ich hatte mein Kind (vier Jahre alt) im Arm gehalten. Aber der gewaltige Luftdruck hat mir's wegg'rissn, und ich wußte nicht, wo's lag. Ebensowenig wußte von den Verschütteten eines vom anderen nichts mehr. Wir schrien in unserer Todesangst um Hilfe. Aber niemand hörte uns. Endlich konnte sich eine meiner Schwestern selbst befreien. Sie schrie: ‚Jetzt san's alle tot und i bin alloa. Wo san denn meine zwoa Kinder?' Von der Wohnung kam jetzt alles runter: Geschirr, Töpfe, Pfannen und der ganze Dreck vom Fußboden. Zu unserem großen Glück ham die dicken Stützbohlen die Möbel aufg'halten, denn sonst wär'n wir alle derschlagen worden."

Die Schwester der Augenzeugin kann sich selbst befreien und bittet zwei Männer um Hilfe, doch diese sind sich sicher, daß unter den Trümmern des Hauses niemand mehr zu retten ist. „Aber es fand sich doch noch ein furchtloser Helfer, und zwar unsere Nachbarin, … , die todesmutig in das, was vom zerbombten Haus noch übrig war, hineinkroch, und sie grub uns mit bloßen Händen alle aus. … Der kleine Bub meiner Schwester, der zwanzigmonatige Gerhard, war bereits erstickt. Weil wir wegen der zahlreich herumliegenden Blindgänger schnellstens von der Straße wegmußten, nahmen wir das tote Kind auf den Arm, und meine gelähmte Schwester legten wir auf ein Wägelchen."

Die Familie kommt abends in Pitzling in einer Notunterkunft bei einem Bauern unter: „Wir erhielten ein paar Schütt Stroh, und damit mußten wir halt übernachten. Am nächsten Tag wurden wir aufgeteilt. Aber es gab keine Betten und Möbel, und wir schliefen und hausten auf dem blanken Fußboden. Zu essen erhielten wir auch nichts. … Wir waren arm wie eine Kirchenmaus. Nach zwoa Tag hama dös tote Kind, das noch in der Stampfmühl auf einem Schlitten lag, geholt. Da kein Sarg zu haben war, hat uns ein mildtätiger Schreiner … ein Kistl als Sarg zurechtgezimmert." Die Frau hat nicht nur ihren Neffen verloren, in einem anderen Haus in der Westendstraße kommen fünf weitere Verwandte von ihr um.

Der Angriff, an dem über 60 Bomber beteiligt waren, fordert 38 Tote und 46 Verletzte. Die Stadt kommt mit der Totenbergung und der Versorgung der Verwundeten kaum zu Rande.

Der Bahnhof, das eigentliche Angriffsziel, ist zerstört, besonders in Mitleidenschaft gezogen sind der Taubenbühl, die Weststadt und das Gewerbegebiet in der Frühlingsstraße. 186 Gebäude sind mehr oder weniger stark beschädigt. Zu allem Überfluß ordnet Major Gebhardt, Volkssturmführer und Besitzer des örtlichen Sägewerks, an, daß der Volkssturm die Verteidigung der Stadt vorzubereiten habe. So sind die wenigen Männer in der Stadt damit beschäftigt, Bäume für Panzersperren zu fällen und Schützengräben auszuheben, anstatt den Schutt wegzuräumen.

Und doch hätte alles noch viel schlimmer kommen können: Ein starker Ostwind hat die Fallschirme mit Leuchtmunition, die über der Stadt schwebten und für die Flugzeugbesatzungen die Ziele markieren sollten, nach Westen abgetrieben. So fällt ein großer Teil der Bomben auf die Loiblinger und Michelsdorfer Wiesen, die nun einer Vulkanlandschaft gleichen.

Donnerstag, 19. April 1945

Während in der Oberpfalz noch die Kämpfe toben, sind in Hannover, das am 10. April von alliierten Truppen eingenommen worden war, schon die ersten Bemühungen um einen demokratischen Neubeginn im Gange: Ohne die Genehmigung der Militärregierung abzuwarten, beschließen Sozialdemokraten um Kurt Schumacher die Wiedergründung ihrer Partei.

Tod eines Maulhelden: Gauleiter Wächtler wird „wegen Feigheit vor dem Feind" erschossen. Als die Nachricht von seinem Tode bekannt wird, ist manchem noch in Erinnerung, was dieser vor zehn Jahren in Bayreuth verkündet hatte: „Ich will mit Adolf Hitler selig werden, ich will aber, wenn es sein muß, mit ihm auch zur Hölle fahren." Wächtler kommt vor Hitler an.

Hitler hat telegraphisch die standrechtliche Erschießung Wächtlers angeordnet, nachdem er von der Flucht des Gauleiters erfahren hatte, vermutlich durch dessen Stellvertreter und Rivalen Ludwig Ruckdeschel. Die Umstände der Exekution des Gauleiters sind durch einen seiner Mitarbeiter überliefert: „Es war am Abend des 19. April. Wir saßen in der Speisehalle [des Grenzlandhotels bei Herzogau] und tranken Wein. Wächtler war an jenem Abend nicht im Hotel, sondern mit einigen Begleitern in seinem Wagen irgendwohin gefahren. Plötzlich knallten draußen auf dem Hotelflur Schüsse. Wir rannten aus dem Saal, da standen uns so an die 30 SS-Männer in schwarzen Uniformen und mit Maschinenpistolen bewaffnet gegenüber. Zwischen ihnen und einem unserer Posten, die wir vor dem Hotel aufgestellt hatten, war es zu dem Schußwechsel gekommen, bei dem jedoch niemand verletzt wurde. Die SS-Männer … gaben keine Erklärung ab, sondern durchsuchten nur das ganze Hotel von oben bis unten. Die Waffen haben sie uns gelassen. Es war inzwischen wohl 3 Uhr geworden, und niemand dachte mehr ans Schlafen. Einer von uns sagte: ‚Paßt auf, die suchen den Alten!' Wächtler kam dann morgens gegen 6 Uhr mit seinem PKW und drei Begleitern vorgefahren. Wir ahnten nicht, daß zu diesem Zeitpunkt das ganze Hotel bereits von einer etwa einhundert Mann starken SS-Abteilung umstellt war. SS-Männer nahmen Wächtler in die Mitte und er ging mit ihnen in ein Zimmer, in das wir nachfolgen mußten. Wir standen dichtgedrängt, so an die fünfzig Männer." Als darauf Hitlers Telegramm von einem SS-Obersturmbannführer verlesen wird, beruhigt der kurz vor den SS-Leuten eingetroffene Ruckdeschel die Gefolgsleute Wächtlers: „Ihr braucht keine Angst zu haben. Euch passiert nichts." Der Augenzeuge fährt fort: „Wächtler nahm sein Todesurteil ziemlich ruhig entgegen. Er sagte noch zu den SS-Leuten: ‚Was wollt Ihr denn, ich bin doch selbst einer von Euch.' … Doch die SS-Männer reagierten nicht auf seinen Anbiede-

Gauleiter Fritz Wächtler (li.) und Regensburgs Oberbürgermeister Dr. med. Otto Schottenheim (Mitte, 2. Reihe) in Regensburg (Aufnahme vom 18.5.1941).

rungsversuch. Auch seine eigenen Leute dachten nicht daran, ihm zu helfen.“ Wächtler wird abgeführt, nur wenig von dem Hotel entfernt nimmt das Erschießungskommando Aufstellung. Bis zuletzt kann der Gauleiter nicht daran glauben, daß Hitler das Telegramm wirklich autorisiert hat. Er ruft „noch wenige Sekunden vor seinem Tod: ‚Es lebe der Führer!‘ Dann knallten die Schüsse aus den Maschinenpistolen. Die Leiche wurde von den SS-Männern an Ort und Stelle verscharrt.“

Nachfolger Wächtlers als Gauleiter und Reichsverteidigungskommissar wird SS-Brigadeführer Ruckdeschel. Mit ihm kommt die Bevölkerung der Oberpfalz vom Regen in die Traufe, denn die Phrasen dieses Mannes sind von tödlichem Ernst, wie sich bald zeigen wird.

In Mitterteich wird der Obergefreite Karl Erp wegen Fahnenflucht zum Tode durch den Strang verurteilt, das Gasthaus „Zum Bären“, in dem ein Sammelauffanglager untergebracht war, ist Schauplatz des Pseudo-Prozesses. Die Schergen des NS-Regimes haben es mit der Vollstreckung eilig, knüpfen Erp noch am selben Tag an einer Linde vor dem Rathaus auf und lassen seine Leiche zur Abschreckung an dem Baum hängen.

Ein Zug mit „evakuierten“ Juden aus Flossenbürg, der am Vortag bereits zum zweiten Mal von Tieffliegern unter Beschuß genommen worden ist, erreicht morgens um sieben Uhr Schwarzenfeld, wenige Kilometer nördlich von Schwandorf. Erneut wird der Zug von Tieffliegern angegriffen: Die etwa 200 SS-Leute retten sich in die Häuser des Dorfes und 140 Häftlinge

Neustadt am Kulm, Rathaus (um 1930).

Neustadt am Kulm, Rathaus, am 19.4.1945 zerstört.

sterben – der Großteil wird von Bordwaffen getroffen, die transportunfähigen Schwerverwundeten tötet die SS, nachdem die Flugzeuge außer Sichtweite sind.

Für die defekte Lok kann wegen der Zerstörung des Bahnhofes von Schwandorf kein Ersatz beschafft werden, weshalb die Häftlinge zu Fuß weiter müssen. Die Kolonne bewegt sich in östlicher Richtung mit dem Etappenziel Neunburg vorm Wald. Seit drei Tagen ohne Nahrung, sind die Häftlinge so entkräftet, daß sie in vier Stunden gerade zehn Kilometer bewältigen – die SS hat verhindert, daß die mitleidige Schwarzenfelder Bevölkerung ihnen zu essen geben konnte. Alle, die nun erschöpft liegen bleiben, werden erschossen.

Dank der guten Verbindungen seines Priors, der den Abzug einer Panzereinheit erwirken konnte, geht das Prämonstratenserkloster Speinshart und mit ihm das Dorf von militärischen Auseinandersetzungen unbehelligt aus dem Krieg hervor. Zur Mittagszeit steht der erste amerikanische Panzerspähwagen vor der Klosterwirtschaft, und der Kommandant der Einheit, ein Oberstleutnant, inspiziert zusammen mit Prior Gereon Motyka die Anlage. Die verängstigten Bewohner von Speinshart trauen sich aus den Kellergewölben, in denen sie Schutz gesucht haben, heraus und dürfen sich glücklich schätzen, daß sie nicht in dem benachbarten Oberbibrach oder dem etwas weiter entfernten Vorbach leben.

Dort war es morgens zu großen Verwüstungen gekommen, nachdem die Wehrmacht versucht hatte, über den beiden Dörfern kreisende Aufklärungsflugzeuge abzuschießen. Die Antwort der Amerikaner blieb nicht aus: Vorbach brannte zu einem Drittel, Oberbibrach gleich zur Hälfte ab. Pfarrer Augustin von Oberbibrach, der noch versuchte, Hilfe für die Löscharbeiten zu organisieren, wurde von einem Granatsplitter tödlich getroffen. Drei andere Dorfbewohner starben unter den Trümmern ihrer Häuser, viele andere trugen Brandverletzungen davon.

Nachdem die US-Luftwaffe deutsche Bodentruppen in der Nähe von Grafenwöhr angegriffen und dadurch den Weg für die 11. Panzerdivision freigemacht hat, rückt diese, ohne auf Gegenwehr zu stoßen, von der Pressather Straße her kommend in die Stadt ein. Josef Hofmann erinnert sich an den Einmarsch der Amerikaner: „Plötzlich hieß es, die Amis sind schon da. Wir gingen aus dem Keller, und die Panzer standen auf der Pressather Straße bis zur Brauerei. Die Amis winkten uns und sagten, wir sollen nach Hause gehen und die weißen Fahnen zeigen. Ich lief heim; da war die Haustüre aufgesprengt und alles durchstöbert. Gestohlen wurden Eier, ein goldener Ring und ein Photoskop. Die Amis kamen fast jede halbe Stunde und durchsuchten das Haus, nahmen aber nichts mit.“ Eine Bagatelle im Vergleich zu den beiden Angriffen vom 5. und 8. April.

Major Grünbaum, der Chef der Militärregierung, residiert im Zimmer des Bürgermeisters. Er und die von ihm kontrollierte Stadtverwaltung tun ihr Bestes, damit Wohnraum und die zusammengebrochene Infrastruktur der Stadt wieder hergestellt werden können. Des Ortsgruppenleiters der NSDAP wird Grünbaum zu seinem Verdruß nicht habhaft: Dieser hat rechtzeitig ein Fahrrad bestiegen und sich mit unbekanntem Ziel davongemacht.

Am Mittwoch hatte das Oberkommando der Heeresgruppe Mitte General Weisenberger mit dem Aufbau einer Verteidigungslinie entlang der Naab beauftragt. Eine geschlossene Front zu bilden, ist nicht mehr möglich, weshalb einzelne an der Naab gelegene Städte zu Stützpunkten ausgebaut werden sollen, so auch Schwandorf. Heute versammelt Gauleiter Ruckdeschel in

Schwandorf, Karmelitenstraße.

seiner Eigenschaft als Reichsverteidigungskommissar die Bürgermeister und Kreisleiter der Bayerischen Ostmark in Regenstauf, um das Verteidigungskonzept bekanntzumachen. Oskar Fürst, der Kreisleiter von Schwandorf gilt als gemäßigt, erhebt wohl auch Einwände dagegen, seiner Stadt, die noch immer unter dem Schock des Bombenangriffs vom 17. April steht, eine Verteidigung zuzumuten, und bekommt deshalb zwei Aufseher – den Gauleiter von Gießen, Rück, und einen Mann namens Wachsmuth – zugeteilt, die die Ausführung der Befehle Ruckdeschels überwachen sollen.

Seit Beginn der Woche toben die Kämpfe um Neumarkt, doch der Höhepunkt ist noch nicht erreicht. In einer Kampfpause wird die in den Bunkern und Kellern ausharrende Bevölkerung angewiesen, die Stadt zu verlassen – so muß sie wenigstens nicht miterleben, wie in der folgenden Nacht die Innenstadt im Bombenhagel untergeht.

Im Laufe des Tages ziehen sich die deutschen Soldaten nach heftigen Kämpfen aus dem Gebiet Fohlenhofstraße – Evangelienstein – Leitgrabenweg – Ambergerstraße zurück. Nachdem die Amerikaner hier einmarschiert sind, wird aus dem Hinterhalt ein GI erschossen. Daraufhin durchkämmen die Amerikaner jedes Haus nach Heckenschützen und stecken dann das Viertel an. Die Bevölkerung, soweit sie sich überhaupt noch in der Stadt aufhält, wird am Löschen gehindert.

Dutzende von Bomben waren beim Angriff auf Cham in der vorigen Nacht nicht hochgegangen und müssen nun unschädlich gemacht werden. Der Sprengtrupp besteht aus zwei Män-

Neumarkt, Obere Marktstraße: Bleistiftzeichnung von Studienrat Helmut Wechler.

nern, einem deutschen Soldaten einer Strafkompanie und einem russischen Kriegsgefangenen, der sich freiwillig zu diesem Himmelfahrtskommando gemeldet hat. Zuerst müssen die Sprengköpfe der Bomben, die sich bis zu vier Meter in den Boden gegraben haben, freigeschaufelt werden. Dann wird eine Dynamitladung mit einer mehrere Meter langen Zündschnur an der Bombe befestigt, um deren Zündung kontrolliert auslösen zu können. Der Lohn für die geglückte Arbeit – es kommt zu keinem Unfall – besteht in einer Extraration an Alkohol und Zigaretten.

Freitag, 20. April 1945

Geburtstag des „Führers“: In den früheren Jahren der nationalsozialistischen Diktatur war der 20. April ein besonderes Datum. 1945, als Hitler 56 Jahre alt wird, ist alles anders: „Eigentlich wurde Hitlers Geburtstag nicht mehr gefeiert. Wo an diesem Tage sonst zahlreiche Autos vorfuhren, die Ehrenwache präsentierte, Würdenträger des Reiches und des Auslands ihre Glückwünsche vorbrachten, herrschte Ruhe. ... Die Verlegenheit einer Gratulation wurde von den meisten dadurch umgangen, daß sie wie immer zur militärischen Lagebesprechung kamen. Niemand wußte recht, was er sagen sollte.“ So erinnert sich Hitlers Architekt und Rüstungsminister Albert Speer, der 1939, sechs Jahre zuvor, ein sieben Kilometer langes Menschenspalier zu Gesicht bekam, unter dessen „Jubel“ und „Tosen“ der Führer den am Bran-

Konnersreuth nach der Beschießung.

denburger Tor wartenden Honoratioren entgegenfuhr, um deren Huldigungen entgegenzunehmen.

Konnersreuth brennt: Die Gemeinde im nördlichsten Zipfel der Oberpfalz sollte nach den ursprünglichen Plänen der Amerikaner verschont werden, denn hier lebte Therese Neumann, deren Ruhm auch in die Vereinigten Staaten gedrungen war. Therese Neumann war 1926 auf unerklärliche Weise von jahrelanger Blindheit und Lähmung geheilt worden und von dieser Zeit an stigmatisiert. Vor allem an den Karfreitagen waren an ihr die Wundmale Christi sichtbar. Gläubige und Skeptiker aus allen Ländern suchten sie immer wieder auf, die einen, um das Wunder in Augenschein zu nehmen, die anderen, um einem Schwindel auf die Schliche zu kommen.

Die Amerikaner jedenfalls, deren Verehrung Therese Neumann insbesondere genießt, entschließen sich, Konnersreuth vor Zerstörung zu bewahren und kampflos einzunehmen, doch eine SS-Einheit, die sich ausgerechnet hier festgesetzt hat, steht diesem Vorhaben im Weg. Als diese das Feuer auf ein feindliches Aufklärungsflugzeug eröffnet, bekommt Konnersreuth die volle Wucht des US-Kriegspotentials zu spüren: Gegen 17 Uhr 30 schlagen die ersten Artilleriegeschosse ein, nach zweieinhalb Stunden stehen einige Dutzend Gebäude in Flammen – ein Drittel des Markts fällt dem Angriff zum Opfer. Hätten nicht zwei furchtlose Bürger noch während des Beschusses den Kirchturm bestiegen, um eine weiße Fahne zu hissen, wäre wohl noch Schlimmeres passiert.

Die Bevölkerung hat sich, als sich der Angriff ankündigte, überwiegend aus Konnersreuth geflüchtet, so bleibt es bei wenigen Toten. Therese Neumann hat Schutz im Pfarrhauskeller gefunden und überlebt. Der Kommandant der amerikanischen Einheit, die noch am Abend einmarschiert, sucht die berühmte Bürgerin auf und überreicht ihr Medikamente und Verbandszeug für die Bevölkerung. Die SS-Einheit jedoch, der Konnersreuth seine Verwüstung zu verdanken hat, ist längst geflohen. Welchen Ort nun das Unglück trifft, von ihr verteidigt zu werden, ist nicht bekannt.

In Mitterteich wächst die Anspannung ins Unerträgliche. Die Eisenbahnbrücke nach Pechbrunn wird von der Wehrmacht gesprengt, der Volkssturm errichtet an den Zufahrtstraßen der Stadt Panzersperren und soll einen kleinen Trupp Soldaten dabei unterstützen, die Amerikaner aufzuhalten. Völlig unüberschaubar wird die Lage, als im Laufe des Tages nach der Besetzung von Marktredwitz und Fuchsmühl die Telefonverbindung dorthin unterbrochen wird. In Sichtweite erleben die Bürger Mitterteichs am Abend die Zerstörung Konnersreuths mit und geraten in Panik. Was kann man tun? Den Amerikanern die friedliche Übergabe des Orts zu signalisieren, kann Strafexekutionen und Repressalien von Wehrmacht und SS bedeuten, die Verteidigung der Stadt bringt unausweichlich Tod und Verwüstung.

In ihrer Not versammeln sich gegen halb zehn Uhr abends Hunderte von Frauen auf dem Marktplatz und verlangen im Chor: „Gebt die Stadt frei. Wir wollen die weiße Fahne!" Sie haben Glück, daß sich der Stadtkommandant damit begnügt, einige Soldaten lediglich in die Luft und nicht in die Menge schießen zu lassen. Der zynische Hinweis auf das Schicksal des tags zuvor exekutierten Soldaten Karl Erp verfehlt nicht seine Wirkung – die Demonstration löst sich umgehend auf, und die Bevölkerung Mitterteichs bangt der nun für sicher gehaltenen Kanonade ihrer Stadt entgegen.

Mit Schrecken wird in Tirschenreuth die Beschießung Konnersreuths aufgenommen. Soll man der hiesigen Bevölkerung dasselbe Inferno zumuten? Dies fragen sich Kreisleiter Schiffmann und der NSDAP-Ortsgruppenleiter und entschließen sich tatsächlich, die Verteidigung der Stadt erst gar nicht zu versuchen. Der Volkssturm öffnet die Panzersperren und wird anschließend aufgelöst, seine Waffen werden eingesammelt und vermutlich in irgendeinem Wald vergraben.

Die zweite Voraussetzung für die Verschonung Tirschenreuths sind seine sechs Lazarette. De facto ist die Stiftlandgemeinde eine Lazarettstadt, obgleich sie diesen Status offiziell nicht innehat. Die Entwicklung Tirschenreuths zur Lazarettstadt hatte bereits Anfang April eingesetzt, als der Direktor des Porzellanwerks, Zeidler, dem Chefarzt des Reservelazaretts, Dr. Tieber, vorschlug, einen Teil des Fabrikgebäudes für die Erweiterung seines Lazaretts zu nutzen. Eine Hand wusch die andere: Der Arzt konnte nun mehr Patienten unterbringen, dem Direktor wiederum brachte sein humanitärer Akt ein Rotes Kreuz auf dem Dach seiner Fabrik ein. Da zudem in der Porzellanfabrik ein großes Wehrmachtslebensmitteldepot eingerichtet war, das vom Ministerium Speer freigegeben wurde, bestanden für die Verpflegung von Verwundeten in Tirschenreuth die günstigsten Voraussetzungen, so daß zwischen dem 10. und dem 20. April immer mehr Kriegsversehrte aus Oberfranken, dem Egerland und der nördlichen Oberpfalz in die Stadt gebracht werden konnten. Zum Kriegsende sind 5 000 Verletzte und Schwerverwundete in Tirschenreuth. Diese verteilen sich auf insgesamt sechs Teillazarette, die im Krankenhaus, in der Luitpoldschule, der Landwirtschaftsschule, im Kinderheim, im Missionshaus St. Peter und eben der Porzellanfabrik untergebracht sind.

Da keine Verbindung mehr zum Oberkommando der Wehrmacht besteht, das Tirschenreuth zur Lazarettstadt hätte erklären müssen, wählen Dr. Tieber und der Wehrmachtsstandortälteste, Major Enz, den Ausweg, die Stadt als Lazarettbereich auszuweisen. Um deutschen Truppen die Möglichkeit abzuschneiden, Tirschenreuth doch noch zu verteidigen, werden am Abend an allen fünf Einfallstraßen der Stadt Tafeln aufgestellt, die der Wehrmacht den Zutritt untersagen. Kreisleiter Schiffmann, der sich als besonnener Mann erwiesen hat, indem er die Auflösung des Volkssturms verfügte, ist mittlerweile untergetaucht. So hält sich das Risiko für den Major in Grenzen, für diese Maßnahme belangt zu werden, was sein Verdienst um die Rettung Tirschenreuths freilich nicht schmälert.

Kemnath, ebenfalls eine Stadt im Norden der Oberpfalz, hat Glück: Mittags stehen die Panzer der Amerikaner auf dem damaligen Adolf-Hitler-Platz, ohne in ihrem Vorstoß auf den Stadtkern behindert worden zu sein. Die Kanonade in der Nacht, die die Kemnather aus dem Schlaf gerissen hat, galt nicht der Stadt, sondern den nach Grafenwöhr führenden Straßen. Die wenigen Treffer, die Kemnath hinnehmen muß, richten keinen ernsthaften Schaden an.

Es hätte auch anders kommen können: Nachdem der Vormarsch der feindlichen Truppen auf der Bayreuther Straße von der Bevölkerung bemerkt worden ist, wollen Anton Küffner und Alois Ponnath den Amerikanern entgegengehen, um die Stadt zu übergeben, werden aber von Wehrmachtsoldaten daran gehindert und mit Erschießung bedroht. Zudem deuten Panzersperren auf die Absicht hin, die Stadt zu verteidigen. Auf mehr als ein kleines Scharmützel am Stadtweiher lassen sich die deutschen Soldaten am Ende aber doch nicht ein, bald suchen sie das Weite. Offenbar ist es ihnen nur darum gegangen, den Schein zu wahren, um nicht als Befehlsverweigerer belangt werden zu können. Nun besteht auch die Möglichkeit, ungefährdet die Panzersperren zu beseitigen – der Weg für die amerikanischen Truppen ist frei.

Noch am selben Tag geschieht, was überall geschieht: Ausgangssperren werden verhängt, Behördengebäude besetzt, Wohnraum für die Soldaten requiriert. Die besondere Aufmerksamkeit der Besatzer zieht ein aufgegebenes Lager der SS auf sich. Dort halten sich gerade einige Kemnather Jugendliche auf und stöbern in herrenlosen Kisten herum, als sie von einem GI überrascht werden. German Weber erinnert sich mit Schrecken an die Szene: „So befand ich mich gerade mit einigen Nachbarbuben in dem Lager, als ein schwer bewaffneter amerikanischer Soldat hereinkam und wild mit uns gestikulierte, wobei wir freilich kein Wort verstanden. Plötzlich aber riß er das Hitler-Bild von der Wand und trampelte mit den Füßen darauf herum. Dann spuckte er auf das Bild und forderte einen meiner Freunde auf, es ihm gleich zu machen. Man merkte diesem an, wie schwer es ihm fiel, doch die Drohgebärden des amerikanischen Soldaten waren unmißverständlich. Er riß nämlich seine Maschinenpistole von der Schulter.“ Zum Glück ist der Junge vernünftig genug, nachzugeben und sein Leben nicht für einen Fetisch hinzugeben.

Seit Beginn der Räumung des Lagers Flossenbürg befinden sich noch etwa 16 000 Häftlinge im KZ. Deren Marsch – Eisenbahntransporte sind nicht mehr möglich – Richtung Dachau vollzieht sich in vier Kolonnen, die unterschiedliche Routen nehmen. 40 SS-Angehörige haben je-

Nähe Weiden, Infanteristen der 97. Infanteriedivision vor fünf exhumierten Häftlingen, die von der SS erschossen wurden.

Nähe Weiden, Infanteristen der 97. Infanterie-division zwingen einen Einheimischen, die Leiche eines Opfers der Todesmärsche auszugraben.

weils 1 000 Häftlinge zu bewachen. Nur an die 2 000 Kranke und Gehunfähige bleiben sich selbst überlassen im Lager zurück.

Ein überlebender Häftling berichtet von dem Martyrium, das die „Todesmärsche" für die Evakuierten bedeuten: „Man bekam vor dem Abmarsch eine dünne Suppe. ... Vor dem Lager waren Wagen mit SS-Habseligkeiten, die die Häftlinge dann ziehen mußten. Die Häftlinge brachen ständig zusammen und blieben erschossen im Graben zurück. Jeden Tag legte man 30 km Marsch zurück. Alle drei Stunden hielt man 15-20 Minuten zur Rast an. Obwohl die SS genug zu essen hatte, mußten die Häftlinge Gras und Blätter essen."

Ein anderer Häftling erzählt davon, daß er und seine Leidensgenossen in ihrer Not sogar Schnecken und Frösche gegessen hätten. Manchmal zeigen die Bauern Erbarmen mit den Jammergestalten, die durch ihre Dörfer getrieben werden, und versuchen ihnen, „Wasser und Kartoffeln oder Brot zu geben, wurden aber von der SS mit Gewehren davon abgehalten. Den ganzen ersten Tag und die erste Nacht marschierte man ohne längere Pause durch ... Von 10 Uhr morgens bis 8 Uhr abends gab es kein Essen. Viele konnten am Abend nicht mehr aufstehen und wurden erschossen. Olivio François, ein Buchenwaldhäftling, zählte 210 Tote auf zwei Kilometer. Um Mitternacht machte man Halt in einem Sumpf, bei Regensturm gab es 200 Gramm Brot. Viele hatten Bronchitis, Lungenentzündung und TBC. Am dritten Tag marschierte die SS schneller, die Pausen wurden weniger und die Todesfälle wurden mehr. Man marschierte bis 16 Uhr. Zur Nachtrast durften sie ein Feuer machen. Am vierten Tag ging es um 8 Uhr ohne Essen weiter. 50-60 Prozent der Häftlinge erlebten die Befreiung nicht mehr. Am Ende folgte ein offener Pferdewagen, der die Leichen einsammelte. Hin und wieder wurden Gräben zur ‚Bestattung' angelegt."

Manche versuchen die Flucht und sind doch zu entkräftet, den aufmerksamen Wächtern zu entkommen. Ein Häftling hat sogar noch Glück, daß er seinen mißglückten Fluchtversuch nicht mit dem Leben bezahlen muß: „In der Nähe des Bahngleises floß ein schmales Flüßchen. Wir konnten die Böschung hinuntergehen, um uns zu waschen. Die günstige Gelegenheit zu einer Flucht, dachte ich, und begann zu rennen. Ich kam aber gar nicht weit. Ein Stück flußaufwärts brach ich zusammen. Ich war zu schwach und nicht mehr gewohnt, an der frischen Luft frei zu laufen. Meine Lungen schienen platzen zu wollen, als ich mich bewegte. Es war etwas anderes, in Reih' und Glied in gleichmäßigem Tempo zu gehen, als hier fortrennen zu müssen. Unter den Augen eines polnischen Wächters, der seinen Gewehrlauf auf mich gerichtet hatte, kroch ich mühsam die Böschung wieder hinauf und war froh, als ich wieder auf meinem Platz im Waggon saß."

Von den vier Kolonnen erreicht nur eine – nach acht Tage dauerndem Marsch – ihr Ziel, die anderen werden unterwegs von den Amerikanern befreit. Genau läßt sich nicht sagen, wieviele Häftlinge diesen von ihnen zu Recht als „Todesmärsche" bezeichneten Transporten zum Opfer gefallen sind, auch ist unklar, wieviele an Erschöpfung gestorben und wieviele von den Wachmannschaften erschossen worden sind. Fest steht jedenfalls, daß seit Beginn der Evakuierungen mindestens siebentausend von ihnen ihr Leben lassen mußten.

Die Wege, die die Züge nehmen, sind von Leichen gesäumt, viele davon nur notdürftig verscharrt. Dies kann niemandem verborgen bleiben – ein entsetzter Zeuge berichtet: „Ich fuhr mit dem Fahrrad nach Rötz [ca. 10 km nordwestlich von Cham] und schon nach wenigen Kilometern entdeckte ich im Straßengraben erschossene und zum Teil verstümmelte Männer in Häftlingskleidung, skelettartig abgemagert. Der Abstand zwischen den Leichen verringerte sich zusehends. … Auf dieser Strecke wurde ich Zeuge von erschütternden Vorgängen. Männer, die auf der ansteigenden Strecke zurückblieben oder zusammenbrachen, wurden von SS-Begleitmannschaften durch Salven aus Maschinenpistolen brutal zusammengeschossen." Die SS schießt so enthemmt, daß die Munition knapp wird. Daraufhin erschlagen die Bewacher ihre am Boden liegenden Opfer mit Gewehrkolben – begleitet von Harmonikaklängen, wie ein belgischer Häftling aufgeschrieben hat.

Wenige Stunden Zittern noch in Eschenbach, und der Krieg ist vorbei, ohne daß es um die Gemeinde am nördlichen Ende des Truppenübungsplatzes Grafenwöhr zu Kämpfen gekommen ist. Die wenigen Schüsse, die fallen, gelten deutschen Soldaten, die das Krankenhaus verlassen haben und nach Grafenwöhr zu fliehen versuchen, um nicht in Gefangenschaft zu geraten. In der Nähe des Galgens werden sie von einer US-Patrouille gestellt, einer der Schüsse trifft einen unbeteiligten Eschenbacher, der wenig später seinen Verletzungen erliegt.

Am frühen Morgen hatte es noch so ausgesehen, als ob es zum Gefecht um Eschenbach kommen würde. Ein Häuflein von 25 Mann, der Eschenbacher Volkssturm, hatte wenige Tage zuvor an den Straßen nach Pressath, Kirchenthumbach und Speinshart Panzersperren errichtet und auf Anweisung eines Major Schleicher aus Tremmersdorf sogar vermint. Um halb neun Uhr wird nun der Volkssturm alarmiert und weil Tiefflieger im Anflug auf Grafenwöhr sind, ordnet Hauptmann Löw, Lehrer in Eschenbach und Volkssturmkommandant, die Schließung der Panzersperren an, da man den Angriff der 71. amerikanischen Infanteriedivision unmittelbar erwartet.

Es kommt aber, zum Entsetzen des Durchhaltefanatikers, zu einer regelrechten Befehlsverweigerung. Niemand ist gewillt, sein Leben in diesen letzten Stunden des Kriegs – für Eschenbach würde nach der Besetzung ja alles vorbei sein – aufs Spiel zu setzen. Zudem wäre man völlig auf sich allein gestellt gewesen, denn reguläre Truppen standen nicht mehr zur Verfügung, die den Volkssturm hätten unterstützen können. Während Löw noch wutschnaubend überlegt, ob er die Verteidigung Eschenbachs allein übernehmen soll, haben sich seine Leute bereits ihrer Armbinden und Gewehre entledigt. Jeder im Ort bereitet sich nun auf seine Weise auf den Einmarsch der Amerikaner vor, die einen, indem sie alles, was auf ihre Parteizugehörigkeit hinweist, verbrennen, die anderen, die solches nicht nötig haben, können gleich damit beginnen, Schmuck und Familiensilber zu vergraben. Einige Soldaten sind zufällig auf Heimaturlaub im Ort, diesen gelingt es tatsächlich, unentdeckt zu bleiben und damit der Kriegsgefangenschaft zu entgehen. Hans Kraus hatte mit einem Kamin gewiß das ungemütlichste Versteck ausgewählt, doch was waren einige Stunden qualvollen Beengtseins gegen Kriegsgefangenschaft ungewisser Dauer?

Noch bevor das Rasseln der feindlichen Panzerketten zu hören ist, fangen die Eschenbacher an, ihren Ort zu beflaggen. Ein Mann names Luber ist der erste, andere tun es ihm nach, dann schickt der Stadtpfarrer Maierhofer jemanden auf den Kirchturm, um weithin sichtbar die Kapitulationsbereitschaft anzuzeigen. Und als ob das noch nicht genug gewesen wäre, geht der Gemeindediener mit der Glocke durch die Stadt und fordert die Leute auf, weiße Tücher aus den Fenstern zu hängen. Um 13 Uhr 30 meint man, die Übergabe des Orts würde nun dicht bevorstehen, doch die amerikanischen Panzer, die sich von Nordwesten über Vorbach und Tremmersdorf kommend den Eschenbacher Berg hinaufwälzen, fahren gleich nach Grafenwöhr weiter. Die zweite Panzerkolonne, die wenig später eintrifft, hält an und die amerikanischen Soldaten, darunter übrigens sehr viele Polen in US-Uniform, übernehmen Eschenbach von Amtsgerichtsrat Dorner und Josef Ficker. Aber auch diese Einheit hat es eilig weiterzukommen, so daß Eschenbach zunächst wohl unter Militärrecht steht, aber ohne eine Regierung, die dessen Einhaltung überwachte. Einige Eschenbacher sind nicht müßig und decken sich, solange es noch geht, mit Verpflegung und Kleidung aus einem Depot der Wehrmacht ein, das unbewacht im Landratsamt untergebracht ist.

Die Zeit der Besatzung verläuft ohne besondere Zwischenfälle. Chronistenpflicht wäre es allenfalls noch zu erwähnen, daß Johann Ott seine Leica abgeben muß. Ein polnischer Kriegsgefangener hatte einem GI verraten, daß Ott die Kamera in seinem Garten vergraben hatte, um sie in bessere Zeiten hinüberzuretten. Doch auch der Amerikaner ist an diesem bekannten Produkt deutscher Wertarbeit interessiert und zwingt Ott, sich von ihm zu trennen. Gravierender sind die verminten Panzersperren an den Ortseingängen. In der Eile hatte man keinen Minenplan angelegt, doch den beiden Freiwilligen Sepp Grafberger und Johann Ott gelingt es tatsächlich, 20 von 21 Minen aufzuspüren. Die letzte konnte jeden treffen, was die Stadt beunruhigt. Und wirklich fährt bald Sepp Färber mit seinem Ochsengespann über den Sprengkörper, aber er hat Glück, denn nur die Tiere sind tot.

Auerbach, am westlichen Ende des Truppenübungsplatzes von Grafenwöhr gelegen, kann aufatmen. Die Kämpfe um die Stadt sind vorüber, ohne daß es zu nennenswerten Zerstörungen oder gar Todesopfern gekommen ist. Dabei sah es noch Mitte April gar nicht so aus, als ob Auerbach einer Katastrophe entgehen würde, hatten doch die deutschen Truppenbefehlshaber beschlossen, die Stadt zu einem bis zum letzten zu haltenden Widerstandszentrum auszubauen, um den Vormarsch der Amerikaner nach Süden zu stoppen.

Die Verteidigungsmaßnahmen sind für die Bevölkerung unübersehbar: Auf dem Turm der Stadtpfarrkirche finden Geländebesichtigungen statt, Panzersperren werden errichtet, an den Brücken werden Sprengladungen angebracht. Größte Beunruhigung entsteht jedoch, als ausgerechnet vor dem Rathaus, inmitten der Stadt, ein Sprengstoffdepot angelegt wird. Die Stadtverwaltung ist mutig genug, die Verlagerung des Sprengstoffs zu verlangen und erreicht dieses auch.

Insgesamt bleibt jedoch die Gefahr bestehen, die durch eine Verteidigung der Stadt droht, weshalb viele Einwohner weiterhin in den Felsenkellern nächtigen. Die Lage spitzt sich zu, als deutsche Truppen nach aussichtslosen Kämpfen um Troschenreuth bei Pegnitz in Auerbach ankommen und am Stadtweiher Geschütze in Stellung bringen. Die deutsche Artillerie beginnt die auf Auerbach vorrückenden Amerikaner zu beschießen. Diese wiederum schlagen zurück und treffen dank ihrer recht genauen Ortungssysteme die Untere Vorstadt. Die Bevölkerung weiß, daß ihre Stadt nicht lange zu halten sein wird, weshalb einige mutige Bürger auf dem Kirchturm eine weiße Fahne verstecken, die gleich nach dem zu erwartenden Abzug der deutschen Soldaten gehißt werden soll.

Es ist ja anzunehmen, daß angesichts der amerikanischen Überlegenheit die Kämpfe nicht allzu lange dauern werden. Diese Vermutung trügt zwar, denn vom 16. bis zum 19. April ziehen sich die Artillerieduelle hin. Doch zum Glück richten die Amerikaner ihr Feuer nicht auf die Stadt, sondern auf die deutschen Stellungen, die außerhalb Auerbachs gelegen sind. Außerdem nehmen die Verteidiger von ihrem Plan Abstand, Auerbach um jeden Preis zu halten, ziehen sich weiter südlich zurück, nicht ohne noch die Eisenbahnbrücke über die Straße 85 in die Luft gejagt zu haben – die Amerikaner können Auerbach ohne erwähnenswerte Zwischenfälle besetzen.

Kemnath am Buchberg, ein zerstörtes landwirtschaftliches Anwesen.

Das Südlager des Truppenübungsplatzes Grafenwöhr wird von den deutschen Soldaten aufgegeben – die Bewohner Vilsecks lassen sich diese Chance nicht entgehen. Eugen Hierold hat miterlebt, was sich an diesem Tag abspielt: „‚Das Südlager steht offen, d. h. alle Vorratsräume dortselbst!' Trotz Tieffliegergefahr eilten die Leute in weiter Umgebung von Vilseck mit Wagen, Wägelchen und Rucksäcken hinaus und schleppten an Lebensmitteln, Wäsche und Kohlen herein, was sie nur fassen konnten. Riesige Vorräte waren dort aufgestapelt. Ein großer Teil der Bevölkerung deckte sich reichlich ein mit Konservenbüchsen, Getreide, Mehl, Grieß, Wäsche aller Art. Leider wurden bei dieser Gelegenheit auch den dort lebenden Zivilleuten Möbel und Wäsche weggefahren. Die Besitzer hatten aus Furcht vor freiwerdenden gefangenen Russen die Flucht ergriffen."

Am 8. April waren noch 3 000 Männer des Volkssturms vor dem Weidener Rathaus angetreten und hatten den Kampf bis zum letzten gelobt – ohne dafür ausgerüstet zu sein, wie sich nun herausstellt. Ihr Anführer, Kaufmann Georg Roscher, der ohnehin die Verteidigung Weidens für aussichtslos hält, läßt zwar noch Panzersperren errichten, zieht dann aber die Konsequenzen und löst den Volkssturm weitgehend auf.

Wer in Hirschau, auf einer Linie östlich von Sulzbach-Rosenberg gelegen, glaubt, man würde den Krieg ohne feindliches Bombardement überstehen, hat sich getäuscht. Artillerie und Luftwaffe nehmen das Städtchen unter Beschuß, dabei werden die Bahnhofsgegend, die Stadtmauergasse und die Hauptstraße am stärksten in Mitleidenschaft gezogen. Die Stadtpfarrkirche erhält einen Treffer. Am schlimmsten aber kommt die Knabenschule weg, denn dort hat die SS mit der üblichen Verachtung ziviler Interessen Waffen und Munition deponiert. Personen kommen nicht zu Schaden, denn die Hirschauer können sich rechtzeitig in die Felsenkeller an der Kohlberger Straße flüchten.

Über den Bewohnern von Kemnath am Buchberg braut sich ein Unheil zusammen: SS-Einheiten ziehen von Hirschau, wo sich das Kommando der Heeresgruppe Süd unter Generalfeldmarschall Kesselring einquartiert hat, Richtung Nabburg und machen Station in Kemnath. Alles erkennt die Gefahr, die nun dem Dorf droht, doch der Lehrer Josef Oppl bringt als einziger den Mut auf, die SS-Kommandanten aufzusuchen und zu verlangen, daß sie ihre Einheiten verlegen. Dieses Ansinnen vorzutragen, hätte Oppl den Kopf kosten können – aus ähnlichem Anlaß ist der Bürgermeister von Kaltenbrunn von einem SS-Offizier skrupellos erschossen worden. Oppl jedoch kommt mit einer scharfen Rüge davon und muß unverrichteter Dinge davonziehen. Gegen 17 Uhr erscheint ein Tieffliegergeschwader am Horizont, das Kurs auf Kemnath nimmt. Kaum haben sich die meisten Bauern in Sicherheit gebracht, fallen auch schon die ersten Phosphorbomben auf die Höfe. Wer sich noch auf den Straßen aufhält, wird mit Bordwaffen unter Beschuß genommen, sogar auf Tiere legen die Schützen in den Flugzeugen an. Eine halbe Stunde dauert der Angriff, danach herrscht allgemeine Erleichterung darüber, daß es keine Toten gegeben hat. Einige Verluste gibt es dagegen auf seiten der SS, die sich am Ottenweiher verschanzt hat. Aber hierüber hält sich das Bedauern der Kemnather in Grenzen, wissen sie doch, wem sie die weitgehende Zerstörung ihres Dorfs zuzuschreiben haben. Dabei ist für das Dorf noch nicht alles ausgestanden.

Amberg soll verteidigt werden: Vor wenigen Tagen hat Kreisleiter Dr. Kolb im „Malteser“ eine Konferenz einberufen, an der Bürgermeister Sebastian Regler, der auch örtlicher Luftschutzleiter ist, Oberst Korbacher, der Wehrmachtsstandortälteste, dessen Vertreter Oberst Winter und der stellvertretende Polizeichef Jakob Stein teilgenommen haben. Der Kreisleiter teilt den Versammelten mit, daß Amberg verteidigt werden muß. Wie aber der Einmarsch der Amerikaner zu verhindern ist, weiß er selbst nicht, denn der Großteil der noch in Amberg stationierten Wehrmachtseinheiten ist verlegt worden. So verbleibt als einzige Möglichkeit nur die Sprengung der Brücken und die Aufstellung der wenigen noch in der Stadt verbliebenen Soldaten an der Sulzbacher Straße, der Bayreuther Straße und der Regensburger Straße. Regler, der dem Kreisleiter in Anbetracht der Gefährdung der Stadt Vorhaltungen macht, wird mit der Androhung eines Standgerichtsverfahrens zum Verstummen gebracht. Dr. Kolb, der Lunte riecht, eröffnet der Runde, daß er höchstpersönlich die Verteidigung Ambergs koordinieren, d. h. überwachen, werde.

Doch Regler gibt nicht nach: Kurz nachdem die Krisensitzung beendet ist, trommelt er im Rathaus den gesamten Luftschutzstab Ambergs zusammen und trägt seine Bedenken gegen die Pläne des Kreisleiters vor. Er hat keine Probleme, die Männer von der Aussichtslosigkeit einer Verteidigung der Stadt zu überzeugen, weshalb einstimmig der Beschluß gefaßt wird, den Amerikanern keinen Widerstand entgegenzusetzen. Um sich nicht zu gefährden, kommen die Luftschutzleute überein, gegenüber der Kreisleitung Stillschweigen zu wahren.

Inzwischen ist es Freitag geworden, und es treffen zwei SD-Offiziere in der Stadt ein, die sich von den Verteidigungsbemühungen der Luftschutzleitung ein Bild machen wollen. Es macht einen guten Eindruck, daß die Brücken zur Sprengung vorbereitet worden sind und am selben Tag drei von ihnen in die Luft gehen. Ansonsten ist für die beiden Herren wenig zu tun – es sind ja fast keine Soldaten in der Stadt. Vom Volkssturm ist auch nichts zu sehen, dieser erwartet vermutlich an sicherem Ort den Einmarsch der Amerikaner, nicht ohne seine Tätigkeit durch Errichtung einiger nutzloser Panzersperren nachgewiesen zu haben. Den beiden Offizieren wird die Entbehrlichkeit weiteren Aufenthalts in Amberg recht schnell klar, weshalb sie am nächsten Morgen zu ihrem Hauptquartier im Hirschwald aufbrechen; die weiteren Weisungen der SS, die sie in Aussicht stellen, bleiben aus. Bürgermeister Regler und seine Luftschutzmannschaft könnten unter sich sein, wäre da nicht Kreisleiter Dr. Kolb.

Noch längst sind nicht alle Toten des Angriffs auf Schwandorf vom Dienstagmorgen entdeckt und geborgen. Die Ruinen zu betreten, ist äußerst gefährlich, häufig schwelen noch Brände, oder die Trümmer sind so heiß, daß es unmöglich ist, einen Kellereingang freizulegen. Natürlich kann man sich angesichts eines völlig zerstörten Hauses denken, daß sich im Keller kein Lebender mehr befindet, weshalb die Grabungsarbeiten in der Regel nur der Bestätigung einer traurigen Gewißheit dienen: „Ich stand vor den Trümmern meines Elternhauses. ... Alles war verbrannt. Ich wußte sofort, was das zu bedeuten hatte; ich wußte, daß meine betagten Eltern und meine sie betreuende Schwester im Schutte begraben waren. Die Asche war noch glühend heiß, und Werkzeug fehlte. Tags darauf (19. April) eilte ich wieder

Schwandorf, Tonwarenfabrik.

zum Trümmerhaufen meines Elternhauses. … Der Schutt war noch so heiß, daß ich nichts unternehmen konnte. Der nächste Tag war der traurigste in meinem Leben. Ich grub mit Hilfe des Pfarrers von Wackersdorf und eines Arbeiters die Leichen meiner Lieben aus den Trümmern. Und wie sahen sie aus! Sie waren zur Unkenntlichkeit verbrannt und verstümmelt. Särge waren nicht mehr zu bekommen. Als Sarg mußte eine Reisekiste dienen, und sie war groß genug. Auf einem Handwägelchen fuhren der priesterliche Helfer und ich die traurigen Überreste über Trümmer und an Leichen vorbei zum Gottesacker, wo wir beide das Grab aushoben."

Leicht vorzustellen, daß mancher Überlebende sich wünscht, er sei unter den Toten: „Als ich frühmorgens aus dem Dienst heimkam, sah ich, daß mein Haus vollkommen zerstört war und niemand mehr da war. Auch die Nachbarschaft konnte keine Auskunft geben. Ich ging zum Trümmerhaufen zurück, rief einige Male, nichts rührte sich. Wie mir da gewesen ist, kann ich gar nicht mitteilen. Am liebsten hätte ich mich gleich weggemacht. Aber es hat mich nicht ruhen lassen. Mit Schaufel und Pickel grub ich eine Stunde lang, dann bin ich auf Frau und Tochter gestoßen. Ich war vollständig fertig, ich konnte nicht mehr weitergraben." Andere verrichten am nächsten Tag diese traurige Arbeit für den schmerzgebrochenen Mann.

Nach dem Luftangriff auf Schwandorf vom 17. April müssen die zurückflutenden deutschen Truppen auf ihrem Weg nach Süden eine Ausweichroute über Teublitz, wenige Kilometer nordöstlich von Burglengenfeld, nehmen. Dies bringt den Ort in Gefahr, denn die feindlichen Flugzeuge beobachten sämtliche Vorgänge auf den Straßen genauestens.

Schwandorf, Knabenschule: Allein in diesem Gebäude kamen 191 Menschen, zumeist Flüchtlinge, um.

Andererseits lassen eben diese Rückzugsbewegungen der Wehrmacht die Bewohner von Teublitz die baldige Ankunft der Amerikaner erwarten. So bereiten sie sich ausgerechnet an Hitlers Geburtstag auf die Besetzung vor, indem sie sämtliche Hakenkreuze und all die anderen Insignien des NS-Regimes von den Bauten ihres Orts abnehmen oder übertünchen. Wie es der Zufall will, quartiert sich abends eine ungarische SS-Einheit in Teublitz ein und bemerkt, daß die NS-Symbole entfernt worden sind. Aus Wut darüber, daß die Teublitzer so demonstrativ eine Sache aufgegeben haben, für die sie selbst noch zu kämpfen bereit sind, bepinseln die Ungarn in der Nacht eine Reihe von Häusern mit frischen Hakenkreuzen. Um ein Bombardement auf die „defätistische" Gemeinde zu lenken, malen sie gar in der Ortsmitte ein riesiges weißes Hakenkreuz auf das Pflaster der Hauptstraße. Am nächsten Morgen versucht der Bürgermeister im nahen Rappenbügl den Befehlshaber einer Wehrmachtseinheit zur Intervention zu bewegen – ohne Erfolg, denn dieser ist gegenüber der SS machtlos. – Teublitz wird den Krieg trotz dieser abgrundtief zynischen Schandtat der Strafmaßnahme der Ungarn unversehrt überstehen.

Neumarkt im Bombenhagel: Ein vernichtendes Bombardement trifft die Altstadt, die bald lichterloh brennt. Einige Polen sollen sogar das Haus Nr. 4 am Unteren Markt in Brand gesteckt haben, das noch unversehrt war.

Neumarkt, ein zerstörter amerikanischer Panzer. Die Einschußlöcher von Panzerfäusten sind deutlich zu erkennen.

Die Kämpfe um Neumarkt werden immer heftiger. Ein Dauerfeuer der feindlichen Artillerie liegt über der Stadt. Die ungarische SS, unterstützt von einer Einheit der deutschen SS-Division „Götz von Berlichingen“ und einigen RAD-Männern, versucht seit Tagen, die Ausfallstraßen zu halten – zwei Panzer, Panzerabwehrgeschütze und Maschinengewehre sind alles, was sie haben. Hier und da erzielen die Verteidiger einen kleinen Erfolg: In der Badstraße wehren sie einen Panzerangriff ab, zwei Sherman-Panzer brennen aus, der Rest der amerikanischen Einheit muß sich wieder zurückziehen. Alle Bemühungen sind indes vergebens, abends besetzt das 259. Regiment der 65. Infanteriedivision den Norden der Stadt.

Die Bewohner von Breitenbrunn, wenige Kilometer nördlich von Dietfurt gelegen, bereiten sich auf den Kampf um ihren Ort vor. Eine SS-Einheit, ausgerüstet mit zwei Sturmgeschützen und drei Schützenpanzerwagen, hat sich in der Froschau verschanzt und zwei Panzersperren errichtet. Unerwartet erhält die Einheit jedoch den Befehl, sich südlich nach Pondorf zurückzuziehen, da hinter der Altmühl eine neue Verteidigungslinie aufgebaut werden soll. Jeder weiß, wie es Neumarkt ergangen ist, und so fällt der Abschied von den „Beschützern“ nicht schwer. Wie es der Zufall will, fährt sich beim Abtransport der Waffen eines der Geschütze im sumpfigen Gelände neben der Laber fest. Dessen Besatzung soll in Breitenbrunn verbleiben und auf eine Zugmaschine warten. Die an sich unbedeutende Panne hat Folgen: Die müßigen Soldaten organisieren sich einige Flaschen Schnaps, um sich die Zeit bis zum Eintreffen des

Neumarkt, Oberer Markt/Ecke Klostergasse.

Schleppgeräts zu vertreiben; sogar einen offiziellen Anlaß hat man für das nun beginnende Gelage, denn es ist ja „Führers Geburtstag."

Es muß eine prächtige Stimmung aufgekommen sein. Noch in der Nacht sitzt man zusammen und feuert zu vorgerückter Stunde mit der 7,5 cm-Kanone Salutschüsse ab. Auch dafür gibt es eine offizielle Begründung, denn für den Fall, daß das Geschütz doch noch zurückgelassen werden muß, soll der Feind wenigstens nicht über die zugehörige Munition verfügen. Pech für die Breitenbrunner, daß die lustige Runde bei ihrem Feuerwerk den Turm der Sebastianskirche trifft, dessen Gemäuer nun zwei Löcher von knapp zwei Metern im Quadrat aufweist. Die Orgel wird bei der sinnlosen Ballerei völlig zertrümmert, das Gemälde des rechten Seitenaltars ebenfalls beschädigt. Als sich Georg Fanderl wütend beschwert, zeigt sich der Kommandant der Soldaten konziliant und weist die Geschützbedienung an, etwas über den Turm zu halten, um ihn nicht auch noch zum Einsturz zu bringen.

Aus der unmotivierten Kanonade hätten den Breitenbrunnern ums Haar noch größere Probleme erwachsen können als ein zerschossener Kirchturm: In der Schußlinie, auf der Straße nach Neukirchen, haben die Amerikaner schon ihre Stellungen bezogen, verzichten aber, warum auch immer, darauf, das Feuer zu erwidern. Als dann gegen Mitternacht die Schnapsflaschen leer sind und das Gegröhle der Feierrunde verstummt, ist vermutlich mancher Breitenbrunner mit einem Fluch auf den Lippen eingeschlafen.

Regensburg, Galgenbergstraße.

Seit dem 16. April häufen sich die Luftangriffe auf Regensburg. Die Lage ist so unübersichtlich, daß später nicht mehr feststellbar ist, wann und wie oft Angriffe geflogen und welche Schäden hervorgerufen worden sind. Es müssen so gut wie täglich Luftangriffe, sei es durch Bomber oder Tiefflieger, auf Regensburg erfolgt sein. An diesem 20. April gilt ein Bombenangriff dem Ölhafen. Mindestens 22 Todesopfer sind zu beklagen.

Am selben Tag bereiten die Amerikaner die umfassende Zerstörung Regensburgs vor, indem sie das Stadtgebiet mit zahlreichen Luftaufnahmen erfassen und auf verschiedenen Karten die wichtigen Betriebe, öffentlichen Einrichtungen und Gebäude einzeichnen. Sollte die Stadt verteidigt werden, so würden sie nach bewährtem Muster der Eroberung durch ihre Bodenstreitkräfte verheerende Bombardements vorangehen lassen.

Samstag, 21. April 1945

Am Tag zuvor ist Nürnberg, die Stadt der Reichsparteitage, nach fünftägiger Schlacht gefallen. Frankens Gauleiter Karl Holz, der Hitler versprochen hatte, die Stadt werde bis zum letzten Mann kämpfen, ist tot. 17 000 deutsche Soldaten haben sich ergeben und befinden sich nun in Gefangenschaft. Von Nürnberg aus stößt die 7. US-Armee nicht weiter in südöstlicher Richtung und damit in die Oberpfalz vor, sondern bewegt sich mit Ziel München in Richtung Süden an deren Grenze entlang.

Die Amerikaner feiern bei strahlendem Frühlingswetter die Eroberung dieser „deutschesten aller deutschen Städte“, wie sie sich stolz nannte. Am Abend des Vortags ist auf dem Hauptmarkt vor der versammelten Generalität die Flagge der siegreichen 7. Armee gehißt worden; nach der Aufführung eines satirischen Hitler-Spiels hat General Patch eine Ansprache gehalten.

Heute findet die Siegesparade statt, der „Adolf-Hitler-Platz“ gibt die passende Kulisse ab. Die Geschichte der 7. Armee – „Reports of Operations“ – hält die Szene fest: „Ausgewählte Einheiten des XV. Korps, darunter Infanterie, Artillerie, Pioniere, Panzer und Jagdpanzer, defilierten an den Generalen Patch und Haislip vorbei. Kampfflugzeuge überflogen die Parade und sicherten die Truppen aus der Luft ab.“ Tags darauf wird auf dem zum Parteitagsgelände gehörenden Zeppelinfeld als weiterer symbolischer Akt das riesige Hakenkreuz der Parteitagstribüne gesprengt.

Zwei Tage, nachdem Fritz Wächtler von einem SS-Rollkommando liquidiert worden ist, gibt der nunmehrige Gauleiter Ruckdeschel dessen Hinrichtung im Regensburger Kurier bekannt und führt sich mit markigen Formulierungen ein: „Das Gebot der Stunde erfordert die Mobilisierung der letzten Widerstandskräfte zum eisenharten und rücksichtslosen Einsatz. Wer sich ihm zu entziehen versucht, ist ein ehrloser Schuft und Verräter und wird ohne Ansehen der Person und Stellung als solcher gerichtet.“

Nach dieser massiven Drohung versucht Ruckdeschel die Leser glauben zu machen, daß die Pläne der Vorsehung die Fortführung des Kampfes rechtfertigten: „Im felsenfesten Glauben an die Wahrhaftigkeit unserer nationalsozialistischen Idee und damit an einen göttlichen Sinn unseres Lebens tragen wir erst recht in der größten Not die Gewißheit in uns, daß letzten Endes doch die Vorsehung mit uns sein und die Zeit kommen wird, wo der Weltenwahnsinn der Zerstörung abgelöst wird durch die Ordnung der göttlichen Gesetze." Wenige Tage später wird es sich in Regensburg zeigen, daß die Bevölkerung die Hoffnung auf den Sieg aufgegeben hat und nur noch eines will: Frieden.

Mitterteich bleibt die Verteidigung erspart, obwohl am Vortag noch das Gegenteil verkündet worden war. Die Wehrmachtseinheit zweifelt nun selbst daran, ob es ihr gelingen wird, die Stadt zu halten, weshalb sie den Rückzug antritt. Zwei Honoratioren der Stadt, ein Polizeimeister und der Ortsgeistliche, beschließen, dem Wunsch der Bevölkerung zu entsprechen und die weiße Fahne am Kirchturm zu befestigen. Diese Tat vollbringt der Kaminkehrermeister Ludwig Buttenhofer, des Risikos wohlbewußt, von einem NS-Fanatiker dafür meuchlings ermordet zu werden. Das Kapitulationszeichen am Kirchturm ist nicht nur für die Amerikaner das Signal, nun mit der Besetzung Mitterteichs zu beginnen, auch die Bevölkerung weiß nun, daß sie aufatmen darf. Alle Häuser sind „wie auf ein Kommando beflaggt", weiß Josef Neidl zu berichten. Um ein Uhr mittags ist alles vorbei, amerikanische Panzer stehen auf dem Marktplatz. Die Freude über den glücklichen Ausgang des Kriegs wird indes durch den Tod zweier Männer überschattet: Als der Metzgermeister Wolfgang Wegmann sich auf den Weg nach Königshütte macht, um seine Familie nach Hause zu bringen, wird er wegen seines grauen Anzugs für einen flüchtigen deutschen Soldaten gehalten und von einem GI zwischen Hofteich und Mitterteich erschossen; Fritz Stolpe ereilt ein ähnliches Schicksal.

Der Verlust an Wehrmachtsangehörigen trifft die Stadt im Norden der Oberpfalz hart: Bei ungefähr 4 500 Einwohnern sind 258 tote und 103 vermißte Soldaten ein hoher Tribut, den Mitterteich an Hitlers Krieg zu entrichten hat.

Tirschenreuth kampflos von der 90. amerikanischen Infanteriedivision des XII. Korps besetzt: Die Entscheidung, Tirschenreuth nicht zu verteidigen, ist bereits am Vortag gefallen. Trotzdem kommt es unvermutet zu einer brenzligen Situation, die der Wehrmachtsstandortälteste der Stadt, Major Enz, gerade noch bereinigen kann: „Gegen 14 Uhr tauchte in der Straßenkurve vor dem Luitpoldschulhaus Richtung Schwimmbad eine Gruppe RAD (Reichsarbeitsdienst) auf mit jüngsten Jahrgängen, die ungefähr 15 Panzerfäuste und Infanteriewaffen mit Handgranaten bei sich hatten. Ich habe der Einheit den Befehl erteilt, das Gebiet von Tirschenreuth sofort zu verlassen, damit es nicht vor dem Lazarett zu Kampfhandlungen kommen konnte. Gegen 15 Uhr erkundigte sich der Schutzbereichskommandeur in Weiden über die Lage. Ich gab ihm solche bekannt und ebenso meine Maßnahmen. Er erklärte mir, daß mir bekannt sei, daß darauf die Todesstrafe stehe; ich bestätigte ihm dies und darauf wünschten wir uns Soldatenglück."

Kurz darauf beobachtet Dr. Anton Mairon, Geistlicher und Rektor des Missionshauses St. Peter, von den Dachfenstern seiner Anstalt aus den Vormarsch der amerikanischen Truppen und informiert Bürgermeister Meyer davon. Dieser, des Englischen nicht mächtig, bittet den Pater, ihm bei der Übergabe der Stadt als Dolmetscher behilflich zu sein. Mairon sagt zu und bringt noch den Chefarzt des Lazaretts sowie einen Sanitäter mit, der eine Rot-Kreuz-Fahne vorantragen soll, während die kleine Delegation den Amerikanern entgegengeht.

Als sie auf ihrem Weg zum Marktplatz die Mühlbühlstraße kreuzen, fallen auf einmal Schüsse. Sind es Hitlerjungen, die die Kapitulanten ins Visier genommen haben? Dr. Mairon nimmt jedenfalls an, die Schüsse „würden uns gelten" und fährt fort: „Der Marktplatz bot ein einzigartiges Bild. Aus allen Fenstern hingen weiße Tücher, Bettlaken, Handtücher und dergl. Die Bewohner schauten neugierig und ängstlich auf den Platz herab. Auf dem Marktplatz waren bereits Panzer und Maschinengewehre postiert, teilweise gegen einzelne Straßen gerichtet. Ich schritt auf den [amerikanischen] Kommandeur zu, der mich lautstark anrief: ‚Was wollen Sie hier?‘ Ich erwiderte ihm: ‚Nichts anderes, als Ihnen erklären, daß Tirschenreuth eine Lazarettstadt ist und keinen Soldaten in ihren Mauern birgt.‘“

Das ist natürlich wenig glaubhaft, denn das Schießen wenig zuvor ist ja von allen deutlich zu hören gewesen. So hat denn der Pater alle Mühe, dem amerikanischen Offizier zu erklären, daß dies allenfalls „unreife und unbesonnene Hitlerbuben“ gewesen sein können. Während er noch sein Ehrenwort gibt, daß nur verwundete Soldaten in der Stadt seien, unterbricht ihn Bürgermeister Meyer und sagt ihm – kreidebleich, wie es ein jeder in seiner Lage wäre, aber überdies an Angina pectoris leidend –, er solle wegen der Schüsse binnen zehn Minuten hingerichtet werden. Es gelingt indes Dr. Mairon, den Kommandeur zu beschwichtigen, dieser verlangt aber, daß in der nächsten Stunde sämtliche Waffen in der Stadt abgegeben werden müßten. Dafür kann der Geistliche geradestehen.

Ein Unfall überschattet den für Tirschenreuth so glücklich verlaufenen Tag doch noch: Ein Angestellter der Firma Brinkmann namens Wilkes und ein unbewaffneter deutscher Soldat überqueren eine Straße. Die Besatzung eines Panzers fordert den Soldaten auf, stehen zu bleiben und feuert auf ihn, nachdem dieser weitergeht. Dem Soldaten gelingt es, unverletzt zu entkommen, doch einer der Schüsse, die ihm gelten, trifft Wilkes tödlich.

Noch am selben Tag wird Bürgermeister Meyer von den Amerikanern verhaftet und ins Stadtgefängnis gebracht, um später in einem Lager interniert zu werden. Die Polizei wird durch eine Gruppe von Männern ersetzt, die sich unmittelbar nach dem Einmarsch der Amerikaner als Regimegegner zu erkennen gegeben haben. Die Kreisleitung dagegen kommt vorerst ungeschoren davon – als die Amerikaner noch Tirschenreuths NS-Führung suchen, haben sich Kreisleiter Schiffmann und seine Leute längst in Sicherheit gebracht.

Der Truppenübungsplatz Grafenwöhr, mit 23 364 Hektar Ausdehnung einer der größten Bayerns, diente nicht nur der Ausbildung von Rekruten – hier wurden auch Divisionen zusammengestellt und ausgerüstet, bevor sie zum Fronteinsatz kamen. Nach der Besetzung liegt es deshalb für die Amerikaner nahe, die auf dem Gelände des Truppenübungsplatzes befindlichen riesigen Waffen-, Munitions- und Vorratsdepots bzw. das, was von ihnen nach den Angriffen übriggeblieben ist, aufzuspüren. Die Suchtrupps der 11. Panzerdivision und der 26. Infanteriedivision, die mittlerweile ebenfalls Grafenwöhr erreicht hat, werden bald fündig: Sie entdecken einen Zug mit fünfzehn Waggons, vollbeladen mit Munition. In einem Wald stoßen sie auf ein getarntes Lager mit elf Lastkraftwagen und sechs Anhängern, auf denen Funkgeräte gestapelt sind; 80- und 150 mm-Gewehre en masse werden in einem anderen Depot aufgestöbert. All dies ist zu erwarten gewesen, der spektakulärste Fund erwartet sie jedoch in einem Wald zwischen Pechhofen und Grafenwöhr: Erschrocken spricht der Chronist der 26. Infanteriedivision von einem „ungeheuren Lager mit Gasgranaten, die, Gott sei Dank, die Deutschen nicht mehr verwenden konnten. Millionen Granaten wurden in diesem Versteck entdeckt.“

Die 11. Panzerdivision des XII. US-Korps erhält den Befehl, Weiden am nächsten Tag zu erobern. Zur Vorbereitung der geplanten Übernahme setzen sich die Amerikaner im westlich gelegenen Mantel fest. Am selben Tag nehmen sie auch noch Parkstein und Neustadt an der Waldnaab ein.

Um 17 Uhr 30 haben sie ihre Geschütze in Neunkirchen und Meerbodenreuth in Stellung gebracht und beginnen mit der Beschießung Weidens, die bis zum nächsten Morgen andauert; zusätzlich greifen Tiefflieger an. Viele Bewohner suchen daraufhin Schutz in den umliegenden Wäldern. Zahlreiche Brände brechen aus, unter anderem auf dem Bahnhofsgelände, in der Ringstraße, der Bürgermeister-Prechtl-Straße und der Johannisstraße; das alte Schulhaus am Pfarrplatz, das Suttner-Haus, das Evangelische Vereinshaus, die Buchdruckerei Nickl, der Altbau der Porzellanfabrik Bauscher, die Eisenhandlung Neumeier und die Gebäude des Textilversandhauses Witt brennen und werden teilweise zerstört.

In Vilseck überschlagen sich die Ereignisse: Die Bewohner haben sich nach Mitternacht in den Luftschutzkeller geflüchtet, der Geschützdonner wird lauter, die feindliche Artillerie rückt immer näher. Die Panzersperre ist geschlossen worden, vermutlich von der SS. Der Volkssturm, der einer Verteidigung Vilsecks ablehnend gegenübersteht, macht sich daran, die Blockade zu beseitigen und schleppt die Baumstämme weg. Die SS wiederum, die sich am Friedhof verschanzt hat, schießt auf die Männer des Volkssturms und tötet einen von ihnen, kann aber nicht verhindern, daß die Zufahrt nach Vilseck frei wird. Gegen Mittag ist es soweit: Das 14. Regiment der 71. US-Infanteriedivision nimmt die Stadt ein, ohne daß auch nur ein Schuß fällt. Für manche Bewohner Vilsecks kommt dies einem Wunder gleich, wie Eugen Hierold sich erinnert: „Die tapferen Volkssturmmänner haben unser Städtchen gerettet, meinte die Mehrzahl der Bevölkerung. ‚Nein‘, erwiderte ein Bürger der Stadt, ‚der Herrgott hat uns einen Retter geschickt.‘ Und so war es tatsächlich. Ein 21-jähriger englischer Fliegerleutnant sprang 14 Tage vorher mit dem Fallschirm ab, kleidete sich in die Uniform der hier beschäftigten französischen Kriegsgefangenen, wurde von diesen aufs beste verpflegt und unterstützt, horchte die Einstellung der hiesigen Bevölkerung aus, überzeugte sich von deren Stimmung und funkte die Beobachtungen den maßgebenden Stellen vom Kirchturm aus zu. Sicher wurde die Stadt deshalb in den so gefahrdrohenden letzten 14 Tagen von den feindlichen Fliegern verschont. Als die Amerikaner sich am 21. mittags der Stadt näherten, erschien der englische Leutnant in voller Amtsmiene im Rathaus, wo die beiden Bürgermeister der Stadt bangen Herzens auf die Entscheidung warteten. Er forderte von diesen die sofortige Übergabe der Stadt. Der 1. Bürgermeister unterschrieb ein ihm vorgelegtes Dokument, und beide Bürgermeister stimmten der Übergabe der Stadt zu. Der Leutnant überbrachte die schriftliche Übergabe der Stadt dem amerikanischen Truppenkommandanten, dem er an der Tannenbaumkapelle begegnete. Der war nicht wenig erstaunt über diesen einzig dastehenden Streich des englischen Leutnants.“ Selbstverständlich hat der Leutnant auch das Glück des Tüchtigen gehabt. Hätte er in den beiden Bürgermeistern Verteidigungsfanatiker vorgefunden, wäre seiner Aktion nicht solcher Erfolg beschieden gewesen, wie überhaupt von solchen Zufällen in diesen Tagen oftmals Wohl und Wehe eines Orts abhängt.

Achtel, im westlichsten Teil des Landkreises Sulzbach-Rosenberg gelegen, geht in einem zweistündigen Beschuß mit Phosphorgranaten unter – vier Fünftel des Dorfs brennen ab. Trotzdem kommt es zu keinen Verlusten unter der Bevölkerung, denn die Bauern haben sich rechtzeitig in den umliegenden Felsenkellern in Sicherheit gebracht.

Achtel, Modell des Deutschen Stadions.

Der Ort hatte es im Zusammenhang mit Speers Planungen für ein gigantisches Stadion mit 400 000 Plätzen, das in Nürnberg, der Stadt der Reichsparteitage der NSDAP, erbaut werden sollte, zu einiger Berühmtheit gebracht: Zur Prüfung von Sichtverhältnissen und Statik der 82 m hoch projektierten Haupttribüne, auf der 250 000 Menschen Platz finden sollten, wurde im Hirschbachtal nahe bei Achtel an einem steilen Hang ein Ausschnitt der Ränge in einem riesigen Modell aus Beton und Holz im Maßstab 1:1 errichtet. Dieses Modell, das Hitler 1938 höchstpersönlich in Augenschein genommen hatte, wollte man im April 1945 unbedingt vor dem Zugriff der Amerikaner retten – als ob der nationalsozialistische Größenwahn in diesen Tagen noch eine Zukunft gehabt hätte! Achtel jedenfalls muß den aberwitzigen Versuch einer Verteidigung teuer bezahlen.

Der amerikanischen Besatzung ist das Stadionmodell als Ausdruck nationalsozialistischer Maßlosigkeit ein Greuel, weshalb sie es alsbald abtragen läßt. Als Ausdruck des angelsächsischen Pragmatismus wiederum wird der Bevölkerung Achtels gestattet, ihre zerstörten Häuser mit dem Holz der Konstruktion Speers wieder instandzusetzen.

Ambergs Kreisleiter läßt nicht locker. Am frühen Morgen erscheint Dr. Kolb im Rathaus und erkundigt sich, ob das SS-Kommando, das zur Verteidigung Ambergs avisiert worden ist, sich schon in der Stadt befindet. Bürgermeister Regler freut sich, daß er abschlägigen Bescheid geben kann, aber es nützt nichts. Jakob Stein, stellvertretender Polizeichef und späterer Chronist der Stadt, hat Kolbs Antwort notiert: „Die Stadt wird verteidigt, und wenn keine Truppen da sind, dann wird sie eben von der Kreisleitung verteidigt!“ Die bestand in der Hauptsache aus ihm selbst. Die Amerikaner würden sich somit wenig beeindruckt zeigen. Einen vernichtenden Angriff auf die Stadt zu provozieren, darf dem Kreisleiter und seinen wenigen Leuten allerdings durchaus zugetraut werden.

Die Berichte, die im Laufe des Tags in der Luftschutzleitung eingehen, sprechen übereinstimmend vom Näherrücken der amerikanischen Truppen. Es kann sich nur noch um Stunden handeln, bis sie in Amberg eintreffen. Doch es geschieht nichts; nur Artilleriedonner im Norden der Stadt zeugt von Kampfhandlungen und kündigt der Bevölkerung an, was ihr droht, wenn Kreisleiter Kolb und seine Männer das Feuer auf den Feind eröffnen. Die Straßen leeren sich

Neumarkt, Rathaus aus dem 15. Jahrhundert.

Neumarkt, Pfarrhof: Barockfassade (um 1700).

denn auch, nur Ostarbeiter und Kriegsgefangene halten sich weiterhin draußen auf, um womöglich noch heute ihre Befreiung zu erleben.

Am Abend ereignet sich ein kurioser Vorfall: Eine deutsche Einheit hat zwischen Hahnbach und Süß die Besatzung eines amerikanischen Panzerspähwagens überwältigt. Gegen 20 Uhr steht ein Unteroffizier vor der Amberger Polizeiwache und will die sechs Gefangenen, die gemacht wurden, in Gewahrsam geben. Die Polizei erklärt sich für nicht zuständig und schickt den Soldaten mit den Amerikanern zur Kaiser-Wilhelm-Kaserne weiter. Wenig später steht er wieder vor der Polizeistation – doch nicht, um Vollzug zu melden: Die Kasernentore seien verriegelt, erklärt der Soldat den Polizisten, er habe keinen anderen Rat gewußt, als die Gefangenen sich selbst zu überlassen. Er für seinen Teil werde nun Zivilkleidung besorgen und sich Richtung Süden durchschlagen. Aus solcher Offenherzigkeit darf geschlossen werden, daß Kreisleiter Kolb bei dieser Unterredung nicht zugegen war.

In Neumarkt wird die letzte Chance nicht genutzt. Die Amerikaner werfen über der Stadt Flugblätter ab – „Entweder Kapitulation oder totale Zerstörung".

Die Verteidiger ignorieren jedoch die Warnung, und die Kämpfe gehen weiter. Sogar in der Hofkirche, wo einige SS-Leute den vorrückenden Amerikanern auflauern, findet ein Gefecht statt – einer der Verteidiger wird in dem Gotteshaus tödlich getroffen, der Hochaltar ist von 27 Kugeln durchlöchert.

Das 259. Infanterieregiment, das schon am Freitag in den Norden Neumarkts vorgedrungen ist, setzt sich dort endgültig fest und erobert auch Teile der Oststadt.

Die Amerikaner nehmen Nittenau aus nördlicher und südlicher Richtung in die Zange und beschießen den Ort solange mit Granaten, bis der Schmiedmeister Alois Pöllinger den Kirchturm besteigt, um mit einer weißen Fahne die Kapitulation anzuzeigen. Die Zivilbevölkerung hat sich rechtzeitig in Sicherheit bringen können, doch der Sachschaden ist enorm. Etliche Familien in der Regensburger Straße verlieren ihre Häuser, auch das Schulgebäude ist ein Trümmerhaufen; an der Bodensteinerstraße brennen einige Scheunen ab. Da die Nittenauer mit dem Bombenangriff vom 28. Dezember 1944, bei dem 28 Menschen starben und Dutzende verletzt wurden, schon viel Schlimmeres hinter sich haben, nehmen sie die Folgen dieses Angriffs fast gelassen hin. Ungeachtet ihres harten Vorgehens gegen Nittenau bei der Eroberung des Orts führen die Amerikaner ihre ersten Maßnahmen in moderater Weise durch, so daß sich die Bewohner insgesamt gerecht behandelt fühlen. Was ihnen viel mehr zu schaffen macht als die Besatzung, ist der Wassermangel: Infolge der Sprengung der Regenbrücke durch die Wehrmacht ist nicht nur der Flußübergang, sondern auch die Wasserleitung, die Nittenau versorgt und unter der Brücke verlegt ist, zerstört worden.

Am Abend wird der 32jährige Mesner von St. Emmeram, Johann Igl, im Hof des Gerichtsgefängnisses von Regensburg erhängt. Das ihm angelastete Verbrechen besteht darin, nach einem Fliegeralarm im Jahre 1944 den Wunsch geäußert zu haben, daß sich jemand finde, „der ihm [Hitler] das Messer reinrennt." Wie in dieser Zeit zu befürchten ist, wird Igl denn auch prompt von dem Luftschutzhelfer denunziert, gegenüber dem er die unvorsichtige Bemerkung fallen gelassen hat. Am 20. September 1944 macht man ihm in Nürnberg den Prozeß, der erwartungsgemäß mit einem Todesurteil endet.

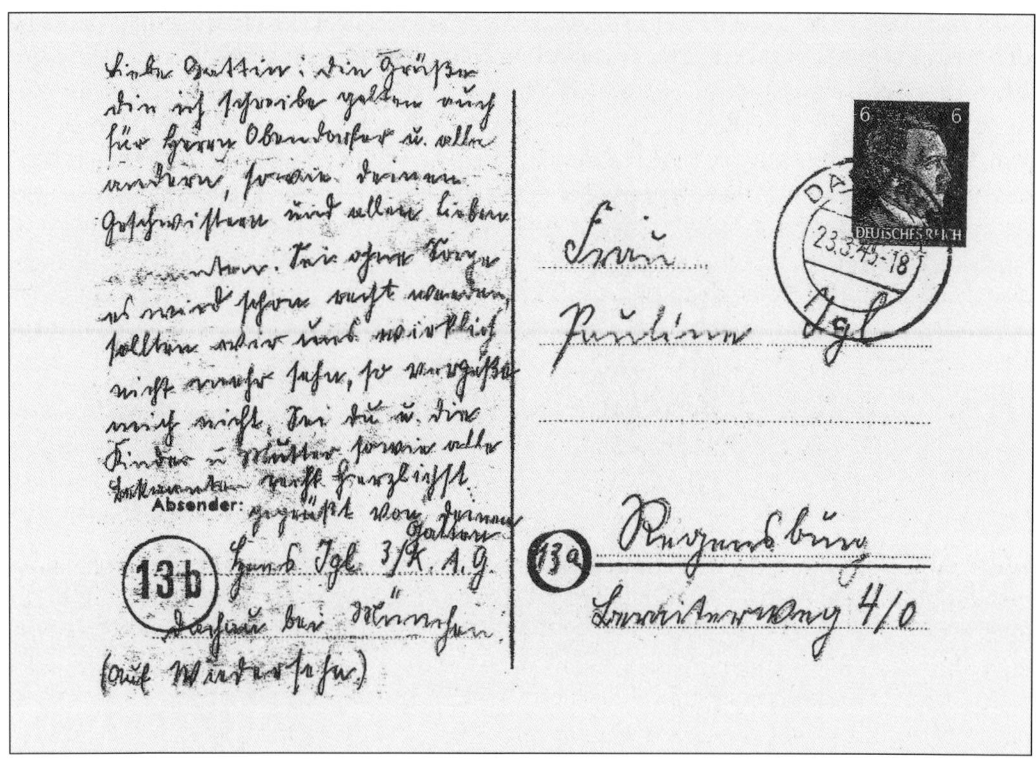

Die letzte Postkarte Johann Igls aus dem Konzentrationslager Dachau. Johann Igl konnte sie offensichtlich aus dem Lager schmuggeln, denn sie trägt keinen Zensurstempel. Alle sechs Wochen war es den Häftlingen gestattet, ein Lebenszeichen von sich zu geben. Der Text von Igls letzter Nachricht lautet: „Liebe Gattin und Kinder und Mutter, deinen lieben Brief habe ich erhalten, ich habe mich sehr gefreut, aber leider kannst Du mich nicht besuchen, die Marken darfst du mir nicht schicken, denn ich kann mir nichts kaufen. … Geld darfst du mir keins mehr schicken, brauche keins; sonst geht es gesundheitlich gut. Arbeiten brauche ich nichts; bin den ganzen Tag in meiner Zelle eingesperrt mit noch 7 Mann, nur großen Hunger habe ich immer; aber auch diese Zeit wird vergehen. Wenn wieder ein Angriff auf Regsb. ist, mußt du mir gleich ein Zeichen geben, ob Euch nichts passiert ist, auf einer Karte. … Liebe Gattin: die Grüße, die ich schreibe, gelten auch für Herrn Oberdorfer u. alle andern, sowie deinen Geschwistern und allen lieben Verwandten. Sei ohne Sorge, es wird schon recht werden, sollten wir uns wirklich nicht mehr sehen, so vergesse mich nicht, sei du u. die Kinder u. Mutter sowie alle Bekannten recht herzlichst gegrüßt von deinem Gatten." Die Karte ist auf den 17.3.1945 datiert – einen Monat später war Johann Igl tot.

Qualvolle Monate im Konzentrationslager Dachau folgen, bis Igl im April 1945 zu seiner Exekution nach Regensburg gebracht wird. Zunächst ist niemand bereit, das Todesurteil zu vollstrecken, weshalb man für diese Aufgabe Erich Liedtke, den Leiter des Flossenbürger KZ-Außenlagers Stadtamhof heranziehen muß. Dieser gilt als ausnehmend brutal, wie sich ehemalige Häftlinge schaudernd erinnern, und zögert nicht, den Justizmord zu begehen. 54 ehemalige Kollegen Igls von der Regensburger Luftschutzpolizei sind Zeugen des Verbrechens, das ungesühnt bleiben wird. Igls Frau darf ihren Mann eine Stunde vor dessen Tod noch einmal sehen. Sein letzter Wunsch ist, so berichtet sie, den beiden Kindern, die damals noch keine zwei Jahre alt waren, zu erklären, daß ihr Vater schuldlos gestorben sei: „Sag einmal unseren Kindern, daß ich kein Verbrecher bin!"

Breitenbrunn erwacht aus unruhigem Schlaf. Die Sorge seiner Bewohner gilt nicht so sehr den Amerikanern, deren Einmarsch unmittelbar bevorsteht und ohnehin nicht zu vermeiden ist, als den Resten der SS-Besatzung, die auf die Zugmaschine wartet, die ein Geschütz aus dem Schlamm ziehen soll – ein Gefecht würde verheerende Folgen für den Ort haben. Es fügt sich jedoch, daß der Abtransport des liegengebliebenen Geschützes noch am frühen Morgen erfolgen kann. So befindet sich niemand mehr in dem Markt, der an „Verteidigung“ denkt. Im Gegenteil, die meisten Einwohner befestigen weiße Fahnen an ihren Häusern und erwarten die Amerikaner. Diese wiederum werden nicht nur durch die Beflaggung von den friedlichen Absichten der Breitenbrunner überzeugt. Auf ihrem Weg ins Ortsinnere werden sie von französischen Kriegsgefangenen enthusiastisch empfangen, die den Amerikanern bestätigen, daß sie keine Gegenwehr zu erwarten haben, aber auch versichern, daß sie in Breitenbrunn die ganzen Jahre keinen Anlaß zur Klage gehabt hätten. Ein Strafgericht ist also nicht erforderlich.

Sonntag, 22. April 1945

Auch Hitler glaubt nicht mehr an den „Endsieg“. Die Aussicht auf die sichere Niederlage führt zu einem Ausbruch des „Führers“, den der Historiker Trevor-Roper anhand der Berichte von Zeugen in folgender Weise beschreibt: „Er [Hitler] kreischte, daß er im Stich gelassen worden sei, er schmähte die Armee; er bedrohte alle Verräter; er sprach von allgemeinem Verrat, Versagen, Korruption und Lügen, um schließlich erschöpft zu erklären, daß das Ende gekommen sei. Endlich, zum ersten Male, verzweifelte er an seiner Mission. Alles war vorbei; das Dritte Reich war ein Fehlschlag, und seinem Schöpfer blieb nichts übrig, als zu sterben.“ Hitler kündigt also seinen Selbstmord an, ohne indes an Kapitulation auch nur zu denken.

In den meisten Dörfern der Oberpfalz vollzieht sich der Einmarsch der amerikanischen Truppen unkompliziert. Plößberg, Wildenau und Schönkirch, alle drei Gemeinden etwas über zehn Kilometer südlich von Tirschenreuth, werden ohne Gegenwehr besetzt. Schon Tage zuvor hat sich dort der Volkssturm aufgelöst. Die SS-Leibstandarte Adolf Hitler, noch Anfang April in Plößberg stationiert, ist längst abgezogen, so daß für die Orte keine Gefahr mehr besteht. Soweit überhaupt Schüsse seitens der Amerikaner fallen, sind sie selbstverschuldet: So wird ein Forsthaus beschädigt, weil seine Bewohner die Sieger mit zwei am Hauseingang angebrachten Hitler-Plakaten provozieren.

Der Prior des Klosters Speinshart hält Dankgottesdienste für seine Gemeinde wie auch die Bewohner von Oberbibrach ab, an denen indes die Hinterbliebenen der Toten von Oberbibrach und die dort obdachlos gewordenen Bauern sicher nicht allzu frohen Herzens teilgenommen haben. Doch der Geistliche zeigt sich auch als ein Mann der Tat: Was immer das Kloster an Möbeln und Geschirr entbehren kann, wird den Ausgebrannten zur Verfügung gestellt. Von einer der beiden Porzellanfabriken in Weiden besorgt er Geschirr, das er unter den Bedürftigen verteilt, die amerikanische Besatzung in Grafenwöhr überläßt den Oberbibrachern dank seines Fürsprechens Baumaterialien aus dem Wehrmachtslager. Auch Vorbach und das am 19. April schwer beschädigte Neustadt am Kulm profitieren von Organisationsgeschick wie guten Beziehungen des Gottesmannes.

Weiden, Tanks der 11. Panzerdivision am Oberen Tor (Wörthstraße).

Am Vorabend hat die Beschießung Weidens eingesetzt, und die Bürger müssen mitansehen, wie ihre Stadt nach und nach in Trümmer gelegt wird. Jede verantwortungsbewußte Führung hätte in dieser Situation die weiße Fahne gehißt – nicht so Major Landge, seit Anfang April Stadtkommandant Weidens. Da er über keinerlei nennenswertes militärisches Potential verfügt, besteht seine „Verteidigungsstrategie" im wesentlichen darin, die Kapitulation zu verweigern.

In der Nacht geben sich einige besorgte Bürger in Landges Hauptquartier im Keller des Hauses Türlgasse/Oberer Markt die Klinke in die Hand. Gegen 23 Uhr sprechen als erste Kooperator Saller und Dekan Schaudig vor und versuchen, den Major umzustimmen, Landge bleibt jedoch hart. Als nächster will Volkssturmchef Georg Roscher die Rettung der Stadt erreichen, diesem droht Landge ein Standgerichtsverfahren an. Dritter – jetzt ist es schon nach ein Uhr – ist Oberbürgermeister Harbauer, der zuvor mit Polizeioberinspektor Klipstein, Obermedizinalrat Dr. Stark und Rechtsrat Uhl konferiert hat und zu Landge entsandt wurde. Auch ihm gegenüber sieht der Kampfkommandant keinen Grund, von seiner Linie abzurücken.

Kurz nach zwei Uhr begibt sich Georg Roscher nochmals zu Landge, dieses Mal muß er sein Anliegen natürlich mit größter Vorsicht vortragen, um nicht am Galgen zu enden. Während dieser Unterredung klingelt das Telefon: General Weisenberger, der Oberbefehlshaber im Wehrkreis XIII, will wissen, ob Chancen bestehen, Weiden halten zu können. Landge antwortet wahrheitsgemäß, daß es ihm an Leuten und Munition fehle, um erfolgreich Widerstand zu leisten. Weisenberger ordnet daraufhin an, daß die Stadt aufzugeben ist; der Befehl wird unverzüglich ausgeführt, um 4 Uhr 30 haben die Soldaten Weiden verlassen.

Auch für Kreisleiter Bock gibt es nun kein Halten mehr. Bevor er sich zu Fuß absetzt, erweist er Weiden mit seiner letzten Amtshandlung immerhin einen wertvollen Dienst, indem er die Sprengkommandos an den Naabbrücken von ihrem Auftrag entbindet. Major Landge aber sinnt auf Rache: Aus Tröglersricht, wohin er mit seinem Stab ausgewichen ist, befiehlt er die Erschießung der beiden Geistlichen, die von ihm die Aufgabe der Stadt erbeten haben. Doch Pfarrer Dollinger, der hiervon Kenntnis erlangt hat, rast mit seinem Rad nach Weiden und schafft es gerade noch, Saller und Schaudig zu warnen.

Mit Abrücken der Wehrmacht stellen die Amerikaner auch das Feuer auf Weiden ein. Die Bürger beflaggen ihre Häuser und erwarten die Ankunft der 11. Panzerdivision. Um 6 Uhr morgens hat der erste Jeep das Rathaus erreicht. Polizeioberinspektor Klipstein soll die Kapitulation Weidens aussprechen, hält sich aber für nicht zuständig. Daraufhin wird Oberbürgermeister Hans Harbauer geholt und aufgefordert, die Übergabe der Stadt zu vollziehen. Bar jeglichen Sinns für Symbolik entgegnet dieser mürrisch, eines solchen Akts bedürfe es nicht, da die feindlichen Truppen ja bereits die Stadt besetzt hätten. Der amerikanische Offizier besteht jedoch auf einer formellen Kapitulationserklärung, so daß Harbauer nichts anderes übrig bleibt, als nachzugeben. Unter diesen Voraussetzungen fällt die Übergabezeremonie der Max-Reger-Stadt denkbar schlicht aus. Für die Bürger Weidens zählt jedoch viel mehr, daß seit 8 Uhr für sie der Krieg beendet ist.

Oberbürgermeister Harbauer wird von Josef Schnurrer abgelöst, der Großteil der Polizei Weidens wird im Josefshaus arretiert. Unterdessen begehen GIs unter Führung Klipsteins und einiger mit weißen Armbinden versehener Polizisten die Häuser der Stadt, nehmen auch hundert deutsche Soldaten, die dem in der Nacht ergangenen Räumungsbefehl nicht nachgekommen sind, gefangen. Alsbald wird ein Kriegsgefangenenlager eingerichtet, in dem 30 000, im Mai sogar 45 000 Soldaten interniert sind.

Die Wiederaufbauarbeiten werden sich noch lange hinziehen: Eine Eisenbahnbrücke ist gesprengt worden, total zerstört bzw. schwer beschädigt sind 63 Wohnhäuser und Wohnungen, 18 landwirtschaftliche Anwesen, 51 Industriebauten und Handelsbetriebe sowie zwei öffentliche Gebäude; mittlere und leichte Beschädigungen betreffen 1646 Wohnhäuser und Woh-

Weiden, deutsche Kriegsgefangene auf einem Spähwagen der 11. US-Panzerdivision am Hindenburgplatz (Oberer Markt).

nungen, 30 landwirtschaftliche Anwesen, 70 Industriebauten und Handelsbetriebe sowie 30 öffentliche Gebäude.

Die Wehrmachts- und SS-Einheiten sind aus Hirschau abgezogen worden, weshalb dem Ort ein zweiter Angriff erspart bleibt. So gut wie alle Einwohner halten sich in den Felsenkellern auf, um den Einmarsch der Amerikaner abzuwarten. Mittags haben die amerikanischen Panzer, die über die Großschönbrunner Straße gekommen sind, den Ortskern erreicht. Zu den ersten Maßnahmen der Militärregierung zählt die Verhängung eines Ausgangsverbots: Nur von 8 bis 9 Uhr und 16 bis 19 Uhr dürfen die Hirschauer ihre Häuser verlassen. Der Bürgermeister, ein „verdientes“ NSDAP-Mitglied, ist nicht mehr tragbar, neues Gemeindeoberhaupt wird der Sägewerkbesitzer Mathias Amann. Neben der Reorganisation der darniederliegenden heimischen Wirtschaft zählt es zu dessen wenig beneidenswerten Aufgabe, den zahlreichen Evakuierten und später auch Heimatvertriebenen Wohnraum und Arbeit zu beschaffen.

Wernberg, zwischen Weiden und Schwandorf gelegen, hat zwei unruhige Tage hinter sich, das Schlimmste aber kommt an diesem Sonntag. Am Freitag ist die Bevölkerung des Orts Zeuge des verheerenden Angriffs auf das nahe gelegene Kemnath am Buchberg geworden, in der Nacht hat man den Artilleriebeschuß Weidens miterlebt.

Niemand mag sich an dem freundlichen Frühlingswetter erfreuen: Der Einmarsch der Amerikaner ist ja unvermeidlich, nicht aber die Zerstörung des Orts. Und genau dies müssen die Bewohner Wernbergs befürchten, als einige Halbwüchsige unter Führung eines Unteroffiziers auf Rädern in den Ort fahren und großspurig verkünden, die Amerikaner aufhalten zu wollen. Das Entsetzen im Ort ist so groß, daß niemand einen Blick für die Lächerlichkeit des Plans hat, denn außer einem Maschinengewehr stehen den Jungkämpfern nur wenige Panzerfäuste und Gewehre zur Verfügung.

Es kommt, wie es kommen muß: Gegen 14 Uhr überfahren die ersten amerikanischen Panzer von Norden her die Gemarkung des Orts. Die Burschen, die sich in den Kellern der am Ortsrand stehenden Häuser verschanzt haben, empfangen die Amerikaner mit einer Salve und bringen die Panzer tatsächlich zum Stehen. Aber natürlich nicht zum Rückzug: Die Panzereinheit verläßt lediglich die Straße und dringt nach einem kleinen Umweg in die Ortsmitte ein. Vom Gasthaus Fehr aus verteilen sie sich in alle vier Himmelsrichtungen und lassen Wernberg spüren, was es heißt, eine Übermacht zu reizen. Als die Panzer aufhören zu schießen, brennt Wernberg an drei Ecken.

Nun sind die ersten weißen Fahnen an den Häusern zu sehen, und die Bevölkerung wagt sich nach und nach auf die Straße. Die Amerikaner unternehmen nichts gegen die Wernberger, die mit den Löscharbeiten beginnen und machen sogar den Weg für die Feuerwehr frei. Hie und da fällt natürlich eine boshafte Bemerkung: „Ich selber habe gesehen“, erinnert sich Pfarrer Johann Eindorfer, „wie beim Hause Sir von einem stehenden Panzer ein amerikanischer Soldat in echtem bayerischen Dialekt herab rief und dabei die Hand zum Hitlergruß streckte: ‚Jetzt habt ihr's mit eurem Heil Hitler!‘“

Wernberg, Einmarsch der Amerikaner.

Drei Todesopfer fordert der Einmarsch der Amerikaner auf deutscher Seite, alle symptomatisch für den Wahnsinn dieser Tage: Der Unteroffizier und Anführer von Wernbergs jugendlichen Verteidigern rennt, nachdem er das letzte Magazin seines Maschinengewehrs aufgebraucht hat, auf die Straße und tritt – was kein Heldenmut mehr ist – mit einem Revolver den Panzern entgegen. Bei dem zweiten Opfer zeigt sich, wie miserabel die Ausbildung der zu Kriegsende eingezogenen Soldaten ist: Ein vielleicht siebzehn Jahre alter Lübecker wird von einer Panzerfaust zerrissen, weil er deren Bedienung nicht beherrscht. Bei dem dritten Soldaten handelt es sich um einen Leutnant, der im benachbarten Weihern durch einen Schuß in den Rücken ums Leben gekommen ist. Pfarrer Eindorfer mutmaßt, daß es seine eigenen Leute sind, die ihn auf dem Gewissen haben, denn der Leutnant soll seiner Kampfgruppe solch unzumutbaren Einsatz abverlangt haben, daß diese sich wohl nicht anders zu helfen wußten, als sich ihres Anführers zu entledigen.

Wernberg selbst hat noch nicht einmal Verletzte zu beklagen, deshalb findet sich die Bevölkerung am Abend erleichtert in der Kirche ein: Der Gottesdienst, den Pfarrer Eindorfer nun abhält, „war von ganz besonderer Art. Obwohl alle Straßen gefüllt waren mit Panzern und diese bis zur Kirchtüre standen, so daß wir uns durchzwängen mußten, hat uns niemand gehindert in die Kirche zu kommen. Während des Gottesdienstes verursachten die Panzer auf den Straßen und in unmittelbarer Nähe der Kirche einen solchen Lärm, daß die Leute vom Priester am Altar und dieser von den Leuten nichts verstehen konnte. Es war aber ein herzlicher Dankgottesdienst."

Zwei Tage nach dem verheerenden Luftangriff auf Kemnath am Buchberg nähern sich amerikanische Panzer von Neunaigen aus dem Dorf. Es gibt nichts mehr zu verteidigen, weshalb die SS-Einheiten abgezogen sind. Und doch kommt es zu einem Zwischenfall: Einige versprengte deutsche Soldaten haben sich in der örtlichen Brauerei Meßmann einquartiert und von der Qualität des hiesigen Biers überzeugt. In zweifelhaftem Zustand empfangen sie die einrückenden amerikanischen Panzer mit Gewehrsalven – ungeklärt ist, ob aus Übermut oder mit der Absicht, Widerstand zu leisten. Die Amerikaner erweisen sich jedenfalls als äußerst humorlos und setzen das wenige, was von Kemnath übriggeblieben ist, in Brand. Verletzt wird bei diesem zweiten Angriff zwar niemand, nun aber sind vier Fünftel der Ortschaft zerstört, wobei der Verlust der Kirche als besonders schmerzlich empfunden wird. Als die amerikanischen Truppen am Nachmittag einmarschieren, sind die Kemnather froh, wenigstens mit dem Leben davon gekommen zu sein.

Hahnbach, einige Kilometer nordöstlich von Sulzbach-Rosenberg gehört zu jenen Ortschaften der Oberpfalz, die von Glück sagen können, daß ihnen Zerstörungen größeren Umfangs erspart geblieben sind. Aufgrund der Anweisungen eines Durchhaltefanatikers, des Kommandeurs eines deutschen Regiments, das unweit Hahnbachs Quartier bezogen hat, soll den Amerikanern „unter allen Umständen" Widerstand geleistet werden. Schon am 18. April haben zurückweichende Wehrmachtsangehörige am Oberen Tor, am Posthalterweiher, am Mulzmer/ Ecke Malzhaus sowie auf dem Kreuzberg Panzersperren errichtet, weil die Absicht der Amerikaner, südlich nach Amberg vorzustoßen, durchschaut worden war. Immerhin trifft man nicht nur militärische Vorkehrungen, sondern sorgt sich auch um den Schutz der Zivilbevölkerung, indem Bergleute in der Vilsecker Straße drei Felsenkeller miteinander verbinden, so daß sich ein großer Luftschutzraum ergibt. Anderseits signalisieren die Verteidigungsvorbereitungen höchste Gefahr für Hahnbach: Es ist ja bekannt, daß die Amerikaner keineswegs einen Bogen um Orte machen, die sich nicht widerstandslos einnehmen lassen, sondern – im Gegenteil – dank ihrer Lufthoheit Bevölkerung und Verteidiger solange mit Bombardements zermürben, bis sich jemand findet, der die Übergabeverhandlungen führt.

Die verängstigte Bevölkerung entsendet deshalb schon am 18. April eine Delegation unter Führung des Schuhmachermeisters Josef Biehler an Bürgermeister Siegert, die ihn auffordert, sich dafür einzusetzen, daß die Verteidigung Hahnbachs unterbleibe. Dies ist nicht ungefährlich, denn es hat sich natürlich auch bis Hahnbach herumgesprochen, daß das nationalsozialistische Regime Regungen des Selbsterhaltungstriebs als Defätismus auslegt und schon genügend Menschen nur deshalb von Standgerichten zum Tode verurteilt wurden, weil sie ihr Leben retten wollten. Doch der Bürgermeister hat ein Einsehen, obgleich er immerhin Ortsgruppenleiter der NSDAP ist, und verspricht, sein Bestes zu tun.

Es wird sich jedoch zeigen, wie wenig in dieser Zeit ein Bürgermeister für seine Gemeinde tun kann. Am Tag zuvor haben nämlich Tieffliegerangriffe eingesetzt, in der Nacht auf den 22. April nahmen die Amerikaner den Markt mit Sprenggranaten unter Beschuß. Es ist höchste Zeit, die Übergabe einzuleiten, denn schon brennen etliche Gebäude. Siegert trifft denn auch kurz nach Mitternacht mit Hauptmann Jakob Lorenz, dem örtlichen Befehlshaber zusammen und trägt das Anliegen der Bürger Hahnbachs vor, den Widerstand einzustellen. Doch Lorenz, so erinnert sich der Bürgermeister, „zeigte sich allen Bemühungen, die Verteidigung des Markts zu verhindern, unzugänglich und gab mir zu verstehen, daß er seinen Kommandeur verständigen müsse. Ich wurde Zeuge dieses fernmündlichen Gesprächs, in welchem dieser auf seiner Forderung bestand. Hauptmann Lorenz legte nun seine Pistole auf den Tisch und erklärte mir: ‚Wählen Sie!' Als einzigen Ausweg in dieser Situation sah ich nur den Vorschlag, Hahnbach sei besser in der Kümmersbucher Senke zu verteidigen, da rechts die Vils als Hindernis und links die Waldung des Ochsenschlags eine solche Verteidigung erleichtern würden."

Dank solcher Geistesgegenwart des Gemeindevorstehers wird die Verteidigungsstellung der deutschen Einheit immerhin so plaziert, daß Hahnbach nicht in der direkten Schußlinie der Amerikaner liegt. Da aber die weiße Fahne nicht gehißt wird, setzen diese den Beschuß des Orts mit Granaten fort – 20 Gebäude erhalten Volltreffer, der Turm der Dorfkirche wird schwer beschädigt. Die meisten Bewohner Hahnbachs sind schon am Vorabend in den Luftschutzraum geflüchtet, weshalb nur eine Person in den Trümmern umkommt. Am Sonntagmorgen um halb sieben Uhr „flüchtete auch der Pfarrer mit dem Allerheiligsten in Begleitung der Schwestern hinaus in die Felsenkeller. Die Leute atmeten auf; es wurde Generalabsolution gegeben und gegen 7 Uhr früh die hl. Kommunion ausgeteilt, zur selben Zeit, da man sonst Sonntags zum Frühgottesdienst versammelt war." Wenig später erhält die Pfarrkirche acht Granatenvolltreffer und die Gläubigen sehen es wohl als Fügung Gottes an, daß am heutigen Tag die Messe im Luftschutzbunker stattgefunden hat. Gegen 10 Uhr 30 bemerken die Amerikaner keine Gegenwehr mehr und besetzen Hahnbach.

Mit der Einnahme Burglengenfelds durch eine Panzerabteilung der 71. Infanteriedivision fällt den amerikanischen Truppen eine unbeschädigte Brücke über die Naab in die Hände. Für die Beschleunigung des weiteren Vormarschs des XX. Korps ist dies von großer Bedeutung. In Luhe, südlich von Weiden gelegen, verfügen die Amerikaner über eine weitere Naabbrücke,

Burglengenfeld, Leibl-Bader. Das Porträt zeigt Jakob Leibl, geb. 1872 und 1900 zum Bader approbiert, Großvater des jetzigen Friseurgeschäftsinhabers Wilhelm Leibl, Hauptstraße 9. Das Bild hing bis in die 50er Jahre über den Frisiertischen. Bevor die Amerikaner am 22. April 1945 Burglengenfeld besetzten, gaben sie einige Warnschüsse ab. Einige Querschläger trafen das Porträt, die Spuren der Einschüsse sind am rechten und oberen Bildrand, auf der Stirn und am Kragen des Porträtierten zu erkennen. Außer einigen leicht getroffenen Häusern ist das ramponierte Porträt des Leibl-Baders der einzige Schaden, der in Burglengenfeld zu verzeichnen ist.

was dem XII. US-Korps zugute kommt. In Wernberg, wiederum wenige Kilometer südlich von Luhe, wird den amerikanischen Truppen dagegen Widerstand geleistet. Doch die deutschen Soldaten kapitulieren dann doch schneller, als zunächst zu vermuten war. Ein weiterer Ort auf dem Weg nach Süden ist genommen, allerdings können die Amerikaner nicht mehr die Sprengung einer Eisenbahnbrükke verhindern. Als es Abend wird, sind die US-Truppen der Naab entlang über Pfreimd, wo sie auf Widerstand treffen, nach Nabburg gelangt. Dort ist der örtliche Bürgermeister vernünftig genug, einen Parlamentär zu entsenden, der der 11. Panzerdivision die kampflose Übergabe der Stadt zusichert. Noch am selben Tag erlangen die US-Truppen zugleich mit der kampflosen Einnahme Schwarzenfelds eine zusätzliche Brücke über die Naab.

Glückliche Fügung für Amberg: Die Stadt ist an diesem Sonntag wie ausgestorben; in Erwartung von Kampfhandlungen hat eine große Anzahl der Bewohner noch in der Nacht die Wälder der Umgebung aufgesucht. Die Amerikaner lassen sich aber Zeit. Der Bomberverband, der am Vormittag die Stadt überfliegt, hat für seine tödliche Fracht ein anderes Ziel. Gegen 14 Uhr erreicht die Bevölkerung eine Meldung, zwar nicht die erwartete, doch eine um so erfreulichere: Die Vorratslager der Wehrmacht auf dem Gelände des Heereszeugamts sind für die Bevölkerung freigegeben worden, damit sie nicht Beute der Amerikaner werden. Wer noch in der Stadt ist, stürzt hinaus zu den Kasernen und um 15 Uhr ist bereits eine wüste Rauferei um die Kostbarkeiten im Gange, was freilich angesichts der miserablen Versorgungslage der Bevölkerung nicht wunder nimmt. Die Polizei muß eingreifen, kommt aber nicht mehr rechtzeitig, um den Tod eines Mannes verhindern zu können: Aus dem ersten Stock eines Lagergebäudes haben einige Personen der Einfachheit halber Kisten mit Konservendosen zum Fenster hinausgeworfen und den Unglückseligen tödlich getroffen.

Zur selben Zeit schlagen die ersten Granaten in der Nähe der Metzerkaserne und der Kastlerstraße ein. Ein Posten auf dem Turm der Martinskirche sieht, wie die Panzer der 71. amerikanischen Infanteriedivision, die dem XX. Korps angehört, sich der Obersdorfer Brücke nähern. Die hiervon verständigte Luftschutzleitung läßt durch die Mesner der Amberger Kirchen die Glocken läuten, denn die zentrale Alarmanlage ist nach vorübergehender Instandsetzung schon wieder defekt – wer noch nicht im Luftschutzkeller ist, verläßt eilends sein Haus. Gegen 16 Uhr 30 erscheint Kreisleiter Kolb mit seinem Adjudanten in der Polizeiwache, um sich bei der dort versammelten Luftschutzleitung über die militärische Lage zu informieren. Man erklärt ihm, die amerikanischen Panzer rückten von Hahnbach aus über Aschach und Raigering Richtung Amberg vor, und empfiehlt die Kapitulation. Kolb aber wiederholt seinen Befehl, die Stadt zu verteidigen, und das, obwohl ihm so gut wie keine Truppen zur Verfügung stehen. Um sich über die genaue Situation zu orientieren, läßt er sich von einem Polizeifahrzeug zur Raigeringer Höhe chauffieren.

Während die Luftschutzleitung um Bürgermeister Regler noch niedergeschlagen in einem Bunker am Paulanerplatz zusammensitzt, weil nun Ambergs Zerstörung besiegelt scheint, kommt Rettung von unerwarteter Seite: Nahe der Kreuzung Raigeringerstraße – Mariahilfbergweg gerät Kolbs Wagen in amerikanisches Gewehrfeuer aus nordöstlicher Richtung. Der Fahrer, Polizeikommissar Utz, reißt das Steuer herum und will wenden, da sinkt, von einer neuerlichen Salve getroffen, Kreisleiter Dr. Kolb tödlich verletzt auf seinem Sitz zusammen.

Abends um sechs Uhr läutet das Telefon im Bunker, der Anruf kommt aus Raigering: Ein amerikanischer Dolmetscher verlangt den Bürgermeister zu sprechen und erklärt ihm folgendes: „Herr Bürgermeister, im Auftrag vom Regimentskommandeur soll ich Sie fragen, ob die Stadt verteidigt wird. Wenn ja, soll ich Ihnen gleich sagen, daß die Stadt in etwa einer halben Stunde von schwerer Artillerie solange beschossen wird, bis Parlamentäre zur Übergabe bereit sind bzw. weiße Flaggen gehißt werden. Wenn die Stadt aber nicht verteidigt wird, dann können Sie gleich jetzt mit weißer Armbinde zum Herrn Kommandeur, der seinen Panzerwagen kurz vor Raigering stehen hat, kommen, der mit Ihnen dann die kampflose Übergabe der Stadt bespricht."

Bürgermeister Regler berät sich kurz mit seinem Stab und willigt ein, nur bittet er in Ermangelung eines Fahrzeugs darum, daß die Übergabe der Stadt im Rathaus vollzogen wird. Nun geht alles sehr schnell: Am Turm der Dreifaltigkeitskirche weht eine weiße Fahne, die Bevölkerung, die inzwischen vom Tod des gefürchteten Kreisleiters erfahren hat, beginnt ebenfalls mit der Beflaggung ihrer Häuser. Einige Amberger beobachten, wie ein Jeep mit der Leiche des Kreisleiters als Trophäe auf dem Kühler in Richtung Hirschau fährt. Vom Turm der Martinskirche aus gibt der Hilfspolizist Vanicek die weiteren Geschehnisse zur Befehlsstelle der Luftschutzleitung im Keller des Amtsgerichts durch: „Man sieht jetzt [kurz nach 20 Uhr] die ersten amerikanischen Panzer von der äußeren Bayreuther Straße kommend in Richtung zur Stadt fahren. – Der erste Panzer hat bereits den Pfalzgrafenring erreicht und nimmt mit den übrigen entlang der Englischen Anlage Aufstellung; – es sind jetzt ca. zwanzig amerikanische Panzer entlang der Englischen Anlage aufgestellt. – Ab und zu sieht man aus dieser Gegend und aus der Gegend von Raigering Leuchtkugeln verschiedener Farben abschießen (vermutlich taktisches Zeichen zur Verbindungsaufnahme). – Um 20 Uhr 45 setzt sich der erste Panzer in Richtung Vilstor in Bewegung, die anderen folgen nach. – Der erste Panzer befindet sich bereits in der Georgenstraße in Richtung zum Marktplatz. – Der erste Panzer ist am Marktplatz angekommen und hat dort vor den Fenstern der Polizeiwache Aufstellung genommen; die anderen Panzer stellen sich auf dem Marktplatz auf – die Martinsturmuhr schlägt 21 Uhr. – Einige uniformierte farbige Soldaten begeben sich in das Rathaus. Auf dem Marktplatz herrscht reges Treiben."

Gegen 21 Uhr 30 erscheinen zwei GIs im Amtsgericht; in ihrer Begleitung befindet sich ein Polizist, der ihnen den Weg gewiesen hat. Sie stellen alle dort Versammelten einschließlich Bürgermeister Regler für die Nacht unter Arrest und kündigen an, daß am nächsten Morgen die Übergabe der Stadt vollzogen werden soll. Die Stimmung ist daraufhin gedrückt, denn zu gerne hätte man gewußt, ob die Amerikaner Wort gehalten und die Stadt verschont haben.

Schwandorf wird doch nicht verteidigt. Im Wehrmeldeamt Schwandorf tagen der Stadtkommandant, Vertreter der Wehrmacht, der Partei, der Kommunalverwaltung und der Lazarette. Man weiß nicht, wie Ruckdeschels Verteidigungsbefehl umzusetzen sein soll. General Hippe, Befehlshaber einer Auffangdivision, die mit nur 70 Mann die Linie Nabburg–Burglengenfeld

Schwandorf, Augustinstraße: Blick zum Bahnhofhotel.

halten soll, hat noch am Tag zuvor die Meinung vertreten, daß „gerade eine solche Ruinenstadt … sich bestens zu Verteidigung“ eigne und mit dieser zynischen Auffassung Entsetzen unter der Schwandorfer Bevölkerung ausgelöst. Doch inzwischen dämmert auch ihm, daß das militärische Potential dafür fehlt, den Vormarsch der Amerikaner aufzuhalten, zumal die in und um Schwandorf stationierten ungarischen Einheiten der „Kossuth“-Division, immerhin 1000 Mann stark, mangels Ausrüstung nicht einsatzfähig sind. Mit dem Volkssturm ist auch nicht mehr zu rechnen, denn die Männer sind mit Bergungs- und Aufräumungsarbeiten befaßt.

Die Herren finden einen Kompromiß. Durch General Weisenberger bestärkt, der in der Nacht den Abzug der Verteidigungskräfte aus Weiden befohlen hatte, beschließt man, keinen aktiven Widerstand zu leisten, wobei die Überlegung, der Stadt weitere Zerstörungen zu ersparen, sicher nicht die ausschlaggebende Rolle gespielt hat. Um gegenüber Ruckdeschel wenigstens den Anschein einer Verteidigung zu erwecken, sollen die Ausfallstraßen vermint, die Panzersperren geschlossen und die Naabbrücken gesprengt werden. Den beiden Aufpassern, die dem Kreisleiter zur Seite gestellt worden sind, ist dies zu wenig, weshalb sie unmittelbar nach der Besprechung Ruckdeschel anrufen. Die Reaktion des Gauleiters ist nicht überliefert, es darf aber vermutet werden, daß die Aufgabe der Stadt Schwandorf zumindest für den Kreisleiter ein böses Nachspiel gehabt hätte, wäre Ruckdeschel noch an ihn herangekommen.

Noch am selben Tag werden von einem ungarischen Sprengkommando Dynamitladungen an den Brücken von Schwandorf, aber auch der Umgebung, angebracht. In Schwarzenfeld, wenige Kilometer im Norden, mißlingt jedoch die Sprengung – aus einem fast schon komischen Grund: „Infolge des Regens wurden die Zündhölzer bei den Ungarn naß. Sie versuchten, beim Hammerwirt frische Streichhölzer zu bekommen, doch als sie dort erfuhren, die Ameri-

Schwandorf, Tonwarenfabrik.

kaner seien schon in Schwarzenfeld, waren die Streichhölzer uninteressant geworden. Sie flohen, und die Brücke blieb heil."

Franz Allkofer in Schwandorf mag sich auf solche Zufälle nicht verlassen und versucht, die Wache der Naabstraßenbrücke vom Unsinn ihres Vorhabens zu überzeugen, muß sich aber von einem Leutnant sagen lassen: „Bei uns zu Haus sind alle Brücken gesprengt, warum soll es bei euch anders sein?" Allkofer gibt sich damit nicht zufrieden, und schleicht sich an die Sprengladung heran. Zwei der Zündkabel schneidet er durch, das dritte übersieht er, so daß er letztlich vergebens ein Risiko eingegangen ist: Wenig später fliegt die Brücke in die Luft, einige der benachbarten Häuser werden von der Druckwelle und in die Luft gewirbelten Trümmern stark beschädigt.

Auch in anderen Orten wird der Versuch, die Brücken zu zerstören, nicht tatenlos hingenommen. In Dachelhofen, unmittelbar im Südwesten Schwandorfs, soll das Naabwehr beim Kraftwerk dem Zugriff der Amerikaner entzogen werden. Eugen Lederer bedient sich einer gewagten List: „Kurz nach meiner Rückkehr vom Kampfkommandanten Schwandorf ... war ein Offizier in Begleitung eines unteren SS-Dienstgrades in meiner Wohnung beim Kraftwerk erschienen. Er verstand nur wenig Deutsch. Unter Vorweisung einer Abschrift eines von Adolf Hitler unterschriebenen Erlasses vom 30.3.1945 gelang es mir, unter der ausdrücklichen Frage, ob er diese Unterschrift lesen könne, ihm einzureden, daß nach diesem Erlaß die Sprengung von Kraftwerksanlagen untersagt sei. Bei dem Schriftstück handelte es sich in Wirklichkeit um einen Durchführungserlaß zu dem nach Kriegsende unter dem Namen ‚Nero-Befehl' bekannt gewordenen Hitlerbefehl vom 19.3.1945, in dem u. a. die Zerstörung aller Industrie- und Versorgungsanlagen befohlen war." Der Ungar fällt auf die Finte herein, und „die bereits am Wehr angebrachte Sprengladung wurde tatsächlich wieder beseitigt."

Nicht nur die städtische, auch die ländliche Bevölkerung der Oberpfalz macht Schweres durch. Je nach der strategischen Bedeutung eines Dorfs – sei es, daß es auf der Vormarschroute der amerikanischen Truppen liegt, sei es, daß es sich in einer deutscherseits eingerichteten Verteidigungszone befindet – entscheidet es sich, ob ein Ort unbeschädigt aus dem Krieg hervorgeht oder schwer in Mitleidenschaft gezogen wird. Eine der Landgemeinden, die der Krieg in voller Härte trifft, ist Pattershofen bei Kastl, Kreis Neumarkt. Obwohl schon am Tag zuvor, dem 21. April, Ziel heftigen amerikanischen Artilleriebeschusses, räumt die Wehrmacht den Ort nicht. Der NSDAP-Ortsgruppenleiter, zugleich Dorfschulmeister, verlangt von den Bauern, daß sie aus Fichtenstämmen Panzersperren errichten. Als ob das etwas helfen würde! Die amerikanischen Panzer erreichen am 22. April Pattershofen mühelos über die umliegenden Wiesen, nachdem sie das Dorf zuvor sturmreif geschossen haben. Die sinnlose Verteidigung fordert Zerstörungen erheblichen Ausmaßes, von denen der Hof des Bauern Johann Schuller gleich zweimal betroffen ist: „Als der Samstagabend [21.4.] kam und die Kinder wegen des andauernden Beschusses weinten, holte ich einen Strohsack vom Dachboden und bettete die ganze Familie in den Keller. Plötzlich hörten wir einen furchtbaren Knall: Eine Granate schlug in das Treppenhaus, zerstörte die Treppe, sämtliche Türen und Fenster wurden herausgerissen und zertrümmert. Da der Stall im Hause war, wurde auch einer Kuh das Bein abgerissen."

Am nächsten Morgen ist das Unglück noch nicht ausgestanden: „Immer noch war Maschinengewehrfeuer vernehmbar. Ich war auf dem Weg zum Keller unseres Hauses, da hörte ich es von allen Seiten knistern und prasseln. Mit Ausnahme von einigen Häusern brannte alles im Dorf. Zwei Amerikaner kamen in den Stall mit der Frage, ‚ob deutsches Soldat da' sei. Dann befahlen sie, das Vieh aus dem Stall zu lassen. Danach stiegen sie auf den Dachboden und zündeten mein Haus an. Zum Glück fand das Feuer nicht viel Nahrung. Sobald die Amis aus dem Haus waren, fingen wir zu löschen an. Da die Scheune abgebrannt war, mußten wir um Heu und Stroh betteln gehen." So ergeht es nicht nur dem Bauern Schuller, viele andere Bewohner Pattershofens trifft dasselbe Los.

Vor einigen Tagen schon ist der Volkssturm von Schönthal, einer Gemeinde wenige Kilometer westlich von Waldmünchen einberufen worden. Die Hilfstruppe, die auch noch einige Männer aus Premeischl und Döfering umfaßt, ist vergleichsweise gut ausgerüstet: Für jeden Mann steht nicht nur eine Armbinde, sondern eine graugrüne Uniform zur Verfügung, pro Gewehr werden 15 Patronen ausgegeben – andernorts ist das Gewehr nach nur fünf Schuß gerade noch als Schlagwaffe verwendbar –, sogar einige Panzerfäuste und Handgranaten können aufgetrieben werden. Massive Baumstämme von mehr als einem halben Meter Duchmesser werden auf der Hofstatt in den Boden gerammt, mit robusten Querhölzern verstärkt und bilden ein zweieinhalb Meter hohes Hindernis. Tagsüber verbirgt man sich im Füchselholz, wenige hundert Meter vor Schönthal, und lauert dem Gegner auf, nachts biwakiert man im noch winterfeuchten Wald. Pfadfinder mochten das spannend finden, die Männer aber, von denen viele schon im Ersten Weltkrieg militärische Erfahrungen gesammelt haben, wissen, daß sie keine Chance haben, die Amerikaner am Einmarsch in ihr Dorf zu hindern. Und die paar Werwolf-Kämpfer, die sich im benachbarten Hetzmannsdorf zusammengefunden haben, würden die Amerikaner bestimmt nicht wieder aus ihren Dörfern herauswerfen. Das Schauspiel am Himmel, das sich den Volkssturmleuten täglich bietet, ist wenig ermutigend: Tiefflieger, die nach Widerstandsnestern Ausschau halten und auf die wenigen Bauern auf den Feldern feuern, wechseln sich ab mit Bomberstaffeln mit Kurs auf Pilsen, wo die Skoda-Werke Panzer produzieren. Auf den Straßen die Wehrmacht in endlosen Zügen Richtung Böhmen, wohin der Arm der Alliierten – von ihrer Lufthoheit auch hier abgesehen – noch nicht reicht. Aber Befehl ist Befehl: Schönthal wird verteidigt, und SS-Sturmführer Stör in Waldmünchen schickt seine Leute auf Motorrädern durch die Wälder, um die Einsatzbereitschaft des Volkssturms in den verstreuten Dörfern zu überwachen.

Plötzlich geht alles sehr schnell: Der erste amerikanische Panzerspähwagen steht unmittelbar vor Schönthal, sondiert die Lage und stößt bis zum Gendarmeriegebäude vor. Der Volkssturm, der am entgegengesetzten Ende von Schönthal postiert ist, hört, wie die Nachricht durchs Dorf gerufen wird und stürmt – nach Hause. Minuten später gibt es nur noch Zivilisten. Als dann ein schwerer Panzer, der von der anderen Seite her gekommen ist, die Sperre einzudrücken versucht, können die Volkssturmleute stolz auf ihre Arbeit sein, denn das Hindernis hält stand. Dem Befehl des amerikanischen Offiziers, die Sperre zu beseitigen, kommen die Dorfbewohner, die den Vorgang beobachtet haben, widerspruchslos nach, aber der Panzer fährt nicht nach Schönthal hinein, sondern dreht in Richtung Rötz um. Die nun folgende Zeit bis zur Besetzung ihres Dorfs will den Schönthalern nicht vergehen.

Neumarkt wird von Verteidigern aufgegeben. Die ungarische und die deutsche SS haben auf die Dauer gegen die amerikanische 65. Infanteriedivision keine Chance, die Stadt zu halten. Straße für Straße werden sie aus Neumarkt hinausgedrängt.

Neumarkt, Unterer Markt.

Die Frage, wieviele Verteidiger es denn nun waren, die so lange einen so unsinnigen wie hinhaltenden Widerstand geleistet haben, wird sich wohl nicht mehr klären lassen. Deutsche Quellen sprechen von 20 bis 70 Mann – dies erscheint jedoch in Hinblick auf eine Stadt von knapp 40 000 Einwohnern ziemlich unwahrscheinlich. Der „After Action Report", die Geschichte der 3. US-Armee, vermutet 300–400 Soldaten, eine Zahl, die die lange Dauer der Kämpfe eher zu erklären vermag. Sicher ist jedenfalls, daß keine Stadt der Oberpfalz, ausgenommen das Gebiet um Regensburg, so hartnäckig verteidigt worden ist wie Neumarkt – die amerikanische Quelle ist regelrecht verblüfft über den „verbissenen" und „ernsthaften Widerstand", auf den die 65. Infanteriedivision gestoßen ist.

Dem Kriegstagebuch des Oberkommandos der Deutschen Wehrmacht, das angesichts der Fülle von Ereignissen nur die wichtigsten nennt, ist Neumarkt gleich zwei Einträge wert.

Unter dem 22. April findet sich die Meldung: „Zwischen Neumarkt, in der Fränkischen Alb und dem Raum von Crailsheim scheiterten erneute Durchbruchsversuche der Amerikaner nach einigen Kilometern Bodengewinn am tapferen Widerstand unserer Truppen. Der Zusammenhang der Front blieb gewahrt." Auch eine Notiz vom folgenden Tag läßt erahnen, wie hart die Kämpfe um Neumarkt gewesen sein müssen, unabhängig davon, daß aufgrund der Unübersichtlichkeit der Lage Zweifel an der Datierung des erwähnten Vorfalls angebracht sind: „Südlich und südöstlich von Nürnberg warfen Truppen des Heeres und der Waffen-SS vorgeprellte amerikanische Abteilungen zurück, nahmen die Stadt Neumarkt wieder und hielten sie gegen alle Angriffe." Der darauf folgende Verlust der Stadt hat dann keinen Nachrichtenwert mehr.

Noch die kleinsten Dörfer werden vom Krieg eingeholt, so auch Pottenstetten, eine Gemeinde von knapp 300 Einwohnern unweit Burglengenfelds. Von Bürgermeister Lautenschlager stammt folgender Bericht der Geschehnisse an jenem Sonntagnachmittag: „Den ganzen Nach-

Neumarkt, Klostergasse.

mittag zogen Soldaten aus aufgelösten Truppenteilen in wildem Durcheinander, Infanterie und Artillerie mit einigen Geschützen, dazwischen Soldaten auf requirierten Bauernwagen und Pferden durch das Dorf. Die Soldaten machten einen erschöpften Eindruck und baten um ein Stück Brot und einen Trunk Wasser oder Milch. MG-Feuer aus Richtung Schmidmühlen kündete das Nahen amerikanischer Truppen an, deren Panzer in Richtung Burglengenfeld durch das Gemeindegebiet rollten. Die MG-Schützen, auf ihren Panzern stehend, feuerten unausgesetzt. Widerstand wurde nicht mehr geleistet. Die Amerikaner rollten ohne Halt in Richtung Burglengenfeld, versprengte deutsche Soldaten suchten sich in letzter Minute in die Wälder beiderseits der Vormarschstraße zu retten oder versteckten sich in Scheunen und Schuppen, nachdem sie Waffen und Gasmasken weggeworfen hatten."

Kallmünz wird von Pionieren der Wehrmacht auf seine Verteidigung vorbereitet, indem an den Zufahrtsstraßen Panzersperren errichtet werden. Einige Bürger versuchen diesen Plan zu durchkreuzen und hissen vorsorglich eine weiße Fahne auf dem Kirchturm. In beispielloser Brutalität droht daraufhin die Wehrmacht an, den Markt selbst mit Artillerie zu beschießen, wenn nicht binnen kurzem die Fahne eingezogen würde. Niemand zweifelt an der Entschlossenheit des Kommandanten der fanatischen Verteidiger, weshalb man es vorzieht, den sicheren Beschuß durch die eigene Truppe zu vermeiden und darauf zu hoffen, daß es nicht zur Schlacht um Kallmünz kommen werde.

Kallmünz, von deutschen Soldaten gesprengte Naabbrücke mit Blick auf Marktplatz und Rathaus.

Als es Nacht geworden ist, brennt es im Markt – die große Mulz des ehemaligen Gemeindebrauhauses steht in Flammen. Dies ist aber – nach dem Vorangegangenen wundert sich niemand mehr – nicht das Werk der amerikanischen Panzer, die bereits auf den Anhöhen im Nordwesten von Kallmünz Position bezogen haben: Ohne Wissen der Bevölkerung hat das Militär während der letzten Wochen in dem Gebäude ein Lebensmittellager angelegt; damit die Vorräte nicht den Amerikanern zufallen, hat sich der Lagerinspekteur kurzerhand entschlossen, die Mulz anzustecken. Die Kallmünzer sind erbittert, es wäre Zeit genug gewesen, die dringend benötigten Nahrungsmittel unter der Bevölkerung aufzuteilen. Zudem geht nicht nur militärisches, sondern auch Gemeindeeigentum in den Flammen auf, denn sämtliche Schulmöbel sind in die Mulz ausgelagert worden. Bei den Löscharbeiten macht sich der Ortskommandant Alois Herrmann verdient, der mit einigen Männern und Frauen wenigstens einen Teil der Lebensmittel retten kann. Allzuviele Kallmünzer freilich wagen es nicht, sich am Löschen zu beteiligen, denn man weiß ja nicht, wie lange es noch dauert, bis die Beschießung des Orts einsetzt.

Die Reste der Mulz rauchen noch, da bekommt die Feuerwehr schon wieder zu tun. Und wieder sind nicht die Amerikaner die Urheber des Unglücks, sondern die deutschen Verteidiger. Gleich zwei Brücken, die schon seit langem für die Sprengung vorbereitet wurden, sind in die Luft gejagt worden: zuerst die über die Vils, dann jene über die Naab. Ganz Kallmünz wird durch die Wucht der Detonation erschüttert, doch die Sprengung hat noch schlimmere Folgen: Das Rathausdach wird völlig abgedeckt, Kirchenfenster gehen zu Bruch, die Häuser des Gastwirts Karl Knauer und des Kaufmanns Michael Knauer werden besonders hart getroffen. Kennzeichnend für die Perfidie der Wehrmachtseinheit, von der Kallmünz heimgesucht wird, ist, daß die Sprengung nicht angekündigt wird. Die Möglichkeit von Todesopfern unter der Bevölkerung des Orts wird hingenommen.

Am Vortag sind die Amerikaner in Breitenbrunn eingerückt, heute löst eine Besatzungseinheit die Kampfgruppe ab. Als erstes requirieren sie, wie sonst auch, Quartiere, und zwar das Schulhaus sowie drei Gaststätten; das Kaufhaus Schneeberger wird Sitz der Kommandantur. Für jedermann sichtbar wird als nächstes die Proklamation Nr. 1 Dwight D. Eisenhowers am Markt ausgehängt. Diese „An das deutsche Volk“ adressierte Bekanntmachung des Obersten Befehlshabers der alliierten Streitkräfte wurde in sämtlichen Orten unmittelbar nach ihrer Besetzung veröffentlicht:

„I. Die Alliierten Streitkräfte, die unter meinem Oberbefehl stehen, haben jetzt deutschen Boden betreten. Wir kommen als ein siegreiches Heer, jedoch nicht als Unterdrücker. In dem deutschen Gebiet, das von Streitkräften unter meinem Oberbefehl besetzt ist, werden wir den Nationalsozialismus und den deutschen Militarismus vernichten. ... Führer der Wehrmacht und der NSDAP, Mitglieder der Geheimen Staats-Polizei und andere Personen, die verdächtigt sind, Verbrechen und Grausamkeiten begangen zu haben, werden gerichtlich angeklagt und falls für schuldig befunden, ihrer gerechten Bestrafung zugeführt. ... – II. Die höchste gesetzgebende, rechtsprechende und vollziehende Machtbefugnis und Gewalt in dem besetzten Gebiet ist in meiner Person als Oberster Befehlshaber der Alliierten Streitkräfte und als Militärgouverneur vereinigt. ... Alle Personen in dem besetzten Gebiet haben unverzüglich und widerspruchslos alle Befehle und Veröffentlichungen der Militärregierung zu befolgen. ... Widerstand gegen die Alliierten Streitkräfte wird unnachsichtig gebrochen. ... – III. Alle deutschen Gerichte, Unterrichts- und Erziehungsanstalten innerhalb des besetzten Gebietes werden bis auf weiteres geschlossen. ...“

In Breitenbrunn ist von den politischen Säuberungen der Alliierten zunächst nur Bürgermeister Johann Gailer betroffen. Als sein Nachfolger wird Albert Geitner eingesetzt. Nun sind die üblichen Maßnahmen bekanntzumachen, also die Herausgabe von Waffen und optischen Geräten zu fordern. Also geht der Gemeindediener Schüttlohr – um Breitenbrunn hat der technische Fortschritt einen Bogen gemacht – durch die Straßen und Gassen des Markts, läutet mit seiner Handglocke, damit sich die Fenster öffnen, und verliest die Botschaft der Amerikaner. Unter anderem wird auch der Volkssturm zur Kommandantur bestellt. Doch die Männer haben nichts zu befürchten, sie werden lediglich angewiesen, die von der SS errichtete Panzersperre zu demontieren. Nicht nur vier Amerikaner in Jeeps, sondern auch die Einwohner, die Leiter-

Regensburg, das Gartencasino Theresienruhe vor der Zerstörung.

wägen dabei haben, begleiten den Volkssturm bei seinem – übrigens ersten und letzten – Einsatz, denn jeder kann etwas von dem wertvollen Holz der Panzersperre brauchen. So geht Breitenbrunn – sieht man von der Beschädigung seiner Kirche ab – unzerstört aus dem Krieg hervor.

Am Abend hält Gauleiter und Reichsverteidigungskommissar Ludwig Ruckdeschel eine Rede im Capitol am Arnulfsplatz, die auch im Rundfunk zu hören ist. „Regensburg wird verteidigt bis zum letzten Stein", kündigt er dem fassungslosen Publikum an. „Je schlimmer die Not, um so fanatischer müssen wir sein, weil es immer um Deutschland geht. Die Parole für Regensburg lautet: Nicht schwach sein, nicht feige werden, nicht kapitulieren."

Nachdem er mit diesen Worten die Bevölkerung aufgeschreckt hat, begibt sich Ruckdeschel wieder in die Gauleitung, die seit einigen Tagen in Schloß Haus bei Neueglofsheim ihren Sitz hat: weit genug vom Schuß und doch nahe genug, um erbarmungslos jeden verfolgen zu können, der Anzeichen von Kriegsmüdigkeit zu erkennen gibt.

Montag, 23. April 1945

Der Kampf um Berlin wird mit aller Härte ausgetragen. Am 16. April hatte die Rote Armee, ausgehend von ihrem Oderbrückenkopf bei Küstrin, zu dem lange erwarteten Vormarsch auf

Regensburg, das zerstörte klassizistische Gartencasino Theresienruhe.

die Hauptstadt angesetzt. Am 21. April verläßt eine Wagenkolonne mit NS-Prominenz die beinahe schon eingeschlossene Stadt in Richtung Westen, darunter Hermann Göring, der zweite Mann im Staat. Das Kriegstagebuch des Oberkommandos der Wehrmacht verklärt die verzweifelte Lage: „Der Führer hat ... den Befehl über alle zur Verteidigung Berlins angetretenen Kräfte übernommen. Der Führer weilt in der Reichshauptstadt. Diese Tatsache gibt dem Ringen um Berlin das Gepräge eines Kampfes von europäischer Bedeutung. Alle Verteidiger der Reichshauptstadt sind jetzt nur noch von dem Willen beseelt, den bolschewistischen Todfeind, wo er immer auftaucht, vernichtend zu schlagen."

Von Berchtesgaden aus, wohin er sich abgesetzt hat, versucht Göring seinen Führer noch zu Lebzeiten zu beerben: Der 1941 zum Nachfolger Hitlers bestimmte Reichsmarschall fragt telegraphisch an, ob er – „mit voller Handlungsfreiheit nach innen und außen" – die „Gesamtführung des Reiches übernehmen" solle, da die Handlungsfähigkeit der nationalsozialistischen Führung in Berlin nicht mehr gegeben sei. Göring wird postwendend seiner Ämter enthoben, verhaftet und entgeht nur angesichts seiner „Verdienste" der Hinrichtung durch die SS.

Flossenbürg, der Ort, dessen Name unauflöslich mit dem benachbarten Konzentrationslager verbunden ist, ist seit dem Vortag weiß beflaggt und wird morgens um zehn Uhr von seinem Bürgermeister übergeben. Ein Angehöriger des Volkssturms meint, Widerstand leisten zu müssen, und büßt seinen Fanatismus mit dem Tod. Die politische Säuberung wird hier besonders rigide durchgeführt, der Bürgermeister wird unmittelbar nach dem Einmarsch der Amerikaner

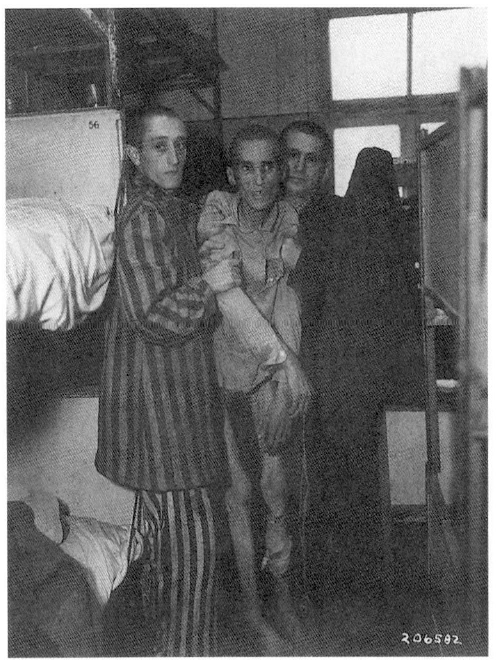

Konzentrationslager Flossenbürg nach der Befreiung: ein 23jähriger tschechischer Häftling.

Ein befreiter Häftling zeigt einem Offizier der 97. US-Division den Ofen im Krematorium, in dem die getöteten Häftlinge verbrannt wurden.

ins Internierungslager Moosburg überstellt, der Ortsgruppenleiter der NSDAP ebenfalls. Neuer Bürgermeister wird der Ingenieur Schmid, der bei der DEST beschäftigt ist. Die Befürchtungen der Flossenbürger, daß die Häftlinge an ihnen Rache üben würden, sind – von einzelnen Plünderungen abgesehen – grundlos.

Mit der Befreiung des Konzentrationslagers Flossenbürg erlangt das 358. Regiment der 90. Infanteriedivision des XII. amerikanischen Korps den Ruhm, das wohl dunkelste Kapitel in der Geschichte der Oberpfalz abgeschlossen zu haben. Militärischer Widerstand muß nicht gebrochen werden, denn seit dem 20. April sind die letzten Wachmannschaften mit den transportfähigen Häftlingen nach Dachau unterwegs; um so schwerer ist die psychische Belastung für die GIs und Offiziere, die mit der grauenhaften Hinterlassenschaft der SS konfrontiert sind. 1625 Häftlinge, viele darunter zu Skeletten abgemagert und dem Tod nah, sind noch im Lager. Stapel von Leichen verbreiten einen Geruch, der die Soldaten in ihren Träumen heimsuchen wird – ein fassungsloser Offizier schreibt: „Es ist der Geruch, der den Besuch eines Todeslagers tatsächlich zur Realität macht. Der Geruch und der Gestank der Toten und der Sterbenden. Der Geruch und der Gestank der Hungernden. … Ich kann noch immer die Leichen riechen, die wir vom Flossenbürger Todesmarsch gefunden haben."

Andere Soldaten flüchten sich in betonte Untertreibung: „Ich war ein Jeepfahrer für Colonel Mason. Wir begleiteten General George Patton und seinen Stab durch das Lager Flossenbürg, gleich nachdem es eingenommen war. Ich sah Haufen verbrannter Kleidung mit ver-

Das Konzentrationslager Flossenbürg nach der Befreiung.

Konzentrationslager Flossenbürg: tote jüdische, französische und russische Häftlinge, die wegen der Evakuierung des Lagers nicht mehr verbrannt worden sind.

Nähe Weiden: Soldaten der 97. US-Infanteriedivison exhumieren Leichen von Häftlingen, die bei einem der Todesmärsche im Zuge der Evakuierung des Konzentrationslagers Flossenbürg erschossen worden sind.

brannten Fußteilen, die noch in den Hosenbeinen steckten. Es war ein nicht sehr angenehmer Anblick."

Die Euphorie der Häftlinge entzieht sich jeder Beschreibung, auch durch die Befreiten selbst. Als die Amerikaner das KZ-Gelände betreten, sitzt der tschechische Lagerinsasse Emil Lešák gerade in der Häftlingsschreibstube an einem Bericht über seine Zeit in Flossenbürg. Plötzlich hört er draußen Lärm – er steht auf, geht zum Fenster, sieht die GIs und will hinaus zu ihnen. Zuvor aber kehrt er zum Tisch zurück und hackt noch schnell in die Schreibmaschine: „Jetz muss ich unterbrechen, die Befreier sind da!!!!!!! es ist der 23.4.45 10.50 Uhr!!!!!!" Mit diesen dreizehn Ausrufezeichen wirft er alle Last von sich, begrüßt die Amerikaner und fährt kurz danach, als ob nichts geschehen sei, mit seinen Aufzeichnungen fort: „Ich habe den bereits gehaltenen Schild aufgehangen: Prissoners Happy End – VELCOME. – und sofort die ersten Anweissungen bezüglich versteckten Waffen gegeben. Ein Leutnant mit 4 anderen Soldaten haben alles betrachtet und jetzt kann ich weiterschreiben."

Zum Feiern ist in der Tat keine Zeit. Die meisten Häftlinge benötigen dringend Nahrung und ärztliche Versorgung. 400 von ihnen verbringen die erste Nacht nach der Befreiung in eilends errichteten Notlazaretten. Der Bericht der US-Einheit konstatiert eine erhebliche Ausbreitung von Infektionskrankheiten und eine katastrophale hygienische Situation: „Der Gesundheitszustand ist schlecht. 186 Fälle von Typhus im Endstadium, 98 TBC, 2 Diphterie, 2 Malaria und andere Krankheiten. Das gesamte Gelände ist verlaust. Im Leichenhaus zum Zeitpunkt der Inspektion 60 bis 80 Leichen." Um die weitere Ausbreitung der Seuchen zu verhindern, müssen die Häftlinge unter Quarantäne gestellt werden – bis sie wirklich frei sind, wird es noch dauern.

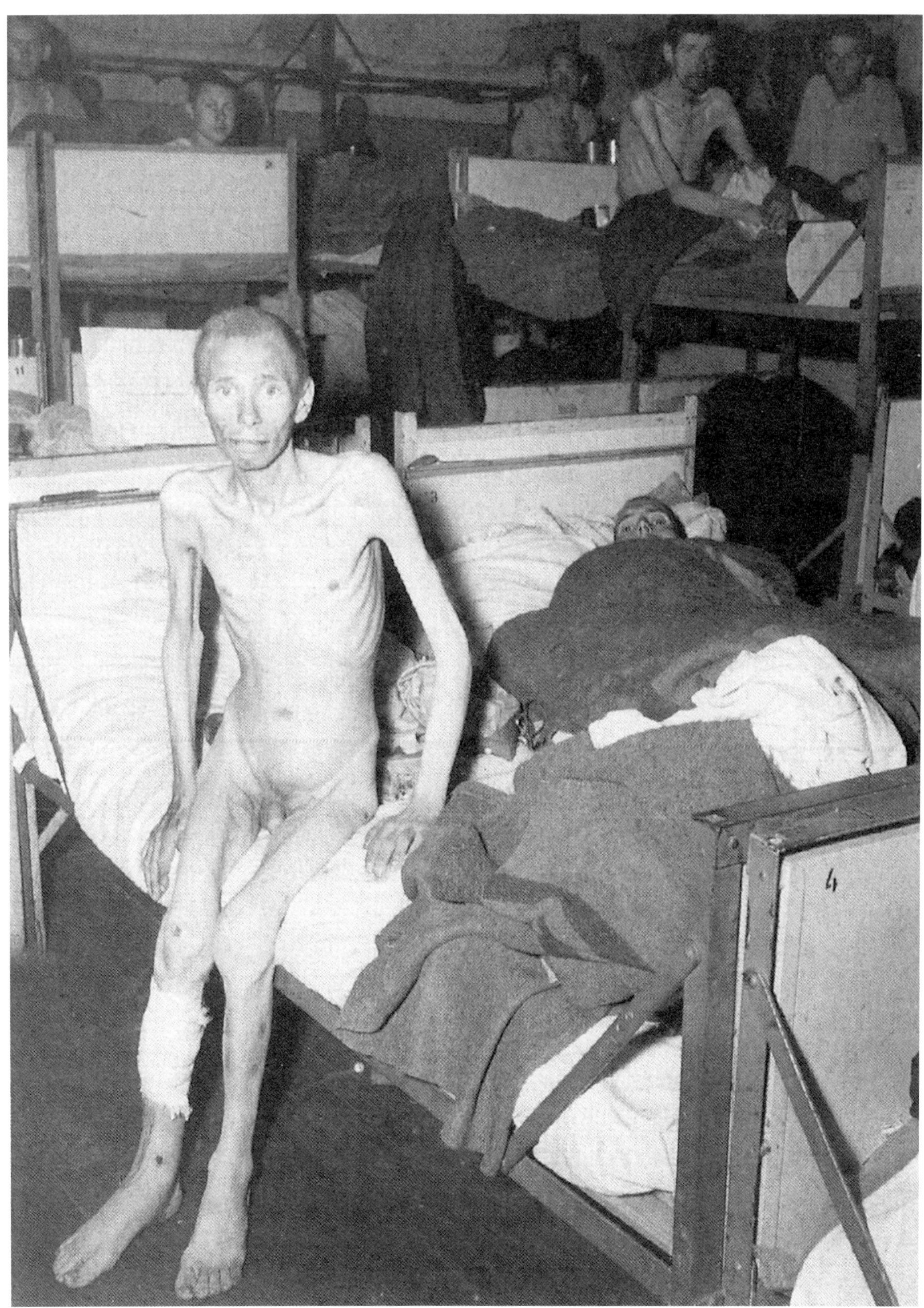

Konzentrationslager Flossenbürg, ein befreiter Häftling.

Wernberg atmet auf. Das amerikanische Regiment, das unmittelbar nach der Übergabe des Orts am Vortag die Befehlsgewalt übernommen hat, ist bei weitem nicht so furchterregend, wie man es sich ursprünglich, von der nationalsozialistischen Propaganda beeinflußt, vorgestellt hat. Der Bürgermeister wird abgesetzt – provisorischer Gemeindevorsteher ist nun der Wirt des Gasthauses zum Bären, Dotzler –, weitere Entnazifizierungsmaßnahmen erfolgen für den Augenblick nicht. Die Pfarrei wird mit Lebensmitteln beschenkt, wie Johann Eindorfer dankbar berichtet. Auch hebt man die Ausgangssperre im Fall des Pfarrers immer wieder auf, damit dieser Krankenbesuche machen und seinen anderen seelsorgerischen Verpflichtungen nachgehen kann. Gewiß, es ist ein Geben und Nehmen, das die Amerikaner in Wernberg praktizieren; insbesondere die deutsche Uhrmacherkunst hat es ihnen so sehr angetan, daß die Bevölkerung „USA" als Kürzel für „Uhren stehlen's a" deutet, aber von schlimmeren Übergriffen ist nicht zu berichten.

Die unkonventionellen Methoden, mit denen die Amerikaner Probleme angehen, versetzen die Einheimischen ein ums andere Mal in Erstaunen: Eine Straßenenge, die die Panzer bei der Durchfahrt behindert, wird durch Sprengung zweier vorspringender Häuserecken beseitigt, eine Planierraupe räumt den Schutt anschließend den Eigentümern in die Einfahrt ihrer Anwesen. Eine Art Kulturschock erlebt Pfarrer Eindörfer, der einen GI bei der Regelung des Verkehrs an einer Kreuzung vor dem Kaufhaus Sir beobachtet: „Wir waren es gewohnt von deutschen Soldaten, daß sie solchen Dienst in einer strammen Haltung durchführten. Einem Amerikaner war das lange Stehen an der Kreuzung zu beschwerlich und langweilig. Er setzte kurzerhand seinen Helm auf die Straße, setzte sich darauf und dirigierte in dieser Haltung den Verkehr." Unfaßbar!

Hahnbach, das am Tag zuvor von den Amerikanern eingenommen worden war, ist immer noch in Angst, obwohl die Kämpfe vorüber sind: Um die zwanzig Russen, die im Zuge der Einnahme Sulzbach-Rosenbergs aus dem dort befindlichen Gefangenenlager freigekommen waren, plündern, mit Messern bewaffnet, den Markt. Unter anderem brechen sie auch in die Pfarrei ein. Die Amerikaner, die am selben Tag in der Knabenschule ihre örtliche Kommandantur einrichten, lassen sie gewähren.

Beginn der Nachkriegszeit in Amberg: In aller Frühe wird der Keller, in dem Bürgermeister Regler und viele andere genächtigt haben, aufgeschlossen und das Stadtoberhaupt ins Rathaus zitiert. Die Übergabeurkunde wird unterzeichnet, dann wird Regler eröffnet, daß er von nun an gegenüber der amerikanischen Militärregierung weisungsabhängig sei und diese bei der Durchführung ihrer Anordnungen zu unterstützen habe. Nach einer Stunde ist das Wesentliche besprochen, und Regler wird von einem GI nach Hause gefahren.

Weniger korrekt werden die nun einbestellten Vertreter der Amberger Polizei behandelt: Bevor auch nur ein Wort gefallen ist, reißt man ihnen die Hoheitsabzeichen von der Kleidung und entwaffnet sie, auch setzt es den einen oder anderen Fußtritt. Daraufhin wird ihr Chef Jakob Stein ins Zimmer des amerikanischen Stadtkommandanten vorgelassen und über seine Pflichten instruiert. Unter anderem hat er dafür zu sorgen, daß die gesamte Amberger Polizei ihre Uniformen ablegt und die Männer stattdessen mit einer weißen Armbinde kenntlich gemacht sind. Ferner wird Stein damit beauftragt, die Einhaltung der Ausgangssperre für die Bevölkerung, die zunächst von 20 Uhr bis 6 Uhr angesetzt ist, zu überwachen. Besonders dringlich ist dem Stadtkommandanten, daß die Polizei sämtliche NSDAP-Insignien von den Gebäuden und öffentlichen Plätzen entfernt.

Aber nicht nur für die Bewohner Ambergs ist das Ende des Nationalsozialismus gekommen: Für die – großenteils politischen – Gefangenen des Zuchthauses, unter anderem Widerstandskämpfer aus den besetzten Ostgebieten, endet ein unsagbares Martyrium, das aus Isolationshaft, Folterungen, auch Zwangssterilisierungen sogenannter „erbkranker“ Strafgefangener bestand. Zum Schluß waren ungefähr 2000 Häftlinge in dem Gebäudekomplex unter katastrophalen Bedingungen zusammengepfercht. Einige Mitglieder der Gefängnisleitung sollen nach der Befreiung der Strafanstalt ihrer absehbaren Aburteilung durch die Amerikaner durch Selbstmord zuvorgekommen sein.

Noch am selben Tag beginnen ausländische Zivilarbeiter und freigekommene Kriegsgefangene, die Geschäfte und Häuser Ambergs zu plündern. Die Polizei ist machtlos, da sie ja keine Waffen mehr trägt. Jakob Stein ersucht Leutnant Street, den amerikanischen Sicherheitsoffizier, darum, daß die Militärpolizei eingreift, was dieser ihm zusagt, aber zunächst nicht einhält. Zwei Tage später erst erhält der Amberger Polizeichef zwei Militärpolizisten zugeteilt, die allerdings nicht sonderlich engagiert gegen die Plünderer vorgehen. Zupackender ist die Militärregierung gegenüber der Zivilbevölkerung: Wer die Sperrzeit nicht einhält, ohne Papiere angetroffen wird oder sich dem Kasernengelände genähert hat, muß in den meisten Fällen eine Haftstrafe verbüßen.

Heute endet die Tragödie von Neumarkt. Nach letzten Scharmützeln in den südlichen Außenbezirken, insbesondere in der Bahnhofstraße, hat die 65. US-Infanteriedivision die Stadt fest im Griff. Sieben Tage haben die Kämpfe gedauert, doch neues Unheil beginnt: Die Amerikaner, erzürnt über die Verluste, die sie hinnehmen mußten, geben die Stadt zur Plünderung frei. Die befreiten Kriegsgefangenen und Zwangsarbeiter, die nach Neumarkt hereinströmen, eignen sich so viel an, wie sie nur irgend fortschleppen können. Aber nicht nur sie: Auch Einheimische und Bauern aus der Umgebung, diese gleich mit Fuhrwerken, beteiligen sich an den Raubzügen, die Neumarkts Bewohner in noch größeres Elend stürzen.

Die langsam zurückkehrende Bevölkerung trifft eine gespenstische Szenerie an: Ruine neben Ruine, Giebelwände, hinter denen kein Dachstuhl mehr ist, Fassaden, deren gähnende Löcher einmal Fenster waren, die Straßen so sehr mit Trümmern übersät, daß oft erst ein Weg freigeräumt werden muß. Nicht nur tote Soldaten, auch Bürger der Stadt liegen noch ungeborgen auf den Straßen; der Buchhändler Josef Gruner wird leblos am Eingang zum Höpflsteg gefunden. Ohne sie auch nur zu verhüllen, sammelt der städtische Fuhrknecht Pröbster die Leichen auf einem Wagen und bringt sie zum städtischen Friedhof.

Die Nahrungsmittelversorgung ist zusammengebrochen. Gerade noch zwei Bäcker liefern Brot, dieses aber von miserabler Qualität: Das Getreide stammt aus den Restbeständen, die der Brand des Lagers am Galgenberg nicht erfaßt hat – selbst nach dem Backen haftet der beißende Rauchgeruch, der das Getreide befallen hat, noch dem Brot an.

Entgegen ihrer sonstigen Gepflogenheit, die Kinder der besetzten Städte mit Schokolade und anderen Süßigkeiten zu beschenken, halten die Amerikaner in Neumarkt die Taschen verschlossen, was allerdings nach den erbitterten Kämpfen nicht verwundert. Nicht eine Krume gönnen sie der hungernden Bevölkerung. Walter Weinberger erinnert sich: „Ende April stand etwa ein Dutzend Buben zwischen sechs und vierzehn Jahren um die Soldaten herum, die ihre

Neumarkt, Unterer Markt.

Proviantbüchsen – zum Teil nicht einmal halb – leerten und dann auf einen Haufen warfen. Sie zu nehmen, war nicht erlaubt. So hofften wir, daß nach dem Essen der GIs die Büchsen unbeaufsichtigt liegen bleiben würden; für uns hungrige Buben eine herrliche ‚Beute'! Als die Soldaten gegessen hatten, ging einer weg, holte einen Benzinkanister, überschüttete die Büchsen und zündete sie an – aus unser Traum von einem bißchen Essen."

Manche Jugendlichen wissen sich indes zu helfen: Am Weißmarter verstecken sie sich in den Büschen und warten die Lastwagenkonvois ab, die sich den steilen Berg hinaufquälen. Den letzten Wagen entern sie, werfen, was sie brauchen können, auf die Straße, springen wieder ab und rennen zu den Kameraden ins Gebüsch, die unterdessen alles aufgelesen haben. Gelegentlich wird freilich einer der jugendlichen Wegelagerer bemerkt und dann unnachsichtig bestraft.

Die Maßnahmen, die gegenüber der Bevölkerung ergriffen werden, fallen nicht härter als anderswo aus. Bürgermeister und Landrat werden ausgewechselt, neues Stadtoberhaupt wird der Sozialdemokrat Max Auer. In das Lager, in dem ursprünglich russische Kriegsgefangene untergebracht waren, ziehen gefangene deutsche Soldaten ein. Als bemerkenswerte pädagogische Maßnahme verpflichten die Amerikaner hauptsächlich die aktiven NSDAP-Mitglieder, die geschätzten 200 000 Kubikmeter Schutt, für die sie ja letztlich verantwortlich sind, abzutransportieren.

Neumarkt muß die Fehleinschätzung der militärischen Möglichkeiten seiner Verteidiger bitter büßen: 521 von 573 innerhalb der Stadtmauern gelegenen Anwesen sind völlig zerstört, unter anderem die noch intakte Synagoge der bis 1940 bestehenden jüdischen Gemeinde. Ausgerechnet der Gasthof „zum Hechten" jedoch, das Geburtshaus von Dietrich Eckart, Anfang der zwanziger Jahre einer der Mentoren Hitlers und Dichter der nationalsozialistischen Be-

Neumarkt, Unterer Markt.

wegung, bleibt unversehrt. Von insgesamt 1 554 Häusern, die im Jahre 1939 im Stadtgebiet Neumarkts standen, überdauern nur 698 den Krieg; von den 11 076 Wohneinheiten zu Kriegsbeginn sind 5 575 vernichtet oder zumindest unbewohnbar. Nicht geringer betroffen ist die Industrie: Die weltbekannte Bleistiftfabrik Eberhard Faber – übrigens in amerikanischem Besitz – ist schwer beschädigt, die meisten kleineren Industriebetriebe der Stadt ebenso.

Ebenso schwerwiegend wie dieser immense Verlust von Wohnraum und Arbeitsplätzen ist die Vernichtung historisch wertvoller Bausubstanz. Dabei ist es nicht nur die Zerstörung so bedeutender Gebäude wie des Rathauses aus dem 15. Jahrhundert, des spätgotischen Syndikatsgebäudes in der Klostergasse, des Modlerturms und des Daxenturms in der Schwesterhausgasse, die das Stadtbild hervorstechender Akzente beraubt hat. Ebenso nachhaltig war Neumarkt von den Bürgerhäusern aus Spätgotik und Renaissance am Oberen und Unteren Markt geprägt, die – als Ensemble wirkend – den Reiz der Stadt wesentlich mitbestimmten und nun verwüstet sind.

Und noch viel mehr hätte unwiederbringlich verloren gehen können: so die Hofkirche, die schwere Granattreffer erhielt und, lange brennend, von den Einwohnern der Stadt zusammen mit den eben einmarschierten Amerikanern gerade noch gelöscht werden konnte. Hätte es der Zufall nicht verhindert, wäre auch die katholische Stadtpfarrkirche der Feuersbrunst zum Opfer gefallen. Dach und Turm brannten schon, das Feuer fand aber nicht genug Nahrung und erlosch von selbst, so daß das Innere dieser Kirche weitgehend erhalten blieb.

Das Feuer, das die Wallfahrtskirche Maria Hilf heimsuchte, entwickelte eine so starke Hitze, daß die Turmglocken schmolzen. Auch anderes Kulturgut ist dem Inferno zum Opfer gefallen, so Stadtarchiv, Pfarrarchiv und die Sammlungen des Historischen Vereins, die im Rathaus untergebracht waren. Nach Kriegsende schreibt der Landrat der Stadt, Dr. Ernst Meier: „Es gibt

Neumarkt, Obere Marktstraße: Der Photograph hat vermutlich die Plünderung eines Gebäudes festgehalten.

vielleicht in keiner der vielen großen und kleinen Städte Deutschlands, die im Laufe des Krieges in Trümmer sanken, eine Hauptstraße, die so völlig der Furie des Krieges zum Opfer gefallen ist, als gerade der Markt von Neumarkt."

Den Landkreis hat es ebenfalls hart getroffen: Von 70 Gemeinden haben 30 schwere Schäden hinnehmen müssen – 108 Bauernhöfe sind völlig abgebrannt. In der Gemeinde Loderbach, Ortsteil Richtheim, hat die SS sogar selbst ein Gebäude angezündet, vermutlich wegen „Defätismus" seiner Bewohner. So nehmen Stadt und Landkreis Neumarkt – weit vor Regensburg – nicht nur in der Oberpfalz, sondern in ganz Bayern eine traurige Spitzenstellung in bezug auf Kriegszerstörungen ein. Hitlers Versprechen: „Ihr werdet eure Städte nicht mehr wiedererkennen" hat sich für Neumarkt in einer makabren Weise erfüllt.

Erst am Vorabend hatte die 71. US-Infanteriedivision Amberg besetzt, am Morgen die Stadt offiziell übernommen und doch stehen mittags schon ihre Spitzen, von Westen her kommend, dicht vor Schwandorf. Dieses rasante Vormarschtempo war von der Führung des XX. Korps angeordnet worden, wie es im Divisionsbericht heißt: „Neue Korpsinstruktionen befahlen, den Vormarsch der Division zu beschleunigen, kleine Widerstandsnester des Feindes zu umgehen und ihre Bereinigung der Korpsreserve zu überlassen. Aufgrund dieser Anweisungen nahm man Abstand davon, alle Wälder und Häuser sorgfältig abzusuchen." Mit der Einnahme

Schwandorf, Wöhlerstraße.

Schwandorfs ist die Kontrolle über eine wichtige Hauptverkehrsstraße der Oberpfalz gewonnen, was sich für den weiteren Vormarsch Richtung Regensburg natürlich günstig auswirkt.

Ein Spähtrupp pirscht sich gegen 13 Uhr zum Bahnhofsgelände vor und erfährt vom Bahnhofsvorsteher, daß die Verteidigung der Stadt nicht beabsichtigt sei. Daraufhin richten Pioniere die nur teilweise zerstörte Eisenbahnbrücke provisorisch her, um den Panzern die Überfahrt zu ermöglichen, und bauen für die Soldaten eine Pontonbrücke über die Naab.

Kurz nach 14 Uhr, die Amerikaner sind noch nicht in Schwandorf eingerückt, befestigt eine Frau ein weißes Laken an ihrem Haus. Dies hätte sie noch im letzten Augenblick das Leben kosten können, denn einige versprengte ungarische SS-Soldaten ziehen noch durch ihre Straße. Diese begnügen sich dann aber mit einigen Warnschüssen und sofort ist die Fahne verschwunden.

Am späteren Nachmittag steht ein Bataillon des 5. US-Infanterieregiments auf der Fronberger Straße, zugleich haben sich amerikanische Panzer auf dem Weinberg formiert. Ein Schuß wird abgegeben, um zu prüfen, ob sich nicht doch Gegenwehr bemerkbar macht, aber nichts rührt sich. Ein Spähtrupp sichert das Gebiet hinter der Panzersperre und berichtet nach seiner Rückkehr, daß er nichts bemerkt habe außer einem Zivilisten mit einer weißen Fahne, der den Einmarsch des Regiments erwarte. Es ist der Fabrikant Franz Allkofer, der am Tag zuvor versucht hatte, die Sprengung einer Naabbrücke zu verhindern und sich auch heute wieder um

Schwandorf, Bahnhofsgelände.

seine Stadt verdient macht. Während die Amerikaner, nun völlig sicher, daß sie auf keinen Widerstand stoßen, Schwandorf besetzen, füllen sich die eben noch ausgestorbenen Straßen, und die Häuser werden beflaggt.

In einem der ersten Jeeps sitzt Captain Warren E. Morell, dem Bürgermeister Oskar Fürst die Stadt offiziell übergibt. Morell verlangt, daß alle wehrfähigen Männer sich auf dem Marktplatz versammeln und dort die Nacht verbringen müssen, damit sich nicht unbemerkt Widerstand organisieren kann. Alle anderen Maßnahmen bleiben im Rahmen des Üblichen.

In Neunburg vorm Wald zeigt der Bürgermeister Courage. Die Stadt überdauert den Krieg ohne jegliche Zerstörung. Auf die wenigen Male, da – das erste Mal zu Beginn des Jahres 1945 – Fliegeralarm gegeben werden muß, folgen keine Angriffe, denn die östlich von Schwandorf gelegene Kleinstadt ist kein lohnendes Ziel für die alliierten Bomberverbände. Nun aber droht die Beschießung der Stadt, denn eine SS-Einheit hat sich einquartiert und einen Militärlastwagen vor dem Rathaus abgestellt, der deutlich von den umliegenden Bergen her sichtbar ist und auf Truppenpräsenz hinweist. Am Morgen noch ist der Einmarsch der 11. US-Panzerdivision zu erwarten, und so sucht Bürgermeister Meierhofer den SS-Kommandanten auf, um ihn zu bewegen, seine Soldaten aus der Stadt zu entfernen. Dieser jedoch bekräftigt seine Absicht, Neunburg zu verteidigen, schließlich habe ja auch der Volkssturm eine Panzersperre in der Senke am Weinberg errichtet. (Was er allerdings nicht weiß: Einige Neunburger haben auf einem Geheimtreffen beschlossen, denjenigen zu erschießen, der den Befehl zur Verteidigung ihrer Stadt gibt.) Meierhofer wiederum läßt sich nicht einschüchtern und trägt sein Verlangen

Schwandorf, Bahnhofsgelände.

so hartnäckig vor, daß der SS-Kommandant schließlich ein Einsehen hat und mit seinen Männern die Stadt verläßt.

Gerade noch rechtzeitig, denn die Panzer der 11. Division und die Soldaten der 26. US-Infanteriedivision sind nicht mehr weit von der Stadt entfernt. Die Vorhut bringt ihre Panzer bei Wilberdorf in Position und hat Neunburg wie auf einem Präsentierteller vor sich liegen. Der Großteil der feindlichen Truppen hat sich an der Kreuzung der Straßen Bodenwöhr–Schwarzhofen und Neunburg–Amberg zum Angriff formiert.

Die ersten Warnschüsse werden abgegeben, die Granaten schlagen in der „Seugen" ein, zum Glück ohne Schäden anzurichten. Hiervon aufgeschreckt, beeilen sich die Bürger Neunburgs, ihre Stadt zu beflaggen. Hans und Sepp Dascher, 19 und 16 Jahre alt, werden von ihrer Mutter mit einem Laken auf den Kirchturm geschickt und befestigen es an der Fahnenstange.

Aufgrund dieses weithin sichtbaren Signals beginnen die Amerikaner mit der Besetzung Neunburgs, um 8 Uhr 30 haben die ersten Panzer den Stadtrand erreicht. Auf den Kühlern der Jeeps sitzen deutsche Gefangene als lebende Schutzschilde, viele Fahrzeuge sind mit den Ortsschildern eroberter deutscher Städte dekoriert. Da sie es eilig haben, erlassen die Amerikaner der Stadt den demütigenden Akt einer förmlichen Kapitulation: Ihr eigentliches Ziel ist nicht Neunburg, sondern eine der Kolonnen von „evakuierten" Häftlingen des Konzentrationslagers Flossenbürg, die Richtung Cham unterwegs ist und die sie befreien wollen. So zieht denn auch der Großteil der beiden Divisionen weiter nach Südosten, und kann schon bei Neukirchen-Balbini einen Teil der Häftlinge einholen; nur wenige Einheiten bleiben zur Sicherung der Stadt zurück.

Einige Frauen wollen die amerikanischen Soldaten milde stimmen und bieten zur Begrüßung Kuchen an. Diese, voll Mißtrauen, beginnen erst zu essen, nachdem die Frauen selbst gekostet haben – als ob es eine von ihnen gewagt hätte, vor Zeugen einen Mord zu begehen! Es ist noch nicht die Zeit des „Fraternisierens" gekommen, zudem steht fürs erste anderes auf dem Programm: Stadtverwaltung und Postamt sind zu besetzen, Quartiere müssen beschlagnahmt, die Häuser der Stadt nach Waffen durchsucht werden. Die Ausgangszeiten sind recht kurz bemessen; Einwohner, die in der Landwirtschaft tätig sind, dürfen sich länger außerhalb der Wohnung aufhalten. Dies führt dazu, daß so gut wie jeder Neunburger bei seinen Erledigungen eine Mistgabel mit sich führt.

Am Nachmittag kommen die ersten befreiten Flossenbürg-Häftlinge in Neunburg an. Die Kranken unter ihnen werden in der Städtischen Klinik und im Notlazarett in der Mädchenschule untergebracht, die Gesunden kommen in Privatquartieren unter. Sämtliche Frauen Neunburgs, die schon einmal einen Rot-Kreuz-Kurs absolviert haben, werden zur Pflege der oft Sterbenskranken herangezogen. Die Amerikaner ebenso wie die Neunburger Bevölkerung lassen nichts unversucht, das Leben der Patienten zu retten. Trotzdem treten schon in der Nacht die ersten Todesfälle auf. Viele Häftlinge ziehen sich Magen-Darm-Erkrankungen zu, weil sie nach der langen Zeit, in der sie kaum etwas zu essen bekommen haben, ihren Heißhunger in so unvernünftiger wie natürlich auch verständlicher Weise stillen.

Am Morgen steuern amerikanische Panzereinheiten von Oberviechtach aus über die damalige Ostmarkstraße Winklarn an. Niemand versucht, sie aufzuhalten. Die noch nicht einmal fünfzehn Hitlerjungen, die unter Leitung eines kriegsinvaliden Oberleutnants der Wehrmacht mitten im Ort in einer Scheune ein Werwolflager aufgeschlagen haben, sind rechtzeitig getürmt, als – welche Umsicht! – sich herausstellt, daß ihnen die Munition zum Kampf fehlt. So können die Amerikaner gegen halb elf Uhr problemlos den nordwestlich von Waldmünchen gelegenen Markt besetzen. Für mehr als hundert gefangene Engländer, deren Marsch nach Cham in Winklarn zu Ende ist, weil dort der Einzug der amerikanischen Truppen unmittelbar bevorsteht, ist der Tag der Befreiung gekommen. Die Amerikaner sorgen als erstes dafür, daß die Engländer in Häusern untergebracht werden, wobei die einheimischen Familien bis zu jeweils zehn Befreiten Quartier bieten müssen. Die Winklarner sind von solcher Gastfreundschaft, daß sich die Engländer nach der Rückkehr in ihre Heimat über Rundfunk für das Entgegenkommen der Bevölkerung des Markts bedanken.

Eine Nacht des Wartens auf die Amerikaner liegt hinter den Bewohnern von Schönthal. Endlich ist eine Panzerkolonne deutlich aus Richtung Rötz zu vernehmen. Michael Heiland besteigt sein Rad, befestigt ein Bettuch daran und fährt den Amerikanern auf der Hochstraße entgegen, um die Übergabe der Ortschaft zu vollziehen. Ein Captain nimmt das Kapitulationsangebot entgegen und läßt, bevor er den Befehl zur Weiterfahrt in die Ortsmitte gibt, ein paar Schüsse hinüber nach Rhan und Döfering abfeuern, um die Bevölkerung darauf einzustimmen, was ihr droht, wenn sie nicht dem Beispiel Schönthals folgt. Mittlerweile weht auch am Kirchturm die weiße Fahne, so daß das weitere ohne Komplikationen ablaufen könnte. Doch ein SS-Mann, der die Nacht in Schönthal verbracht hat, ist von der Ankunft der Amerikaner überrascht worden: Er kann wohl mit einem Umhang seine Uniform verbergen, klettert dann aber so auffällig über einen Zaun, daß seine Absicht zu fliehen offenbar wird. Im Kugelhagel seiner Verfolger bricht er zusammen und stirbt wenig später. So geht der Krieg für die Schönthaler doch noch blutig zu Ende. Da der SS-Mann aber keiner der Ihren ist, zeigt man sich wenig erschüttert. Um vieles größer ist in der 400-Seelen-Gemeinde die Trauer um die mehr als dreißig Toten der Gemeinde, die an den verschiedenen Fronten gefallen sind.

Waldmünchen schließt die Panzersperren. Die Hoffnung der Einwohner, sie kämen so glimpflich davon wie das südwestlich gelegene Rötz, das am Tag zuvor, ohne Widerstand zu leisten, besetzt worden war, zerschlägt sich. Ein SS-Kampfverband ist zur Unterstützung der Wehrmachtseinheiten angekommen; Stadtkommandant Stöhr ordnet die Schließung der Panzersperren an und befiehlt dann den Männern des Volkssturms, sich Richtung Höll in Marsch zu setzen. Offensichtlich werden längere Kämpfe erwartet, denn sogar eine Feldküche hat die Kompanie dabei. Die Kost verspricht allerdings recht karg zu werden, denn viel gibt es in Waldmünchen nicht mehr. Der Flüchtlingszustrom und die endlosen Kolonnen nach Osten zurückweichender Wehrmachtssoldaten haben die Vorräte stark schrumpfen lassen. So müssen einige Leute nach Hiltersried geschickt werden, um Brot, Fleisch und Wurst zum Volkssturmlager in Höll zu bringen. Da sich auf dem Marsch dorthin 50 von 180 Mann abgesetzt haben, wird immerhin jeder der Kämpfer bei den Mahlzeiten Nachschlag bekommen. Die Stimmung ist trotzdem schlecht: Die Männer wären lieber in der Stadt geblieben, um ihre Häuser zu löschen, die demnächst wohl in Brand geschossen werden.

Die Bevölkerung ist in Angst, dasselbe Schicksal wie Weiden zu erleiden, und stellt sich auf Schlimmes ein. Alle fangen an, ihr Hab und Gut zu sichern. Auch im Pfarrhaus herrscht große Betriebsamkeit – Kooperator Nagler berichtet: „Wir im Pfarrhof hatten bereits am Montag begonnen, unser Haus auszuräumen und alles in dem Keller zu bergen. Nur die schweren Möbelstücke ließen wir in den Wohnungen stehen. Den Meßwein vergruben wir an verschiedenen Stellen im Keller, man mußte ja auf alles gefaßt sein und mit Plünderungen rechnen. Für uns selber richteten wir den Keller her. Wir konnten ja nicht wissen, wie lange wir dort unten bleiben müßten."

An diesem Tag gibt es auch einen Toten in Waldmünchen: Der 34jährige Bierfahrer Karl Althammer gerät mit seinem Lastwagen vor dem Böhmerkreuz in einen Tieffliegerangriff. Als er am „Reischnhaus" anhält und Deckung suchen will, trifft ihn eine Maschinengewehrgarbe in die Beine. Althammer kann noch ins Krankenhaus gebracht werden, stirbt dort aber wegen zu hohen Blutverlusts.

Trotz unsäglicher Strapazen hat es ein Teil der Flossenbürg-Häftlinge geschafft, bis nach Stamsried, nordwestlich von Cham, zu kommen. Ein jüdischer Häftling erinnert sich an das, was die Häftlinge durchzustehen hatten, aber auch an gelegentliche Hilfsbereitschaft der Bevölkerung: „Von Schwarzenfeld mußten wir bei ständigem Regen durch die Wälder marschieren. Es wurde mit einem Bauern vereinbart, daß wir über Nacht unter dem Schutz einer Scheune bleiben konnten, bis wir wieder auf freier Flur weitermarschierten. Am Sonntag, 21. April 1945, waren wir in den Wäldern bei Neunburg v. W., vor dem Sturmregen waren wir durch Bäume geschützt. Am Nachmittag kamen zwei junge deutsche Frauen mit einem Pferdewagen mit gekochten ungeschälten Kartoffeln. Nachdem sie mit den SS-Wachen verhandelt hatten, wurde ihnen schließlich erlaubt, die Kartoffeln auszuteilen. Eine Reihe wurde gebildet. Während des Essens und der Verteilung schossen die SS-Wachen mehrere Häftlinge nieder, weil sie sich zum zweiten Mal für eine Kartoffelration anstellten. Bei Einbruch der Nacht des Sonntages, wir waren gerade in einer Scheune, holte ein kleiner Diesellastwagen zehn Häftlinge, die im nahegelegenen Wald erschossen wurden. Dieser Lastwagen kam mehrmals in dieser Nacht zur Scheune zurück."

Zwei Tage später, im Morgengrauen des 23. April, kommt die Rettung: Die Kolonne hat gerade drei Kilometer hinter sich, als die SS amerikanische Truppen bemerkt. Für die Häftlinge endet ein namenloses Leiden, ihre Wachen haben keine Chance zu fliehen. Einer der Befreiten berichtet: „Ich befand mich gerade auf der Straße unter einem langgestreckten Hügel, als ich Maschinengewehrfeuer in der Weite hörte, das ich zunächst als den Anfang unserer Liquidation deutete. Da sahen wir Panzerwagen auffahren, und unter ihrem Feuer fiel alles zu Boden. Wir begriffen nicht sofort, was vorging. Als wir die Erkennungszeichen amerikanischer Panzer erkannt hatten, standen wir alle wieder auf, doch die Gesten der Panzermänner wiesen uns erneut zu Boden, und schon fegten die Maschinengewehrgarben über uns hinweg in die flüchtenden Wachmannschaften hinein." Die Geschichte der 99. US-Infanteriedivision des XII. Korps ergänzt diesen Bericht durch den Hinweis, daß manche der überlebenden Häftlinge die Gelegenheit genutzt haben, an ihren Peinigern blutige Rache zu nehmen.

Die 11. US-Panzerdivision (XII. Korps) besetzt Cham: Gegen 20 Uhr soll im Greßsaal eine Großveranstaltung mit Gauleiter Ruckdeschel stattfinden. Hitlerjungen verteilen noch mittags Hunderte von Handzetteln und fordern zum Besuch der Kundgebung auf. Das Thema wird nicht bekanntgegeben, aber jeder kann sich denken, worum es gehen wird: Durchhalten – Widerstand bis zum letzten Blutstropfen – Glückliches Ende in Sicht.

Dieses kommt wesentlich früher, als es der Gauleiter erwartet, denn um 14 Uhr rollen die Tanks der 11. US-Panzerdivision in die Stadt ein. Zuvor hatten sie noch leichten Widerstand in zwei benachbarten Ortschaften überwinden müssen: Einige Werwölfe in Altenstadt hatten ein amerikanisches Aufklärungsflugzeug beschossen, das die Lage in Cham vor dem Einmarsch sondieren sollte. Die Antwort ließ nicht auf sich warten – wenig später brannten vier Gehöfte, die von Panzergranaten getroffen worden waren. In Untertraubenbach wurde mit ebenfalls unzulänglichen Mitteln versucht, den Vorstoß der Panzer aufzuhalten – hier zerstörten die Amerikaner gleich das halbe Dorf.

Zur selben Zeit, als in Cham schon jemand am Kirchturm die weiße Fahne hißt, kommt es noch zu einem Zwischenfall, als ein SS-Mann in der Ludwigstraße versucht, sich mit einem Gewehr den Panzern der Amerikaner entgegenzustellen. Folgenschwere Kämpfe bleiben der Stadt jedoch erspart, weil die hier noch vor einigen Tagen stationierte SS-Einheit zur Verteidigung Neumarkts abberufen worden war.

Um 14 Uhr stehen die amerikanischen Panzer schließlich vor dem Rathaus, und der Kommandant der Einheit läßt sich vom kommissarischen Bürgermeister Rappert die Stadt übergeben. Der noch am selben Tag eingesetzte neue Bürgermeister Ernst Stockinger sieht es vor allem als sein Verdienst an, daß seine Heimatstadt nicht verteidigt wurde. Es habe, so schreibt er, in Cham „keinerlei Anzeichen" dafür gegeben, daß eine Verteidigung der Stadt unterbleiben solle. „Am 23.4. 1945, vormittags 11 Uhr 15 begab ich mich deshalb aus eigenem Entschluß zu dem komm[issarischen] Bürgermeister Rappert auf das Rathaus, um ihm die Forderung vorzulegen, die Stadt kampflos zu übergeben. ... Herr Rappert befand sich in einem sehr aufgeregten Zustand und erklärte, daß er überhaupt keine Weisungen von der Kreisleitung erhalten habe, jedoch bereit sei, die Stadt zu übergeben, obwohl sich der Kreisleiter [Franz Xaver

Nähe Cham, das Lager einer ungarischen Einheit, die sich der 11. US-Panzerdivision ergeben hat.

Schlemmer] allein zur Abgabe eines solchen Befehls autorisiert habe. Ich stellte mich alsdann als Beauftragter der Deutschen Widerstandsbewegung vor und forderte ihn auf, sofort meine Anweisungen zu befolgen und die weiße Fahne auf den weithin sichtbaren Kirchturm setzen zu lassen, ferner das Rathaus ebenfalls mit einer weißen Fahne zu versehen. Dieser Aufforderung kam Herr Rappert nach. Daraufhin begab ich mich in Begleitung des komm. Bürgermeisters Rappert auf die Polizeistation der Stadt, um der dort versammelten Polizeimannschaft unter Führung ihres Polizeimeisters Herrn Preböck zu erklären, daß ich die politische Macht in der Stadt im Auftrag bis zum Eintreffen der amerikanischen Truppen übernommen hätte. Ich forderte die Polizei auf, sich anzuschließen oder die Waffen abzugeben. Die Polizei leistete weder einen moralischen noch einen bewaffneten Widerstand und Herr Preböck stellte sich sofort zur Verfügung. Ich erteilte ihm daraufhin sofort Aufträge zur Festsetzung aller noch greifbaren Parteiführer." Anschließend geht Stockinger mit Rappert zu Landrat Dr. Hartl, um ihm die Frage „Für oder gegen Hitler?" zu stellen. Nach einigem Taktieren – Hartl weiß noch nicht, was die Stunde geschlagen hat – erklärt sich auch der Landrat bereit, die Kapitulation Chams zu unterstützen.

Wenig später sind die Amerikaner vor dem Rathaus angelangt. „Ich erklärte einem Unteroffizier die Situation", fährt Stockinger fort, „der mich sofort zu dem Einheitsführer der Panzerspitzen brachte, dem ich Bericht erstattete. Ich erklärte ihm die vorläufige Festsetzung des Bürgermeisters im Rathaus und bat ihn um Weisungen." Stockingers Bericht zufolge ist es also nicht Bürgermeister Rappert, der die Stadt übergibt, sondern, auch wenn er dies nicht ausdrücklich sagt, er selbst. Der Offizier macht Stockinger „verantwortlich dafür, daß die Bevöl-

Cham, befreite amerikanische Soldaten in einem Notlazarett.

kerung sich keinerlei gewaltsame Akte gegen die US-Truppen zuschulden kommen läßt. Die Bewohner sollen in ihre Häuser gehen und die Straße frei machen. Deutsche Truppen dürfen nicht verborgen gehalten werden. Sie sind verantwortlich", wird Stockinger erklärt, „daß jeder einzelne oder organisierte Widerstand in der Stadt unterbleibt."

Stockinger bewältigt seine Aufgabe zur Zufriedenheit der Amerikaner. Er läßt nach den örtlichen NSDAP-Größen fahnden. Soweit diese noch nicht geflohen sind, werden sie in die städtische Turnhalle verbracht, um später interniert zu werden.

Die Behandlung der Stadt durch die Besatzer ist zwar hart, aber ursprünglich war sogar die Beschießung Chams geplant gewesen: Die Amerikaner, die noch unter dem Schock des Anblicks der von ihnen am Morgen befreiten Flossenbürg-Häftlinge, vor allem aber der zahllosen Leichen an den Straßenrändern, stehen, nahmen zunächst an, unter den hiesigen NSDAP-Mitgliedern befänden sich die Mörder der KZ-Häftlinge oder doch die für deren Tod Verantwortlichen. Ihre Wut dürfte dadurch verstärkt worden sein, daß sie im Zuge ihres Vormarschs auf Cham ein Kriegsgefangenenlager entdeckt hatten, in dem auch amerikanische GIs unter grausamen Bedingungen festgehalten worden sind. Zum Glück für die Stadt gelingt es jedoch Dr. Wendel, dem stellvertretenden Chefarzt des Chamer Militärlazaretts, die Besatzer dazu zu bewegen, von der Zerstörung der Stadt abzusehen.

Trotz allem ist die Bevölkerung froh darüber, daß es die Amerikaner sind, die ihre Stadt besetzt haben: „Es war ein herrlicher Frühlingstag. ... Wir Leute in Cham hatten uns schon still und unauffällig mit weißen Tüchern versorgt und am Speicher so befestigt, daß wir sie sofort 'raushängen konnten, als die Amerikaner einrückten. Dann gingen wir in den Keller. ... Wir getrauten uns lange nicht hinauf. Da ging Maria S., die etwas englisch sprach, mit mir auf die Straße. Ein Soldat schlich mit einem Gewehr sich der Mauer entlang. Sie frug ihn, ob er Amerikaner oder Russe sei. Er klärte uns auf, und erleichtert gingen alle aus dem Keller."

Ganz so human, wie es sich die Chamer vorgestellt haben, sind die amerikanischen Besatzer dann aber doch nicht. Die ersten Stunden der Besetzung Chams werden – wie Stockinger schreibt – von mehreren Übergriffen seitens der Amerikaner überschattet: Frauen werden vergewaltigt, die Schmidt-Bank wird überfallen, wobei RM 650 000 erbeutet werden, bei der Durchsuchung der Häuser kommt es häufig zu Diebstählen. Besonders schwer aber leidet die Bevölkerung darunter, daß Cham für drei Tage zur Plünderung freigegeben wird. Und wie so oft beteiligen sich an den von der Besatzungsmacht autorisierten Raubzügen nicht nur befreite russische und polnische Kriegsgefangene sowie ehemalige KZ-Häftlinge, sondern auch Einheimische.

Die Lebensbedingungen in dem riesigen, zeitweise bis zu 20 000 Kriegsgefangene umfassenden Lager Janahof, das eingerichtet wird, sind extrem hart. Die Gefangenen müssen Tag und Nacht unter freiem Himmel verbringen, es ist ihnen nicht erlaubt, Zelte oder gar Baracken zu errichten. Apathisch in Erdlöchern liegend, führen sie einen ständigen Kampf gegen die Zeit, die nicht verrinnen will. Allen setzt die feuchte Witterung zu; auch bedingt durch mangelhafte Ernährung, erkranken viele, manche sterben an Lungenentzündung. Die Verwundeten werden in einer Scheune versorgt, das aber so nachlässig, daß es zu zahlreichen Todesfällen kommt. Das Elend ist so unerträglich, daß die Kirchen an die Bewohner Chams appellieren, von dem wenigen, das sie haben, den Gefangenen abzugeben. Der Aufruf wird befolgt – ein Chamer erinnert sich: „Die Verpflegung ... war schlecht und unzureichend. Ich sehe noch unsere gefangenen Soldaten an den Drahtzäunen stehen und [die] für jedes Stück dankbar waren. Eine Frau aus unserem Hause und ich haben dann Brot gebettelt und es täglich, längere Zeit, zum Lager in einem kleinen Holzwägelchen transportiert."

Was die Gefangenen jedoch am meisten fürchten, ist, von den Amerikanern an die Rote Armee ausgeliefert zu werden. Einer unbekannten Anzahl von Wehrmachtsangehörigen aus dem Lager Janahof widerfährt eben dieses, und so sind für viele alle erdenklichen Strapazen, die sie auf sich genommen haben, um noch das Einzugsgebiet der US-Army zu erreichen, doch vergebens gewesen.

Das vordringliche Problem dieses 23. April ist die Versorgung der zumeist schwerkranken Flossenbürg-Häftlinge. Jacques Delarce und seine Freunde, eben erst aus der Kriegsgefangenschaft befreit, fühlen sich verständlicherweise in erster Linie ihren Landsleuten unter den KZ-Häftlingen verpflichtet. Sie werden von GIs auf den Motorhauben ihrer Jeeps nach Untertraubenbach mitgenommen, wo ein Teil der Marschkolonne befreit worden ist. Was sie dort zu sehen bekommen, verschlägt ihnen den Atem: „Die Toten liegen dort dutzendweise, überall. Und bis zum Skelett abgemagerte Menschen kommen zu uns; unzählige, beklagenswerte, sterbende Menschen. Es gibt davon verschiedene Nationalitäten, und es ist eine Qual für das Gewissen, sich nur mit denen zu beschäftigen, die französisch sprechen. ... Die Amerikaner haben übrigens den Deportierten alle Erleichterungen gewährt, um Unterkünfte evakuieren zu lassen

Regensburg, Margaretenstraße.

und sich das Nötige zu eigen zu machen. Aber für die Franzosen wollen wir es besser machen. … Und ein guter Teil des Kommandos bricht auf, um den Unsrigen sofort und auf Befehl das zu besorgen, was sie am nötigsten brauchen. Wir beschlagnahmen Unterkünfte, wobei wir ihren zivilen Bewohnern oft nur ein Zimmer lassen. … Ich unterschreibe in diesen ersten Augenblicken in mehreren Geschäften Requisitionsscheine für Leibwäsche und Kleider, die wir den Kräftigsten anziehen, nachdem wir sie entlaust, gewaschen und die Kleidungsstücke, die sie tragen, verbrannt haben." Trotz aller Mühen werden aber noch Hunderte der Flossenbürg-Häftlinge allein in Cham sterben, obwohl alles für sie getan wird.

Parsberg wird kampflos und unversehrt von den amerikanischen Truppen eingenommen, was nicht nur der Initiative einiger entschlossener Bürger, sondern auch glücklichen Umständen zu verdanken ist. Dr. Schrettenbrunner, der Standortkommandant, hatte Parsberg schon vor längerer Zeit zur Lazarettstadt erklärt und dafür gesorgt, daß die Dächer des Krankenhauses, des alten Schulhauses, der Burg, der Kreisleitung und des Reichsarbeitsdienstlagers mit gut aus der Luft sichtbaren roten Kreuzen auf weißem Grund versehen und die Gebäude selbst mit Verwundeten belegt wurden.

Auf diese Weise gelingt es denn auch, Parsberg vor Bombardements zu bewahren. Damit ist zwar schon einiges gewonnen, doch von den Tieffliegern geht immer noch Gefahr aus. Bauern, die ihre Felder bestellen, Radfahrer auf den Straßen, auch Mütter mit Kinderwagen und überhaupt alles, was sich bewegt, wird beschossen.

Hektische Aktivitäten brechen aus, denn für jeden ist sichtbar, daß das Ende naht: Die Bevölkerung deckt sich – soweit noch möglich – mit Lebensmitteln ein, die Verwaltung vernichtet Akten oder vergräbt besonders unentbehrliche Dokumente, denn man hat von anderen Orten gehört, daß die Besatzer in den Rathäusern oft heilloses Chaos anrichten.

Als nun an diesem 23. April bekannt wird, daß die Amerikaner sich schon in Velburg befinden und Aufklärungsflugzeuge das Gelände in der Umgebung Parsbergs sondieren, fährt Dr.

Regensburg, Telegraphen- und Fernmeldegebäude.

Schrettenbrunner in Begleitung von zwei fließend englisch sprechenden Honoratioren in Richtung Velburg, um mit den Amerikanern die Übergabe des Marktes auszuhandeln. Die deutsche Delegation kann garantieren, daß sich keine bewaffneten Soldaten in Parsberg aufhalten, bezüglich der Situation in den umliegenden Wäldern will sie jedoch keine Zusicherungen geben. Kaum hat sich daraufhin die amerikanische Einheit nach Parsberg in Bewegung gesetzt, eröffnet auch schon deutsche Artillerie das Feuer, ohne jedoch Schaden zu verursachen. Der amerikanische Kommandant reagiert sofort und plaziert Dr. Schrettenbrunner auf der Kühlerhaube des voranfahrenden Jeeps als lebende Zielscheibe.

In Parsberg ohne weitere Zwischenfälle angekommen, nehmen die Amerikaner umgehend etliche örtliche Würdenträger fest und bedrohen sie mit Erschießung, falls sich deutscherseits weiterer Widerstand zeigen sollte. Glücklicherweise hat sich inzwischen der Wehrmachtsverband, der von Wissing aus den Vormarsch der Amerikaner zu stoppen versucht hat, abgesetzt, so daß die Einnahme Parsbergs unkompliziert vonstatten gehen kann und gegen 14 Uhr 30 abgeschlossen ist.

Was nun passiert, ist Routine: Noch am selben Tag wird eine Ausgangssperre verhängt, einige Häuser in der Marktstraße, das Schulgebäude, das Haus von Pfarrer Fischer, die Villen der Familie Spitzner und Dr. Schrettenbrunners werden für die Besatzungssoldaten beschlagnahmt, alle Waffen müssen abgeliefert werden. Das alles ist für die Bürger Parsbergs zu verschmerzen, wissen sie doch sehr wohl, daß alles viel schlimmer hätte kommen können.

Gauleiter Ruckdeschels Rede vom Vortag gibt in Regensburg Anlaß zu schlimmsten Vermutungen. Die Bevölkerung der Domstadt ist in höchstem Maße beunruhigt – das Schicksal von Schwandorf und Neumarkt hat sich längst herumgesprochen. Auch ist bekannt, daß Städte, die widerstandslos kapitulieren, glimpflich davonkommen. Knapp zwanzig Luftangriffe hat die Stadt seit dem 17. August 1943 hinnehmen müssen, von denen überwiegend strategisch wichtige Ziele betroffen waren. Nun aber muß auch die verstärkte Bombardierung des Zen-

Regensburg, Altersheim Bürgerstift St. Michael.

trums befürchtet werden, wie die Beispiele anderer Oberpfälzer Städte und in noch viel größerem Umfang Würzburgs und Nürnbergs zeigen.

In dieser verzweifelten Stimmung fassen einige Regensburger den Plan, gegen die Verteidigung ihrer Stadt zu demonstrieren. Niemand weiß, wer dessen Urheber sind, das Gerücht jedenfalls, daß am Nachmittag eine Protestveranstaltung gegen die Verteidigung Regensburgs auf dem Moltkeplatz – dem heutigen Dachauplatz – stattfinden soll, verbreitet sich in Windeseile. In den Warteschlangen vor den Geschäften, auf den öffentlichen Plätzen – wo immer sich die Menschen begegnen – wird die Nachricht weitergegeben. Die Frauen werden aufgefordert, ihre Kinder mitzubringen, vermutlich um im Falle einer gewaltsamen Auflösung der Kundgebung die Möglichkeit zu mindern, daß Schußwaffen eingesetzt werden – als ob das Regime in seiner Agonie noch irgendwelche Skrupel gekannt hätte.

Aber zunächst sieht es überhaupt nicht danach aus, daß solches zu erwarten wäre, denn für die Teilnahme an der Veranstaltung werben immerhin Angehörige der Polizei und auch stadtbekannte Parteifunktionäre. Gesichert ist beispielsweise folgender Wortwechsel zwischen einem Ortsgruppenleiter der NSDAP, allerdings in Zivil, an der Lebensmittelausgabe Hubertusstube in der Schäffnerstraße und den dort wartenden Frauen: „Ihr Frauen, ihr wollt doch auch, daß unsere Stadt freigegeben wird?“ – „Ja freilich wollen wir das!“ – „Gut, dann kommt ihr heute abends zu der Kundgebung am neuen Rathaus und nehmt auch all eure Kinder mit und schreit fest! Partei und Polizei haben Kenntnis davon.“

Regensburg, eines der Zimmer im Bürgerstift St. Michael.

Bald sind die Namen verschiedener Redner im Gespräch: Von Dr. Ritter, Chefarzt am Krankenhaus der Barmherzigen Brüder, erhofft man sich ein wirkungsvolles Plädoyer dafür, daß Regensburg zur Lazarettstadt erklärt wird und damit unverteidigt bleibt. Noch größeres Gewicht bei Ruckdeschel hätte selbstverständlich die Stimme Kreisleiter Wolfgang Weigerts, der auch als Redner gehandelt wird. Es wird darüber gerätselt, wer wohl der hohe Offizier und der SS-General sein können, die ebenfalls auftreten sollen. Einige Passanten rechnen damit, daß Domprediger Dr. Johann Maier eine Ansprache zugesagt habe.

Im Falle Maiers muß es den Leuten besonders wahrscheinlich erscheinen, daß er sich öffentlich für die Übergabe der Stadt einsetzt. Schon 1940 hatte dieser seine Ablehnung des Kriegs in einer Predigt zu erkennen gegeben und mit deutlichem Bezug auf den nationalsozialistischen Expansionskrieg betont, daß sich das Reich Gottes „auf friedlichem Wege, ohne einen Pistolenschuß und ohne Bombenflugzeuge" ausbreite. Und auch seine Osterpredigt vor drei

Wochen beschwor, wenngleich eingebettet in eine Deutung des Auferstehungsmysteriums, eindringlich die Notwendigkeit, Frieden zu schließen.

Die Kundgebung hat also angesichts derer, die sich für ihren Besuch aussprechen, und erst recht der mutmaßlichen Redner zunächst durchaus offiziösen Charakter. Doch schnell stellt sich heraus, daß die wirklich offiziellen Stellen niemanden ermächtigt haben, für die Demonstration zu werben, im Gegenteil: Kreisleiter Weigert, der kurz vor Mittag von der geplanten Veranstaltung erfährt, läßt umgehend über den Rundfunk eine Warnung verbreiten: „Die Bevölkerung wird aufgefordert, vernünftig zu sein, es muß damit gerechnet werden, daß jeder, der die Kundgebung besucht, Unannehmlichkeiten hat. Es ist verboten, die Kundgebung zu besuchen." Der Sprecher weist nachdrücklich darauf hin, daß die Demonstranten ihr Leben riskieren und läßt keine Zweifel aufkommen, daß diese Drohung ernst zu nehmen ist.

Ob diese Meldung die Regensburger noch erreicht oder nicht – zwischen 16 und 18 Uhr haben sich jedenfalls um die tausend Menschen, zumeist Frauen mit Kindern und ältere Männer, aber auch einige Soldaten und Geistliche auf dem Moltkeplatz versammelt. Kreisleiter Weigert, der erfährt, wie sich der Platz nach und nach füllt, versucht zunächst die Menge zu zerstreuen, indem er Fritz Popp, Polizeidirektor und Luftschutzleiter Regensburgs, veranlaßt, Fliegeralarm auszulösen. Von dieser List läßt sich indes niemand täuschen. Die Menge bleibt standhaft und ruft in Sprechchören: „Gebt die Stadt frei" und „Gott erhalte Regensburg". Daraufhin werden härtere Mittel eingesetzt: Die Feuerwehr erscheint mit dem Auftrag, in die Menschenansammlung zu spritzen, ein Lastwagen, am Steuer Gestapo-Angehörige, pflügt sich rücksichtslos durch das Gedränge. Eine Mannschaft von Volkssturmleuten aus Coburg, die es nach Regensburg verschlagen hat, marschiert auf, greift sich einige Frauen und droht ihnen an, sie aufzuhängen. Es kommt zu Rangeleien, die Gewalt eskaliert, jemand zückt ein Messer und verletzt zwei Volkssturmmänner.

Es ist nun 18 Uhr und immer noch hat keiner der erwarteten Redner ein Podium bestiegen und sich Gehör verschafft, was Ruhe in die Versammlung gebracht hätte. Plötzlich gibt jemand die Parole aus: „Auf zur Kreisleitung", der Oberoffiziant Karl Fischer verlangt gar den Tod von Ruckdeschel und Weigert, wird aber von Domprediger Maier besänftigt. Die Menge marschiert zur Dr. Martin-Luther-Straße, wo Weigert seinen Amtssitz hat. Im Garten der Kreisleitung empfangen Hitler-Jungen den Demonstrationszug mit Schreckschüssen, auch der Regensburger NS-Volkswohlfahrtleiter Hans Hoffmann feuert einige Male in die Luft, um die Menschen zu zerstreuen. Diese jedoch werden immer aufgebrachter, die Stimmung ist am Sieden.

In dieser Situation ergreift Johann Maier, der ein Blutbad befürchtet, das Wort. Er befreit sich aus dem Gewühl und nutzt einen Luftschutzsockel als Podest. Es dauert, bis er die Leute beruhigt hat, dann aber ist er deutlich zu vernehmen: „Regensburger und Regensburgerinnen aller Konfessionen!", beginnt er seine Ansprache, „Ich habe gestern im Dom die Worte des ersten Papstes zum Gegenstand meiner Ausführungen gemacht: ‚Jede Obrigkeit ist von Gott!' Wir sind daher jeder Obrigkeit untertan; denn es gibt keine Gewalt außer von Gott. Wir dürfen daher keinen Aufruhr machen. Wir sind doch nicht zusammengekommen, um zu demonstrieren und gegen die Regierung zu hetzen. Wir fordern nicht, wir wollen nur bitten ..." Schärfere Töne sind von einem Geistlichen nun wirklich nicht zu erwarten, zumal in aller Öffentlichkeit, trotzdem wird er unterbrochen: „Nein, wir fordern!", korrigiert ein Zwischenrufer. Maier, zwar etwas ärgerlich, weil es schon wieder in der Menge zu gären beginnt, kaum daß er die Wogen geglättet hat, fährt dennoch unbeirrt fort: „Wenn wir die Obrigkeit beeindrucken wollen, so können wir das am besten dadurch, daß wir mit Ruhe und sittlichem Ernst vor sie hintreten. Was wir erbitten wollen, die kampflose Übergabe unserer Stadt mit ihren vielen Lazaretten, ist ja gerechtfertigt, und zwar aus folgenden vier Gründen ..." Johann Maier wird schon wieder unterbrochen, dieses Mal aber nicht von einem Zwischenrufer: Ein Polizeibeamter in Zivil hat den Domprediger von seinem Behelfspodest gezerrt und will ihn abführen. Wütender Protest der Umstehenden wird laut, aber es hilft nichts – Maier wird in die Polizeidirektion am Minoritenweg gebracht. Er kann nur noch den entsetzten Zeugen seiner Verhaftung zurufen: „Betet für mich!"

Domprediger Dr. Johann Maier.

Domvikar Josef Forster und Domkapitular Johann Baptist Baldauf, die die Szene beobachten, stürmen sofort ins Ordinariat und bedrängen Bischof Buchberger, etwas zu unternehmen. Dieser jedoch, nicht gleichgültig, aber auch nicht von dem Holz, aus dem Märtyrer geschnitzt sind, versteckt sich hinter dem Einwand, daß ein „Schwarzer" bei den Nazis nichts ausrichten könne; die NS-Gewaltigen beeinflussen zu wollen, sei nicht nur aussichtslos, sondern würde auch jeden, der es versuchte, selbst gefährden. Diese Einschätzung ist durchaus plausibel, nur – wie das Beispiel des Kinderarztes Dr. Köck zeigt – nicht zwingend. Dieser hat genügend Zivilcourage, zwei SS-Offiziere zu bitten, sich dafür einzusetzen, daß dem Domprediger nichts geschehe. Wegen dieser Fürsprache muß er sich zwar in einem Verhör rechtfertigen, geht daraus aber straflos hervor.

Den ehemaligen Gendarmeriehauptwachtmeister Michael Lottner kostet seine Empörung über die Verhaftung Johann Maiers allerdings das Leben: „Laßt doch den Domprediger reden! Ihr wißt ja gar nicht, was er sagen will!", ruft er und schon wird er abgeführt. Auf der Polizeiwache wird zudem der Verdacht erhoben, er sei der Messerstecher, der die beiden Coburger Volkssturmleute verletzt habe. Zunächst versuchen Kreisamtsleiter Hoffmann und HJ-Bannführer Rupert Müller, aus Lottner ein Geständnis herauszuprügeln, dieser aber beteuert seine Unschuld. Irgendwann haben die Schergen ihren Sadismus befriedigt und ermorden ihr Opfer mit zwei Schüssen in Kopf und Brust. Damit nicht genug der Perfidie: Von den knapp zwanzig Kundgebungsteilnehmern, die man ebenfalls verhaftet hat, wird Rosa Hofmeister, die Frau eines Straßenbahnschaffners, gezwungen, die Erschießung Lottners mitanzusehen.

Gauleiter Ruckdeschel, der sich an diesem Tag nicht in Regensburg aufhält, wird von Kreisleiter Weigert telefonisch auf dem laufenden gehalten. Dieser bekommt einen Rüffel, weil es ihm nicht gelungen ist, die Demonstration schon im Keim zu ersticken, und soll bis 19 Uhr

Regensburg, Steinerne Brücke nach der Sprengung.

30 den Tod der verhafteten „Rädelsführer" melden, die vor den Augen der noch nicht ganz auseinandergelaufenen Volksmenge aufzuhängen seien. Gestapo-Chef Sowa hält es jedoch besonders im Fall Domprediger Maiers für unumgänglich, daß ein Standgericht einberufen wird, da mit Rücksicht auf die Bevölkerung ein Minimum an Legalität gewahrt werden müsse. Solch juristisches Fingerspitzengefühl würde den Terminplan umstoßen: In der Stunde, die man noch bis halb acht Uhr hat, kann kein Todesurteil ausgesprochen und vollstreckt werden. Deshalb schlägt Weigert, der sich an diesem Tag keine zweite Rüge von Ruckdeschel einhandeln will, vor, daß man das Urteil doch nachliefern könne. Sowa bleibt aber unnachgiebig.

Akteure der Justizfarce, die nun in der Kreisleitung von 20 Uhr bis eine halbe Stunde nach Mitternacht aufgeführt wird, sind der Landgerichtsdirektor Johann Josef Schwarz und Staatsanwalt Alois Friedrich Then. Als Beisitzer treten auf Gendarmeriemajor Richard Pointner sowie ein juristischer Laie, der stellvertretende Geschäftsführer der Regensburger Molkerei, Hans Gebert. Die Gefahr, daß die Truppe vom Text abkommt, ist gering, trotzdem will die Regie nicht auf SS-Gruppenführer Paul Hennicke als Souffleur verzichten. Für die fünf Angeklagten, neben Domprediger Maier noch vier andere Kundgebungsteilnehmer, namentlich der Rentier Josef Zirkl, der Fabrikarbeiter Johann Hierl, der Postfacharbeiter Georg Daubinet und der Kriegsinvalide Eugen Bort, geht es nun um Leben und Tod.

Um 0 Uhr 30 stehen die Urteile fest, sie müssen nur noch von Gauleiter Ruckdeschel bestätigt werden: Dr. Johann Maier und Josef Zirkl werden wegen Wehrkraftzersetzung zum Tod durch

Regensburg, Adolf-Hitler-Brücke (heute Nibelungenbrücke).

Strang verurteilt, für die anderen drei Angeklagten endet das Verfahren mit einem völlig unerwarteten Freispruch.

Da von vornherein feststeht, daß zumindest Domprediger Maier gehängt werden soll, kann die Zeit, die das Gericht benötigt, genutzt werden, um schon den Galgen zu errichten. Der Moltkeplatz, von dem die Demonstration ihren Ausgang genommen hat, scheint die geeignete Hinrichtungsstätte zu sein. Der Regensburger Polizei soll die Exekution nicht zugemutet werden, deshalb muß ein gerade in Regensburg anwesendes Gestapo-Kommando aus Darmstadt das Henkersgeschäft verrichten. Exakt um 3 Uhr 25 sind Johann Maier und Josef Zirkl tot.

Unbarmherzigkeit und Rachsucht der für diesen Justizmord Verantwortlichen sind grenzenlos: Maier und Zirkl gehen ohne die Sterbesakramente empfangen zu haben und ohne Beistand eines Priesters in den Tod. Vor seiner Hinrichtung muß der Geistliche seine Soutane ablegen und schäbige Zivilkleidung anziehen. Das Gesicht zum Dom gerichtet, an der Brust ein Schild mit der Aufschrift: „Hier starb ein Saboteur“, hängen sie bis zum Abend des folgenden Tags am Galgen, unter den man noch die Leiche des erschossenen Michael Lottner gelegt hat. Der grauenhafte Anblick, der sich den Regensburgern am Morgen bietet, wird seine Wirkung nicht verfehlen: Bis zum Kriegsende regt sich in Regensburg keinerlei Widerstand mehr.

Mit der Niederschlagung der Friedensdemonstration und der Hinrichtung von Domprediger Maier, Josef Zirkl und Michael Lottner war der Bevölkerung Regensburgs zugleich die Hoffnung genommen worden, die Stadt würde den Amerikanern kampflos überlassen werden.

Noch am selben Tag wird von einem Vertreter des Oberkommandos des Heeres mit Major Hans Hüsson ein neuer Kampfkommandant eingesetzt, denn man zweifelt an der Entschlossenheit des bisherigen Befehlshabers, Oberst Babinger, die Stadt „bis auf den letzten Stein" zu verteidigen, wie es Gauleiter Ruckdeschel gefordert hatte. Auch wird die Leitung der Verteidigung Regensburgs dem LXXXII. deutschen Armeekorps unterstellt – Ruckdeschel, der ohnehin demnächst dem „Gesichtskreis des deutschen Generalkommandos" entschwinden wird, wie dieses vermerkt, wird also auf die weitere Entwicklung der Dinge keinen Einfluß mehr haben. Hüsson wiederum wird persönlich dafür haftbar gemacht, daß alles getan wird, die Eroberung Regensburgs durch die Amerikaner zu verhindern.

Verhältnismäßig starke Kräfte – rund 2 400 Soldaten – sind in der Stadt konzentriert: drei Infanteriebataillone, eine Flakbatterie mit 2 cm-Zwillingskanonen auf Selbstfahrlafette, eine Flakersatz-Abteilung mit 8,8 cm-Geschützen und eine Pionierkompanie. Einige hundert Mann des Volkssturms kommen hinzu, dessen Kampfkraft allerdings recht zweifelhaft ist.

Mit der von Ruckdeschel befohlenen Sprengung fast aller Donaubrücken nachts um 2 Uhr 30 – die Steinerne Brücke geht erst mittags in die Luft – ist eine der vermeintlich wichtigen Voraussetzungen erbracht, den Vormarsch der Amerikaner nach Süden stoppen zu können – die Panne von Remagen durfte sich auf keinen Fall wiederholen. Und tatsächlich wird damit auch die Absicht der 3. US-Kavalleriegruppe – einer mit schnellen, leicht gepanzerten Fahrzeugen ausgerüsteten Aufklärungseinheit – die dem noch auf der Linie Neumarkt – Sulzbach-Rosenberg befindlichen XX. US-Korps vorausgeeilt war, durchkreuzt, in einem Überraschungscoup den einen oder anderen Donauübergang unbeschädigt zu erobern. Trotzdem kann die 3. Kavalleriegruppe einen entscheidenden Erfolg verzeichnen, und zwar eine erhebliche Störung der Rückzugsbewegung des LXXXII. deutschen Armeekorps aus der südlichen Oberpfalz.

Vohenstrauß, deutsche Soldaten ziehen durch den Ort.

Vohenstrauß, ein Flüchtlingstreck auf dem Weg in eine ungewisse Zukunft.

Und nicht nur das: Die Amerikaner nehmen rund 2 000 Soldaten gefangen und vermindern dadurch das deutsche Potential – wie zu vermuten ist – um die Hälfte.

Für das Verteidigungskonzept der deutschen Armeeführung wird sich die Sprengung der Donaubrücken als voreilig erweisen: Das LXXXII. Korps, genauer, dessen 416. Infanteriedivision und die 36. Volksgrenadierdivision haben den Auftrag, so schnell wie möglich beiderseits Regensburgs am Südufer der Donau eine Verteidigungslinie aufzubauen. Sie können den Strom nun aber nur über die noch intakten Brücken in Kelheim und Straubing überqueren und müssen sich von dort aus in Richtung Regensburg begeben. Fahrzeuge stehen der Truppe nicht zur Verfügung, der ungefähr 60 Kilometer lange Umweg muß in Fußmärschen bewältigt werden.

Dienstag, 24. April 1945

Am Vorabend, gegen halb zehn Uhr, stand Vohenstrauß unter starkem Artilleriebeschuß, und zwar gleich aus drei Richtungen. Fünfzehn Minuten lang dauert die Kanonade, bei der mehrere Gebäude Volltreffer erhalten; in allen Teilen der Stadt werden Häuser beschädigt. Um weiteren Schaden zu vermeiden, ist seit 5 Uhr morgens auf vielen Gebäuden die weiße Flagge gehißt worden.

Trotzdem kommt es gegen 7 Uhr 30 abermals zu einer Beschießung der Stadt, denn im Gegensatz zu den Wünschen der Bevölkerung beschließen zufällig in der Stadt anwesende SS-Abteilungen, Vohenstrauß zu verteidigen. Zum Glück erkennen diese rechtzeitig die Aussichtslosigkeit ihres Versuchs und ziehen sich zurück, so daß Vohenstrauß um 8 Uhr 15 ohne weitere Zwischenfälle übergeben werden kann.

Einen 12jährigen evakuierten Jungen aus Hamburg kostet die „Verteidigung" der Stadt freilich das Leben, da er von einer amerikanischen Granate getroffen wird. Seine Mutter kommt mit dem Leben davon, wenngleich ihr ein Bein abgerissen wird. Demgegenüber sind die Sachschäden, die der zweite Angriff auf Vohenstrauß und das benachbarte Altenstadt fordert, zu verschmerzen, lediglich einige Scheunen geraten in Brand.

Die amerikanische Militärregierung hat der Bevölkerung Schwandorfs Ausgangszeiten von 8 bis 9 Uhr und 16 bis 18 Uhr zugestanden. Trotzdem sind den ganzen Tag über die Straßen voll: Plündernd ziehen überwiegend befreite Kriegsgefangene, vereinzelt auch ehemalige Häftlinge aus Flossenbürg durch die Stadt. In den Ausgehzeiten beteiligen sich auch Schwandorfer an den Raubzügen. Ein Augenzeuge ist mit Recht entrüstet und findet es zum „Verzweifeln, wenn man sah, wie Diebstahl und Raub unter Nachbarn und Freunden an der Tagesordnung waren. Was die Bomben im Keller verschont hatten, wurde aus dem zerbombten Haus und den verschlossenen Kellern gestohlen und der Keller mit Möbelstücken in Brand gesteckt, so daß auch noch das Letzte vernichtet war. Aus den zerstörten Häusern wurde alles gestohlen, was irgendwie noch brauchbar war, einschließlich Schalter, Lampenteile, Waschkessel, Wandplatten usw." Die Polizei ist so gut wie machtlos.

Auf dem Bahnhofsgelände werden völlig ungeniert einige noch intakte Waggons aufgebrochen. Zwei Polizisten kommen hinzu, um die Plünderungen zu unterbinden – sie werden ausgelacht, wie sich einer der Ordnungshüter konsterniert erinnert: „Auf den einzelnen Gleisen standen Güterwagen, die Türen aufgebrochen und eine unübersehbare Menschenmenge, die [Waren] in Körbe und Säcke einfüllten und auf Wagen verluden. Als sie uns bemerkten, fingen sie zu johlen an, und wir erkannten, daß ein Einschreiten von uns zweien vollkommen sinnlos sein würde." Immerhin kommt ein Teil der Ladungen auch uneigennützigen Zwecken zu. Einige Männer retten Lebensmittel und Kleidung aus Heeresbeständen vor dem Zugriff der Plünderer und transportieren diese so dringend benötigten Dinge ins Pfarramt, um sie unter der bedürftigen Bevölkerung zu verteilen. Besserung tritt erst am Donnerstag ein, als der Ortskommandant in einem Erlaß jeden Plünderer mit der Todesstrafe bedroht.

Zusammen mit dem rapide voranschreitenden Zusammenbruch der deutschen Verteidigungslinien wächst die Angst der Bewohner der Stadt Furth im Wald, denn das benachbarte Böhmen soll als „Festung" gehalten werden und Furth selbst einen seiner Eckpfeiler bilden. Verglichen mit der sonstigen desolaten Verfassung der „Heimatfront" sind relativ starke Truppen in der Nähe der Stadt zusammengezogen worden, um dem Vordringen der Amerikaner Einhalt zu gebieten.

Daß dies Erfolg haben wird, glaubt freilich seitens der Bewohner Furths niemand mehr – es bricht Panik aus, die nicht zuletzt dadurch verstärkt wird, daß die Amerikaner am Tag zuvor Cham genommen haben. Die niedergeschlagene Stimmung hellt sich keineswegs auf, als der Kommandant der nahe – im böhmischen Taus – stationierten 11. deutschen Panzerdivision dem Bürgermeister zusagt, im Falle eines Einmarsches der Amerikaner einen Rückeroberungsversuch zu unternehmen – im Gegenteil, denn man befürchtet von solchen Kampfhandlungen wesentlich größere Zerstörungen der Stadt als durch die beiden bisher erfolgten leichten Bombardements.

Als sich dann aber herausstellt, daß eine Verteidigung Furths aus dem – fast schon grotesken – Grund nicht in Frage kommt, weil die 11. Panzerdivision über keinen Sprit mehr verfügt, darf die Bevölkerung aufatmen, scheint doch ihre Stadt einigermaßen unbeschädigt den Krieg überstehen zu können. Aber alsbald droht die Lage wieder zu kippen. Ein patrouillierender Offizier der 11. Panzerdivision hat in der Nähe Windischbergerdorfs, zwischen Furth und Cham gelegen, zwei amerikanische Jeeps beschossen und dabei zwei der Insassen verwundet. Einschneidende Vergeltungsmaßnahmen der Amerikaner sind zu gewärtigen und nur die bindende Erklärung der maßgeblichen Stellen in Furth, daß die friedliche Übergabe der Stadt garantiert sei und es nicht mehr zu ähnlichen Vorfällen kommen werde, können die Amerikaner beschwichtigen. Sie sehen von der Zerstörung Furths ab, kündigen jedoch eine leichte Beschießung als Strafmaßnahme an.

Schlimmer, als die Verteidiger von Kallmünz am Tag zuvor gewütet hatten, kann es zwar ohnehin nicht mehr kommen, doch der Bevölkerung des Markts bleiben weitere Zerstörungen erspart – die deutsche Einheit ist überraschend abgezogen worden. Niemand kann also einige Frauen daran hindern, Fahnen schwenkend die Amerikaner davon zu überzeugen, daß sie den Ort ohne Widerstand einnehmen können. Die Panzer, die sich zunächst am Fuß des Aubergs und bei „Weingangl" im Brunn formiert hatten, rollen nach Kallmünz hinein, das dann seit 13 Uhr unter amerikanischer Besatzung steht. Das Regiment der Amerikaner wird generell als korrekt empfunden, daß sich einzelne GIs bei den Hausdurchsuchungen mehr Souvenirs aus Kallmünz verschaffen, als mit herkömmlichen Eigentumsbegriffen vereinbar ist, wird als Recht des Siegers notgedrungen akzeptiert.

Nach 24 Stunden der Angst ist mit dem Einmarsch der Amerikaner der Krieg für die Stadt Berching im Südwesten der Oberpfalz beendet, ohne daß ein Schuß gefallen wäre. Und dies, obwohl zunächst größte Gefahr bestand, daß Berching im Hagel feindlicher Granaten untergehen würde. Denn als am Vortag aus Richtung Neumarkt die SS-Panzerdivision „Götz von Berlichingen“ einrückte, mußte allseits die Verteidigung der Stadt befürchtet werden. Zudem hatte die SS in üblicher Rücksichtslosigkeit die Absicht geäußert, in den Kellern des Franziskanerklosters ein Munitionsdepot einzurichten.

Wie konnte dies verhindert werden? Dr. Schauwecker, der für die Versorgung der Zivilbevölkerung zuständige Arzt, verfiel auf die List, das Kloster umgehend zum Hilfskrankenhaus zu bestimmen. So war es ihm möglich, mit Berufung auf die Genfer Konvention Protest beim SS-Kommandanten einzulegen und darauf hinzuweisen, „daß bei einer möglichen Sprengung der Depots die halbe Stadt in die Luft gehen könnte.“ Trotzdem war es „eine bange Unterredung“, wie sich Dr. Schauwecker erinnert, „damals wurde man rasch gehängt.“ Zu seinem und natürlich auch Berchings Glück ließ der SS-Kommandant von seinen Plänen ab: „‚Seien Sie unbesorgt, Doktor‘, sagte er, ‚unsere nächste Verteidigungslinie wird am Paulushofener Berg aufgebaut. Berchings Lage ist dafür zu ungünstig. Die Munition wird nicht eingelagert.‘“

In der Tat verließ die SS-Einheit kurz darauf die Stadt. Nun aber kam es darauf an, wie sich der Volkssturm beim Nahen der Amerikaner verhalten würde. Würden die Männer kämpfen oder es damit genug sein lassen, auftragsgemäß einige Panzersperren zu errichten, und sich dann in Luft auflösen? So verging die Nacht in Ungewißheit.

Als am Morgen des 24. April das Klirren der amerikanischen Panzer, die Richtung Berching vorstoßen, deutlich zu vernehmen ist, löst sich die Spannung, denn die Männer des Volkssturms gehen einfach nach Hause. Sie denken nicht daran, ihre Stadt zu opfern, um den Einzug der Gegner dann doch nicht verhindern zu können. Zur allgemeinen Überraschung umfährt die amerikanische Panzereinheit Berching und dringt gegen Paulushofen vor. Nur eine kleine Gruppe von Infanteristen marschiert in die Stadt ein, um dort die Befehlsgewalt zu übernehmen.

Hemau: Ohne auf Widerstand zu treffen, durchziehen die amerikanischen Truppen am 24. April die Stadt auf ihrem Weg nach Regensburg.

Dieses unspektakuläre Ende hat Berching dem Kriegsgefangenen Roger Delacroix zu verdanken: Dieser war offensichtlich die fünf Jahre, die er in Berching als städtischer Arbeiter verbrachte, gut behandelt worden und revanchierte sich damit, daß er den sich nähernden Amerikanern entgegenging und versicherte, daß die Stadt nicht verteidigt werde.

Als um 13 Uhr 30 amerikanische Truppen auf dem Marktplatz Hemau stehen, kann die Stadt froh sein, daß alles vorüber ist, ohne daß auch nur ein Schuß gefallen wäre.

Die SS hat in den Tagen zuvor deutlich gemacht, daß sie die Stadt halten will und unter der Bevölkerung Angst und Schrecken verbreitet. So kommt ein junger Soldat, der ohne ordnungsgemäße Papiere aufgegriffen wird, vor ein Schnellgericht, das ein Todesurteil fällt. Vom „Ratsstüberl", dem Sitz des Gerichts, aus wird der Unglückliche zum Waisenhausholz zur Exekution gebracht. Dem zufällig anwesenden Hans Huber, der in der Nähe ist, gelingt es gerade noch, sich im Gebüsch zu verstecken. Dann muß er, ohne eingreifen zu können, mitansehen, wie einige SS-Leute den Soldaten eine Grube ausheben und an deren Rand hinknien lassen – von mehreren Schüssen getroffen, fällt er denn auch direkt in sein Grab hinein.

Die Bauersfamilie Betz im benachbarten Flinksberg wird bedroht, weil sie sich dagegen wehrt, daß ihr Hof verteidigt wird. Auch der Volkssturm ist nicht kampfwillig, wird aber gezwungen, an den Zufahrtsstraßen nach Hemau Panzersperren zu erbauen – zusätzlich werden Saateggen mit nach oben gerichteten Zacken auf die Straße gelegt. Munition steht ausreichend zur Verfügung, so sind an der Spitalgasse und am Wasserturm Dutzende von Panzerfäusten deponiert. Inzwischen sind auch Wehrmachtseinheiten eingetroffen, die Flakgeschütze mit sich führen und rund um Hemau Stellungen ausbauen. Die Bevölkerung, die angesichts dessen größere Kämpfe erwarten muß, sucht Schutz in den umliegenden Dörfern und den Luftschutzkellern der Stadt.

Tatsächlich entwickelt sich am Nachmittag des 23. April ein Artillerieduell zwischen der Wehrmacht und den vorrückenden Amerikanern, das bis in die Nacht hinein dauert. Um 2 Uhr verstummen die Geschütze, und am Morgen bemerken die Hemauer, daß die deutschen Soldaten ihre Stellungen verlassen haben. Die in der Stadt verbliebene SS, den feindlichen Verbänden in bezug auf Ausrüstung wie Mannschaftsstärke hoffnungslos unterlegen, läßt trotzdem die Panzersperren schließen. Dann aber geben die noch nicht einmal zwanzig Mann ihren Plan, Hemau zu verteidigen, doch auf und verlassen auf Fahrrädern die Stadt.

Gegen Mittag stehen die Amerikaner kurz vor Hemau und schießen in Richtung der Panzersperren, um zu prüfen, ob Widerstand geleistet werde. Nichts rührt sich, und so müssen nur noch schwere Räumfahrzeuge die Baumstämme beseitigen. Unterdessen haben die Hemauer ihre Häuser beflaggt, Bürgermeister Hagen und NSDAP-Ortsgruppenleiter Schmidt übergeben wenig später die Stadt. Dies ist ihre letzte Amtshandlung – in Hemau beginnt eine neue Zeit.

Am Abend erteilt der Kommandierende General des XX. US-Korps der 65. und der 71. Infanteriedivision den Befehl, Regensburg einzunehmen. Der Feindlagebericht sieht allerdings erhebliche Schwierigkeiten voraus, denn aufgrund eigener Aufklärung wie der Aussagen von deutschen Kriegsgefangenen vermuten die Amerikaner in Regensburg eine Garnison von 6 000 gut ausgerüsteten Soldaten. „Die Verteidigung Regensburgs ist begünstigt, weil es eine verhältnismäßig große Stadt ist mit einer Menge von natürlichen und gebauten Hindernissen. Wegen seiner Größe wird es unsere Kräfte viele Tage in Anspruch nehmen, um es vollständig zu besetzen. Auch wenn der Feind nur schwach verteidigt, hat er schon teilweise Erfolg mit seinem ursprünglichen Auftrag, unseren Vorstoß zur Alpenfestung zu verzögern." Das Risiko, Regensburg auf dem Weg nach Linz, wo sich die Amerikaner mit der von Wien her kommenden Roten Armee vereinigen wollen, einfach zu umgehen, kann nicht eingegangen werden, weil dann ja eine feindliche Truppe von beträchtlicher Stärke im Rücken geblieben wäre. So ist die Eroberung Regensburgs und die Ausschaltung der Verteidigungskräfte aus amerikanischer Sicht zwingend.

Mittwoch, 25. April 1945

Deutschland und Japan sind noch nicht ganz besiegt, trotzdem tritt in San Francisco schon die Gründungsversammlung der Vereinten Nationen zusammen. Diese sollen den Völkerbund ablösen, der tatenlos der Annexion Abessiniens durch das faschistische Italien zugesehen hatte, und zu einem wirkungsvollen System der kollektiven Sicherheit ausgebaut werden, das den Ausbruch künftiger Kriege unmöglich mache – so die Vision des amerikanischen Präsidenten Roosevelt, der die Realisierung seines Projekts nicht mehr erlebt hat.

Geradezu symbolisch für das in San Francisco beschlossene Vorgehen der Völker gegen Aggressoren treffen sich am selben Tag auf einer Elbbrücke bei Torgau Angehörige einer amerikanischen und einer sowjetischen Einheit zu einem historischen Phototermin, um sich als Ausdruck der siegreichen Waffenbrüderschaft die Hände zu reichen.

In Höll bei Waldmünchen ist am Dienstagnachmittag eine 120 Mann starke Kolonne russischer kriegsgefangener Offiziere eingetroffen und in den Scheunen des Dorfs, zum Teil auch des nahen Haselbachs, einquartiert worden. Da die Front immer deutlicher zu vernehmen ist, desertieren Teile der deutschen Wachen im Laufe des Abends. Die Russen machen sich diesen Umstand zunutze und stehlen in der Nacht Kartoffeln und etliche Hühner.

Am nächsten Morgen beschweren sich die Bauern beim Waldmünchener Stadtkommandanten Stöhr und verlangen, daß die Russen weitertransportiert werden. Nicht zuletzt befürchten sie natürlich, daß diese nach ihrer Befreiung durch die Amerikaner die Waldmünchener Gegend unsicher machen könnten. Stöhr ordnet daraufhin an, die Russen in das tschechische Klentsch (Klenči) zu bringen, notfalls unter Androhung von Waffengewalt. Wer aber soll diesen Befehl ausführen, nachdem der Chef der Wachmannschaften, ein Hauptmann aus Nürnberg, bereits abgetaucht ist? So versuchen die Volkssturmleute Mehl und Wagner zunächst vergeblich, bei den Wachen den Abzug der Russen zu erwirken. Erst der Hinweis, daß ihre Führung längst das Weite gesucht hat, führt zu dem gewünschten Resultat: Die Russen marschieren nach Klentsch weiter, und nicht nur die beiden Volkssturmmänner freuen sich, daß „eine große Gefahr von Waldmünchen abgewendet" wurde – daß sie nun über einem anderen Ort schwebt, stört sie nicht.

Dieselbe Episode wird von dem Waldmünchener Volkssturmmann Richard Wagner in einer noch viel dramatischeren Variante überliefert: Ihr zufolge hat SS-Hauptmann und Stadtkommandant Stöhr nicht den Weitermarsch der gefangenen Offiziere, sondern ihre Erschießung befohlen – „Rechtsgrundlage" hierfür wäre Hitlers Kommissarbefehl aus dem Jahre 1941 gewesen, aufgrund dessen zahllose russische Offiziere liquidiert worden sind. Der Führer der 5.

Volkssturmkompanie, Forstmeister Fousek, soll diesen Befehl ausführen, ist aber verschwunden. Sein Stellvertreter Nather lehnt es ab, ein solches Verbrechen zu begehen, und muß deshalb ebenfalls untertauchen. Da ergreifen Zugführer Mehl und Richard Wagner die Initiative: Ohne den Liquidierungsbefehl zu erwähnen, suchen sie die noch verbliebenen Bewacher der Russen auf und veranlassen den Abmarsch der Kriegsgefangenen.

Sollte der Abzug der Russen wirklich auf diese Weise zustandegekommen sein, hätten die beiden Volkssturmleute nicht nur einen schändlichen Massenmord verhindert, sondern zugleich das Dorf Höll vor der sicher harten Vergeltung der Amerikaner bewahrt.

Auf ihrem Weg nach Regensburg stoßen die amerikanischen Truppen in Dietfurt auf Widerstand. Die SS hat zwei Brücken über die Altmühl bei Griesstetten und Töging und die Laberbrücke bei Rengnath gesprengt. Der Volkssturm, unterstützt von Schülern der höheren Klassen, hebt Verteidigungsstellungen aus, und auf dem Kreuzberg postieren sich die Halbwüchsigen Erich Moser und Ludwig Mühlbauer, um das Nahen des Feindes in der Stadt zu melden. Gegen Mittag kündigen sich die Amerikaner an, indem sie den Kirchturm beschießen, weil sie auf ihm Beobachter vermuten. Als sie wenig später über die Hainsbergerstraße und die Kellergasse Dietfurt besetzen, gehen ihnen die knapp fünfundzwanzig französischen Kriegsgefangenen entgegen, die seit 1943 in der Stadt Zwangsarbeit verrichtet haben. Ihnen folgen der Erste Bürgermeister und Ortsgruppenleiter der NSDAP, Georg Schmid, und Hans Hacherl, abwechselnd eine weiße Fahne schwenkend.

Eigentlich hätte alles seinen normalen Verlauf nehmen können, doch die SS ist nicht willens, Dietfurt aufzugeben. Vom Altmühlberg aus, wo sie sich, ausgerüstet mit Granatwerfern und einem MG-42, verschanzt hat, beginnt sie, die Amerikaner auf dem gegenüberliegenden Kreuzberg, aber auch Dietfurt selbst zu beschießen, wo schon die ersten GIs angekommen sind. Die Bevölkerung stürzt in die Bierkeller am Fuß des Kreuzberges, um dort das Ende der Kämpfe abzuwarten. Als der Widerstand der SS gebrochen ist und deren Leute abziehen, sind die Dietfurterin Margarete Pöppel und vier GIs tot sowie mehrere Personen verwundet. Etliche Häuser sind beschädigt, doch die durchaus mögliche Katastrophe ist dem Städtchen erspart geblieben.

Die Amerikaner entheben Bürgermeister Schmid seines Amts und setzen Mathias Thoma ein; außerdem werden Georg Stölzl, der Vorsitzende des Kriegervereins, Ludwig Mürbeth, Johann Werle und Franz Xaver Hutter interniert. Vor allem aber versuchen die Amerikaner, den Fall Aronowsky aufzuklären:

Der Dentist Arthur Aronowsky, ein Jude, lebte bis 1944 einigermaßen ungefährdet in Dietfurt, die Ehe mit einer Deutschen bewahrte ihn vor der Deportation. Seinen Beruf konnte er freilich nicht mehr ausüben, denn seit 1933 wurde jüdischen Medizinern Stück für Stück die Existenzgrundlage entzogen, auch bekam er nur reduzierte Lebensmittelrationen zugeteilt. Doch 1944 beschloß Aronowsky, sich in den Wäldern um Dietfurt versteckt zu halten, vielleicht, weil ihm Anspielungen zu verstehen gaben, daß sein bislang weitgehend unbehelligtes Leben in dem Landstädtchen nun doch gefährdet war.

Aus ungeklärten Gründen sucht der Dentist in der Nacht vom 23. auf den 24. April 1945, dem Tag vor dem Einmarsch der Amerikaner, seine Wohnung auf. Wenige Stunden später, am frühen Dienstagmorgen, dringt ein Soldat, vermutlich ein Angehöriger der SS, in seine Wohnung ein, begleitet von Bürgermeister Schmid, der Aronowskys Frau erklärt, ihr Mann werde in ein Lager gebracht. Alles Bitten ist zwecklos und auch dem zu Hilfe gerufenen Johann Meier, Kommandant der Dietfurter Gendarmerie, gelingt es nicht, Aronowskys Verhaftung abzuwenden. Der Jude wird von dem Soldaten, dessen Regenmantel jegliche Identifizierung unmöglich macht, abgeführt und in einem LKW, dessen Fahrer vor dem Haus gewartet hat, mit unbekanntem Ziel abtransportiert.

Am 22. Mai wird Aronowsky, von einem Genickschuß niedergestreckt, tot in einem Wald bei Meihern, Landkreis Kelheim, gefunden und in Dietfurt beerdigt. Jahre später kommt es zum Prozeß, in dem Aronowskys Frau den SS-Offizier Walter Hopf, der gerade eine Zuchthausstrafe wegen Totschlags verbüßt, als denjenigen erkennen will, der ihren Mann in jener Nacht abgeholt habe. Gegenzeugen bringen jedoch diese Anschuldigung zu Fall, weitere Nachforschungen fördern keinen anderen Tatverdächtigen zutage. Auch die wichtige Frage bleibt offen, wer den Juden ans Messer geliefert hat, denn fest steht, daß es kein Ortsansässiger oder anderweitig in Dietfurt bekannter Soldat war, der Aronowsky verhaftet hat. So muß der Tod Aronowskys ungesühnt bleiben; die Dietfurter aber fragen sich noch lange, ob einer von ihnen der Denunziant ist, der ihren Mitbürger auf dem Gewissen hat.

Neun gefahrvolle und beschwerliche Tage liegen hinter den aus dem Kriegsgefangenenlager Sinzing befreiten sieben Engländern und ihren Beschützern Mörtel und Eichinger. Selbst der abgeschiedene Waldwinkel, in dem die Männer sich versteckt gehalten haben, ist unsicher geworden. Zurückflutende ungarische Waffen-SS durchstreift zu Hunderten die Wälder. Mörtel und Eichinger haben sich nicht zum Volkssturm gemeldet, was die Lage verschärft. Die beiden Deutschen haben vier Pistolen zur Verfügung und sind zusammen mit ihren Schützlingen entschlossen, sich bis zum äußersten zu wehren, wenn sie eine Gruppe von Ungarn aufspüren sollte – sie haben nichts zu verlieren.

Am 19. April wird es kühl, und starker Regen setzt ein. Die Engländer haben nicht einmal Mäntel, auch die Deutschen sind durchnäßt und frieren. Das Thermometer droht in der Nacht, sich dem Gefrierpunkt zu nähern; das gesundheitliche Risiko der abenteuerlichen Flucht kommt langsam dem der Entdeckung gleich. Also beschließen Mörtel und Eichinger – „trotz größter Bedenken“ – einen Quartierwechsel und bringen die Engländer auf den Heuboden des „Waldhäusels“ im Sinzinger Forst. Inzwischen – es ist der 23. April – ist bei Riegling schon Maschinengewehrfeuer zu hören, die Amerikaner können nicht mehr weit sein, doch zugleich wächst auch die Gefahr, daß sich die bedrängten deutschen Soldaten in die Wälder zurückziehen – für die Engländer muß ihr Versteck vorübergehend zum Gefängnis werden. „Nachdem auch noch gegenseitiger Artilleriebeschuß einsetzte, waren unsere Engländer in höchster Lebensangst, wir mußten sie immer wieder beruhigen, daß alles gut vorübergeht.“

Am frühen Abend des 24. April ist der erste amerikanische Vortrupp in der Nähe des Waldhäusels. Mörtel und Eichinger gehen den GIs entgegen und bitten diese, ihre Schützlinge zu übernehmen. Diese sind dazu jedoch nicht in der Lage und so heißt es eine weitere lange Nacht zu warten, bis es soweit ist, daß die Engländer wirklich frei sind. Die Amerikaner anerkennen den außerordentlichen Mut der beiden Deutschen und schenken ihnen lange entbehrte Kostbarkeiten: Lebensmittel, Wein und Zigaretten.

Der Abschied von den Engländern fällt nach dem, was man zusammen durchgemacht hat, nicht leicht. „Unsere Tat war gelungen, sieben dankbare Engländer nahmen rührend von uns Abschied und versprachen uns, sobald es ihnen gelingt, als freie Engländer uns persönlich aufzusuchen. Das letzte Abschiedswort unseres Freundes John Hepburn [des Wortführers der Engländer] war: ‚Unsere Bestätigung für den Einsatz eures Lebens wird euch deutschen Kameraden bestimmt bei den Alliierten jede Unterstützung für die Zukunft geben.'"

Die Engländer werden Wort halten: Wenige Monate nach Kriegsende geht Georg Mörtel und Franz Eichinger eine eidesstattliche Erklärung zu, unterzeichnet von John Hepburn, Cyril Delph, Frank Urlson, Ronald Start, Victor Irench, Frank Mayfield und Harold Peach, in der ihnen bestätigt wird, daß sie „ihr Leben riskiert" haben und die amerikanische Militärregierung gebeten wird, den Mitgliedern der Widerstandsgruppe Mörtel- Aich „besondere Aufmerksamkeit zuteil werden" zu lassen.

Am frühen Morgen setzt sich das XX. US-Korps Richtung Regensburg in Bewegung. Der Angriffsplan sieht vor, daß die 71. Infanteriedivision den nördlichen Teil der Stadt besetzen soll, um anschließend östlich von ihr die Donau zu überqueren. Danach soll sie in einer Bewegung nach Westen bis Obertraubling vorstoßen, womit die eine Hälfte des geplanten Rings um Regensburg aufgebaut gewesen wäre. Die 65. Infanteriedivision soll westlich von Regensburg über die Donau gehen, etwas nach Süden vordringen, sich dann nach östlichem Vormarsch bei Obertraubling mit der 71. Infanteriedivision vereinigen und nach vollendeter Einkreisung der Stadt selbst den entscheidenden Schlag gegen die Verteidiger führen.

Am Abend ist das erste Teilziel dieses Plans erreicht: Die 71. Infanteriedivision besetzt schon am Nachmittag Stadtamhof – gegen nur schwachen Widerstand – und gelangt anschließend noch bis nach Donaustauf. Die westlich der Stadt eingesetzte 65. Infanteriedivision hat größere Probleme – nicht so sehr mit deutschen Truppen, dafür umso mehr mit dem schwer passierbaren Gelände. Trotzdem erreicht sie die Donau mit nur geringer Verspätung in den späten Abendstunden in der Nähe von Bad Abbach.

Donnerstag, 26. April 1945

„Wir werden den Amerikanern einen heißen Empfang bereiten!" So tönt am frühen Morgen Waldmünchens Kreisleiter Max Seidel. Seine Ankündigung erfüllt sich sogar – als die Amerikaner abends um 5 Uhr einrücken, brennt die Stadt an vielen Stellen. Dies wäre zu verhindern gewesen, denn kurz nachdem die ersten Geschosse in der Stadt einschlagen und sogleich Brände auslösen, hängen zwei Männer eine weiße Fahne am Kirchturm auf. Johann Kussinger, einer der beiden, berichtet: „Auf meinem Weg durch die Stadt traf ich den Schreiner Hans Eisenhart. Wir beide waren übereinstimmend der Meinung, daß man etwas unternehmen müsse, damit Waldmünchen nicht ganz abbrenne. Während Hans Eisenhart eine Hacke holte, besorgte ich mir in der Schlosserei Pfliegl ein Wasserleitungsrohr und in meiner Wohnung ein Bettuch. Gemeinsam liefen wir zum Turm der Stadtpfarrkirche. Dort sprengte Eisenhart mit seiner Hacke die Türe auf. Ich kletterte die vielen Treppen des Turmes hoch und hißte die weiße Fahne. Schlagartig setzte der feindliche Artilleriebeschuß aus." Doch die Verteidiger Waldmünchens denken nicht daran, aufzugeben: „Wenige Minuten später rannten drei SS-Leute zur Kirche und schrien: ‚Wer hat die Fahne da raus getan? Die Fahne muß wieder runter! Wo ist der Kerl?'" Kussinger und Eisenhart können gerade noch entkommen, und die Fahne wird wieder abgenommen – eine Chance ist vertan.

Waldmünchen, Marktplatz: Siegesparade des amerikanischen 358. Infanterieregiments.

Bis zum Abend steht nun die Stadt unter Beschuß der amerikanischen 90. Infanteriedivision. Ein Gebäude nach dem anderen geht in Flammen auf, die Straßen sind mit zerborstenen Fensterscheiben übersät, vier Menschen liegen tot vor einem Haus, weil sie es nicht mehr geschafft haben, sich in den Keller zu retten. In Sicherheit aber sind – Kreisleiter Seidel, Hauptmann Stöhr und die NS-Prominenz Waldmünchens. Volkssturmmann Richard Wagner, der sich noch eben der Befehlsverweigerung schuldig gemacht und sich von seiner Einheit abgesetzt hat, weil er in die Stadt will, um löschen zu helfen, läuft unterwegs beinahe Seidel und Stöhr in die Arme, die das brennende Waldmünchen betrachten und feixen: „Nun brennt es endlich, das schwarze Rattennest!"

Wehrmacht und SS halten sich überraschend lange, müssen dann aber Stück für Stück die Stadt aufgeben. Auf ihrem Rückzug Richtung Böhmerwald liefern sie sich regelrechte Straßenkämpfe mit den vordringenden amerikanischen Truppen. Vom Volkssturm hingegen ist nichts zu bemerken. Ein Teil der Männer hat sich recht frühzeitig unter dem Vorwand, sich zur Feldküche zu begeben, aus der Stellung bei Haselbach verdrückt; die anderen melden sich regulär zum Löscheinsatz in der Stadt ab, geraten aber immer wieder unter feindliches Feuer und sind deshalb gezwungen, ohnmächtig vom Waldrand aus Waldmünchens Zerstörung zu verfolgen.

Gegen 17 Uhr sind die Kämpfe abgeflaut, und die ersten amerikanischen Panzer fahren in die Stadt ein. Hier und da fällt noch ein Schuß aus dem Hinterhalt, den die Amerikaner mit ganzen Salven beantworten. Ein Teil des 358. Regiments der 90. Infanteriedivision nimmt die Verfolgung der nach Böhmen flüchtenden deutschen Truppen auf, der Rest besetzt Straße um Straße die Stadt. Die Bevölkerung traut sich aus ihren Kellern heraus und muß entsetzt feststellen, daß überall Brände lodern.

40 Prozent Waldmünchens sind mehr oder weniger unbewohnbar geworden. Besonders betroffen ist die Bachgasse, in der 12 von 15 Gebäuden völlig zerstört sind, auch die Untere und

die Obere Bräuhausstraße, die Schützenstraße und der Marktplatz sind schwer mitgenommen. Insgesamt sind 100 Gebäude beschädigt, die meisten im Zentrum gelegen. In kulturgeschichtlicher Hinsicht ist der Verlust des Kommunbrauhauses nicht mehr gutzumachen. Auch die Stadtpfarrkirche ist schwer in Mitleidenschaft gezogen, wie Pfarrer Josef Kraus klagt: „Zwei Volltreffer hatten das Gewölbe durchschlagen; ein ganz schwerer saß im nördlichen Seitenschiff. Die ersten drei Bänke der Frauenseite waren ganz zusammengeschlagen. Man sah dort in den freien Himmel hinauf. Ein anderer Volltreffer hatte das Gewölbe der Gnadenkapelle durchbrochen und die Gelübdetafel in den Trümmern begraben. Das Gnadenmutterbild dagegen blieb unbeschädigt. Die Wand, an der es hing, hatte nicht einmal einen Riß bekommen. Diese Umstände steigerten in der Folgezeit die Verehrung des Bildes. Alle bemalten Fenster der Kirche waren zerbrochen, die Hochwände hatten viele Löcher durch Granatsplitter erhalten und das Dach war ganz schwer beschädigt. Ein weiterer Volltreffer saß im Turm unmittelbar unter dem Ansatz der Kuppel."

Vor allem aber fallen der „Verteidigung" Waldmünchens acht Zivilisten und zehn Wehrmachtsangehörige zum Opfer – ein hoher Preis für eine von vornherein verlorene Sache.

Unbeeindruckt von den Ereignissen meldet sich am selben Tag der jüngste Einwohner des Landkreises Waldmünchen an. In Prosdorf liegt eine Frau in den Wehen und benötigt Hilfe. So hat Erna Gruber, die Hebamme des Gebiets, auch an diesem Donnerstag zu tun. Obwohl ihr alle davon abraten – die Stadt liegt noch unter schwerem Beschuß – zögert Frau Gruber nicht zu kommen. Sie stülpt sich eine Rot-Kreuz-Binde über den Ärmel, besteigt ihr Rad und fährt los. Sie läßt sich nicht von der Panzersperre am Ortsausgang aufhalten, auch nicht von den über sie hinwegschießenden Amerikanern, die in Hochabrunn ihre Geschützstände aufgebaut haben. Gelegentlich zurückblickend, sieht sie Waldmünchen brennen, radelt aber weiter. Sie kommt noch rechtzeitig an, zusammen mit dem Kindsvater, der seine Volkssturmeinheit verlassen darf und froh ist, seine Uniform ausziehen zu können.

In der Nacht ist es in Furth im Wald zu dem am 24. April angekündigten Granatenbeschuß durch die Amerikaner gekommen, 15 Einschläge in der Bahnhofsgegend werden gezählt. Unaufhaltsam nähern sich im Verlauf des Tags die amerikanischen Panzer der Stadt. Ein SS-Sturmführer namens Gutovsky bildet in der Eile noch eine kleine Widerstandsgruppe und eröffnet Störfeuer, doch mehr als die sinnlose Sprengung der Eisenbahnbrücke wird nicht erreicht – nachmittags zwischen 16 und 17 Uhr ist Furth im Wald in amerikanischer Hand.

Für die Gemeinde ist der Krieg, was die Zerstörung des Stadtbilds angeht, glimpflich ausgegangen. Schlimmer sind die Menschenverluste: Gemessen an den 5828 Einwohnern im Jahre 1939 machen die 320 Gefallenen und 196 Wehrmachts- sowie 10 Zivilvermißten doch einen Bevölkerungsverlust von ca. 9 Prozent aus. Bürgermeister Hörmann nimmt später für sich in Anspruch, er habe die Stadt vor größerem Schaden bewahrt, indem er eine Einheit der noch intakten 11. deutschen Panzerdivision, die im Einberg Stellung bezogen hatte und entschlossen war, den Amerikanern die Stadt wieder abzuringen, zum Abzug habe bewegen können.

An Paulushofen vollzieht sich das Schicksal, das ursprünglich Berching zugedacht war, denn die SS-Panzerdivision „Götz von Berlichingen" hat sich tatsächlich in dem Gelände um Paulushofen eingenistet und versucht dort, den Vormarsch der Amerikaner aufzuhalten. Unteroffizier Paul Kraus, der an den Kämpfen um Paulushofen teilgenommen hat, erinnert sich an die Katastrophe, aus der er selbst freilich dank einer List unbeschadet hervorgehen wird: „Paulushofen wurde abends [am 25. April] von den Amerikanern eingenommen, aber die Deutschen warfen sie wieder hinaus. Ich war beim Feigenbauer. In der Nacht vom 25. auf den 26. April wurde Paulushofen beschossen, der ganze Ort zerstört, es brannte lichterloh. Ich half bei den Löscharbeiten. Die Amerikaner rückten ein. Ein Offizier stellte mir mehrere Male die Frage: ‚Du deutscher Soldat?' Ich verneinte, denn ich wollte nicht in Gefangenschaft geraten, sondern nach Hause kommen. Aber wie? Beim Feigenbauer war eine Russin beschäftigt, sie lieh mir das Ostzeichen, ein gelb-blaues Abzeichen, das alle Ostarbeiter tragen mußten. Ich nähte es an den Rock, setzte mich auf einen amerikanischen Panzer, sprang bei Beilngries ab und war gegen 14 Uhr daheim."

Die Schlacht um Regensburg findet nicht statt. Noch in der Nacht, gegen 2 Uhr, beginnt die 65. US-Infanteriedivision, die Donau bei Bad Abbach zu überqueren; gegen 4 Uhr setzen bei Donaustauf Kämpfe ein, dort gelingt es der 71. Infanteriedivision noch am Morgen, die Donau zu passieren und eine Notbrücke zu errichten; am Abend ist Obertraubling besetzt. In beiden Fällen muß nur relativ leichter Widerstand überwunden werden: Die beiden deutschen Divisionen, die die Donauverteidigungslinie halten sollen, haben aufgrund des Umwegs, den die gesprengten Donaubrücken erforderlich machen, keine Zeit mehr, ihre Stellungen solide auszubauen. Zudem ist ihre Kampfkraft nach dem strapaziösen Fußmarsch geschwächt.

Völlig unerwartet bekommt es jedoch das 261. Regiment der 65. Infanteriedivision mit Teilen der 38. SS-Division „Nibelungen" zu tun, als es bei Kapfelberg über die Donau setzen will. Den deutschen Soldaten steht eine Panzerabwehrkanone zur Verfügung; mit jedem der 30 noch vorhandenen Schuß treffen sie ein amerikanisches Boot, so daß es zu starken Verlusten seitens der Amerikaner kommt. 56 Gefallene und 197 Verwundete muß das Regiment hinnehmen, die Deutschen verlieren 32 Mann, von denen übrigens keiner über 18 Jahre alt ist.

Es wird 17 Uhr, bis auch das 261. Regiment der 65. Division die Donau überschritten hat. Weiter als bis Peising kommt es an diesem Tag nicht mehr. Das etwa fünf Kilometer breite Gebiet zwischen Hohengebraching und Obertraubling, das vom 261. Regiment noch vor Einbruch der Nacht hätte besetzt werden sollen, bleibt frei und der Ring um Regensburg ist noch nicht geschlossen. Diesem Umstand ist in erster Linie die Rettung der Stadt zu verdanken.

Mittlerweile hat sich das Verteidigungskonzept des LXXXII. deutschen Korps geändert. Da sich die 416. Division, die die Donaulinie beiderseits Regensburgs zu halten gehabt hätte, bis nach Köfering zurückziehen mußte, zudem bei der Korpsführung die Falschmeldung eingegangen war, daß Regensburg bereits gefallen sei, beschließt der Befehlshaber, an der Isar eine neue Verteidigungslinie mit Landshut als Zentrum einzurichten. Am Abend funkt die Kampfgruppe Regensburg an das Generalkommando nach Landshut, sie sei für den am nächsten Morgen erwarteten Angriff der Amerikaner einsatzbereit. Angesichts der veränderten Lage ist die Verteidigung Regensburgs jedoch sinnlos geworden. Zum einen ist abzusehen, daß sich die Kampfgruppe Regensburg mit ihren 2 400 Mann gegen einen 20fach überlegenen Gegner nicht allzu lange würde behaupten können, zum anderen ist das ohnehin schon geschwächte LXXXII. Korps dringend auf Verstärkung angewiesen. Es liegt also nahe, die Besatzung Regensburgs an die Isar zu beordern und die Stadt aufzugeben.

Gegen 21 Uhr ruft Generalleutnant Tolsdorff, Kommandierender General des LXXXII. Armeekorps, im Fürstlichen Schloß Regensburg, dem Sitz der örtlichen Kampfgruppe, an und

Regensburg–Prüfening.

Regensburg-Obertraubling, Messerschmitt-Gelände.

will wissen, ob es möglich sei, die Truppe aus der Stadt herauszuführen. In der sofort abgehaltenen Lagebesprechung zwischen Kampfkommandant Hüsson, Major Matzke und Major Bürger beschreibt Matzke die Alternative, vor der Regensburg steht – Verteidigung bis zum letzten oder Ausbruch der Besatzung auf breiter Front – und schlägt vor, den Ausbruch zu wagen. Major Bürger, seit einigen Tagen stellvertretender Kampfkommandant, widerspricht diesem Plan energisch, denn eine Räumung in der von Matzke vorgetragenen Weise könne zu Kampfhandlungen führen und dadurch verheerende Folgen für die Stadt haben. Stattdessen entwickelt er die Idee, die Soldaten sollten gewissermaßen im Gänsemarsch die Stadt verlas-

Regensburg, „Poststall“.

sen. Da er im Gegensatz zu den beiden anderen Offizieren ortskundig ist, weiß er auch, auf welchem Schleichweg dies geschehen muß: „Regensburg kann geräumt werden auf dem Weg durch die Kavalleriekaserne über den Napoleonstein, Scharmassing, dicht westlich an den Schießständen bei Höhenhof vorbei über Wolkering in Richtung Landshut, wenn die Bewegungen vor Morgengrauen abgeschlossen sind. Dabei können alle Sperren bis auf die südlich der Galgenbergbrücke beim Hauptbahnhof geschlossen bleiben. Sie sichern sogar unsere Bewegungen.“

Major Hüsson schließt sich Bürgers Meinung an, verständigt das Generalkommando in Landshut umgehend von dem Plan und erhält wenig später die Order: „Auf Befehl des Oberkommandos des Heeres räumt der Kampfkommandant mit den Kampftruppen die Stadt Regensburg! Nach gelungener Räumung ist die Kampfgruppe der 416. Infanteriedivision unterstellt! Nach Abzug der Kampfgruppe ist Regensburg eine offene Stadt. Der Volkssturm ist zu entlassen!“

Da man in Regensburg mit diesem Befehl gerechnet hat, ist der Abzug der Soldaten bereits vorbereitet, es ist keine Zeit zu verlieren. Mehr als fünf Stunden darf die Räumung nicht dauern, denn im Morgengrauen könnten die Amerikaner die Truppenbewegung bemerken und das Feuer eröffnen. Oberbürgermeister Dr. Schottenheim hat in aller Eile die notwendigen Fahrzeuge organisiert und bedauert es nicht im geringsten, daß die Kampfgruppe abzieht, hat er doch durch den seit Mittwoch währenden Beschuß seitens der im Norden der Stadt postier-

Nähe Wackersdorf: In dieser Hütte lebte ein Scherenschleifer, Kessel- und Regenschirmflicker. Die Notunterkunft war aus einer ehemaligen Postkutsche gezimmert.

ten amerikanischen Artillerie einen Vorgeschmack davon bekommen, was die geplante Schlacht um Regensburg bedeutet hätte.

Nur einer ist verärgert, und zwar Kreisleiter Weigert. Dieser war mit einigen Angehörigen seines Stabs bereits am Abend des 25. April bei Major Hüsson erschienen und hatte sich darum bemüht, „als Gewehrträger in vorderer Linie eingesetzt zu werden". Selbstverständlich war man den Selbstmordabsichten der Parteigenossen gerne entgegengekommen, nun aber wird sich der Wunsch des Kreisleiters nicht erfüllen, weil er ja den Volkssturm entlassen muß. So bleibt ihm nichts anderes übrig, als zusammen mit der Kampfgruppe Regensburg zu verlassen und den Tod anderswo zu suchen.

Freitag, 27. April 1945

Noch immer liegen Tote auf den Trümmergrundstücken der Stadt Schwandorf. Doch die Polizei findet nicht genügend Freiwillige, die bei der grausigen, aber notwendigen Arbeit der Leichenbergung mithelfen wollen. Anfang Mai greift die Militärregierung ein: „Es besteht die größte Gefahr eines Seuchenausbruchs, da nicht alle Leichen geborgen sind. Alle Geschäfte und Ämter bis auf das Einwohner- und Wirtschaftsamt werden für zwei Tage geschlossen. Alle Männer und einsatzfähigen Frauen werden zum Großeinsatz aufgerufen. … Der Abtransport der Leichen hat mit allen zur Verfügung stehenden Wagen zu erfolgen." Da die Bevölkerung

Schwandorf, Bahnhofstraße.

auch diesem Aufruf nur zögernd nachkommt, werden alle ehemaligen NSDAP-Mitglieder zwangsweise zu den Bergungsarbeiten herangezogen, so daß diese Mitte Mai im wesentlichen beendet sind.

Die Gebote der Pietät lassen sich in einer zerstörten Stadt, in der nicht einmal das tägliche Überleben gesichert ist, schwer einhalten: „Auf die Leichen auf den Straßen wurde nicht viel Rücksicht genommen. Lagen diese im an sich schon behinderten Verkehrsstrom, schob man sie zur Seite, dann glitten sie in einen Bombentrichter, und nachrutschender Schutt verbarg die Leichen. Nach dem Einmarsch der Amerikaner wurden zur Räumung der Straßen amerikanische Räumfahrzeuge eingesetzt. Ich habe selbst gesehen" – so eine erschütterte Zeugin – „wie mit dem Schutt auch Menschenteile, ja ganze Leichen in Bombentrichter geschoben wurden."

Unter diesen Umständen wird sich die genaue Anzahl der Toten von Schwandorf letztlich nicht exakt feststellen lassen, völlig unmöglich ist es, eine lückenlose Namenliste der Opfer zu erstellen. Sicher sind es mehr als 1250, denn aus unerfindlichen Gründen werden Kinder nicht in der Statistik erfaßt.

Major Bürger gelingt es tatsächlich, die Kampfgruppe Regensburg unbemerkt von den Amerikanern aus der Stadt herauszuführen. Um 4 Uhr ist Regensburg truppenfrei. Oberleutnant Fischer läßt sämtliche Waffen, die nicht mitgenommen werden können, im Kasernenhof der von-der-Tann-Kaserne verbrennen, so daß der Feind keine Beute machen kann.

Während die Stadt noch geräumt wird, fragt der Führer der Nachhut, Major Matzke, Oberbürgermeister Schottenheim, dem nun – unausgesprochen – das Kommando über die Stadt anvertraut ist, wie er auf die neue Situation zu reagieren gedenke. Dieser zögert nicht lange und antwortet: „Ich unterstelle mir die gesamte Polizei und übergebe die Stadt an die Amerikaner." Dies ist allerdings leichter gesagt als getan. Denn zunächst muß er einige Volkssturmführer, die auch jetzt noch bis zur letzten Patrone kämpfen wollen, zur Räson bringen, was ihm allerdings dadurch erleichtert wird, daß sich die Polizei tatsächlich ohne weiteres seinem Machtanspruch fügt. Vor allem aber müssen die Amerikaner noch in der Nacht darüber informiert werden, daß sich keine Truppen mehr in der Stadt befinden, andernfalls würde ja am Morgen der erwartete Großangriff einsetzen.

Schottenheim bespricht die Lage mit seinem Schwager, General a. D. Leythaeuser und teilt diesem seine Absicht mit, einen Parlamentär in die Befehlszentrale der 71. US-Infanteriedivision zu entsenden. Ohne zu zögern, bietet sich dieser für die gefährliche Mission an. Schottenheim überreicht ihm noch ein Beglaubigungsschreiben, und schon fährt Leythaeuser, von den Volkssturmleuten Klug und Meier begleitet, Richtung Barbing los – in der Hoffnung, dort einen Offizier anzutreffen, der befugt ist, die Kapitulation der Stadt entgegenzunehmen. Dort gegen 7 Uhr angekommen, werden die drei Männer von zwei amerikanischen Posten abgefangen und nach kurzem Wortwechsel nach Sarching geleitet, wo sich der Stab der 71. Division einquartiert hat.

Der amerikanische General, mit dem Leythaeuser nun spricht, ist zunächst ungläubig, da er sich kaum vorstellen kann, daß Regensburg, ohne daß es seine Späher bemerkt hätten, frei von Truppen sei, ist dann aber doch von der Ernsthaftigkeit des Kapitulationsangebots zu über-

Soldaten des 260. Regiments der 65. US-Division marschieren über die Galgenberger Brücke in Regensburg ein.

zeugen. Sofort läßt er den Beschuß einstellen, der auch in der Nacht über der Stadt liegt, kann aber nur einen befristeten Waffenstillstand anbieten, da der 65. US-Infanteriedivision, die den Hauptangriff auf Regensburg vorzutragen hat, die Zuständigkeit für die Entgegennahme einer Kapitulation zukommt. Leythaeuser läßt sich von solch bürokratischen Hindernissen nicht aufhalten und fährt gleich mit seinem Wagen, von einem Vertreter der 71. Division eskortiert, in die Nähe von Bad Abbach, wo sich die 65. Division gerade anschickt, Regensburg anzugreifen. Auch hier glaubt man ihm – der Rest ist Formalität. Leythaeuser muß eine Urkunde unterschreiben, in der unter anderem versichert wird, daß alle Regensburger ihre Waffen abliefern und die Straßensperren beseitigen.

Am Vormittag wiederholt sich eine ähnliche Prozedur im Fürstlichen Schloß, wo sich – ein Mann von offensichtlich gutem Geschmack – der Kommandierende General der 65. Division bereits eingerichtet hat. Hier vollzieht Oberbürgermeister Dr. Schottenheim eine seiner letzten Amtshandlungen, indem er offiziell die Stadt übergibt.

Nun dauert es noch etwas, bis die Amerikaner einmarschbereit sind. Um 14 Uhr ist es jedoch soweit, daß die Soldaten der 65. Infanteriedivision die Kumpfmühler und die Galgenberger Brücke überschreiten. Regensburg hat das Schlimmste hinter sich und geht doch schweren Zeiten entgegen.

Die hygienische Situation in Regensburg ist den Umständen entsprechend – zunächst – unter Kontrolle. Grassierte im Stadtteil Kumpfmühl von Januar bis Anfang April noch eine regelrechte Typhusepidemie, an deren Folgen 16 Personen gestorben waren, so wurden Mitte April nur noch zwei Verdachtsfälle gemeldet. Ursache der Epidemie war die Zerstörung der Wasserzuleitung wie des Abwasserkanals bei den verschiedenen Bombenangriffen. Allerdings appelliert Obermedizinalrat Dr. Scharff in einem Schreiben vom 27. April, dem Tag der Besetzung der Stadt, an den Oberbürgermeister, zur Verhütung weiterer Seuchen dafür zu sorgen, „daß die Wasserleitung wieder in vollem Umfang funktioniert", denn „der Stadtteil Kumpfmühl ist noch ohne Wasser und entnimmt das Wasser dem dort sich befindenden Vitusbach, der seinerzeit durch die Abwässer infiziert wurde und die Typhusepidemie verursachte."

Dem Bericht von Dr. Scharff zufolge treten andere Ansteckungskrankheiten wie Diphtherie, Scharlach, Fleckfieber, Kinderlähmung nicht höher auf als in normalen Zeiten, was angesichts der miserablen Ernährungslage und der damit verbundenen Schwächung der körpereigenen Abwehr erstaunlich ist. Nur die Ausbreitung von Lungentuberkulose ist etwas höher als sonst. Das Schreiben des Arztes schließt mit einer Warnung, die in Friedenszeiten kaum vorstellbar ist: „Eine gesundheitliche Gefährdung bilden die vielen noch unbeerdigten Leichen. Es muß sofort dafür gesorgt werden, daß der regelmäßige Abtransport spätestens am Tag nach dem Ableben erfolgt und die Bestattung innerhalb 48–72 Stunden stattfindet. Dazu ist Treibstoff und die Freigabe der Leichenfahrzeuge notwendig."

Samstag, 28. April 1945

Der Führer der italienischen Faschisten, Benito Mussolini, wird, nachdem er am Vortag von Partisanen gefangengenommen worden war, hingerichtet. Die öffentliche Zurschaustellung des toten „Duce“ in Mailand beeindruckt den an Selbstmord denkenden Hitler zutiefst und bewegt ihn dazu anzuordnen, daß sein Leichnam verbrannt werden soll.

Die Alliierten weisen Heinrich Himmlers auf die Westfront beschränktes Kapitulationsangebot zurück und bekräftigen aufs neue, daß sie nur eine Gesamtkapitulation der Wehrmacht akzeptieren würden. Himmlers Vorschlag wurde den Alliierten am 24. April durch den schwedischen Vizepräsidenten des Roten Kreuzes, Graf Bernadotte, überbracht und sollte den Westmächten die Möglichkeit bieten, ungehindert nach Osten vorzustoßen, um den von Deutschland alleine nicht mehr zu gewinnenden Kampf gegen die Sowjetunion zu unterstützen. Doch auch dieser Versuch, die „perverse Koalition zwischen Plutokratie und Bolschewismus“ (Goebbels) zu spalten, war von vornherein zum Scheitern verurteilt. Himmler wird für sein eigenmächtiges Handeln aus allen Ämtern verstoßen; nach Göring ist nun der zweite Kandidat, der sich Hoffnungen auf Hitlers Nachfolge machen durfte, aus dem Rennen.

Der absurde Plan Himmlers – als Reichsführer SS und Innenminister verantwortlich für die Konzentrationslager und Personifizierung nationalsozialistischer Unmenschlichkeit – zeugt von einer völligen Fehleinschätzung der politischen und militärischen Absichten insbesondere der USA: Weshalb sollten die West-Alliierten ihr zwei Jahre zuvor gemeinsam mit Stalin in Casablanca erklärtes Kriegsziel, den Nationalsozialismus zu zerschlagen, aufgeben, wo doch die geradezu sittliche Notwendigkeit des bedingungslosen Kampfes gegen den Nationalsozialismus mit jedem befreiten Konzentrationslager aufs neue bestätigt wird? Mit Deutschland gemeinsame Sache gegen die Sowjetunion zu machen, wäre einer Billigung der Verbrechen des Nationalsozialismus gleichgekommen.

Seit sechs Tagen schweigen die Waffen in Nabburg, nun treffen die Nachkriegswirren die Stadt fast schlimmer als der Krieg selbst. Neben dem üblichen Problem, mit Versorgungsengpässen aller Art fertig werden zu müssen, hat Nabburg besonders unter den befreiten Kriegsgefangenen zu leiden. Daß diese nun nicht mehr als billige Arbeitskräfte in den Betrieben, insbesondere der Landwirtschaft, zur Verfügung stehen, kann man noch nachvollziehen – schließlich hat man den Krieg verloren. Erbitterung kommt jedoch auf, weil sich ehemalige polnische und russische Kriegsgefangene in teilweise vandalischer Manier den Besitz der Einheimischen aneignen. Sie überfallen Bauernhöfe und plündern sie, wobei das Vieh oft sinnlos geschlachtet wird. Wildernd machen sie die Wälder unsicher, Weiher werden einfach abgelassen, um bequem an die Fische heranzukommen. Wer sein Eigentum verteidigen will, riskiert sein Leben. Haben die Plünderer keine Schußwaffe zur Hand, dann erschlagen sie die Männer, die es wagen, sich ihnen entgegenzustellen. So wird der Betriebsleiter der Flußspatgruben in Wölsendorf zusammen mit seinem Sohn zu Tode geprügelt, in ebenso sadistischer Weise wird der örtliche Revierförster umgebracht. Die amerikanische Besatzung, es ist das 358. Infanterieregiment der 90. US-Division, sieht diesem Treiben anfangs tatenlos zu. Schließlich hat deren Kommandant ein Einsehen und läßt die osteuropäischen displaced persons – so die offizielle Bezeichnung der befreiten Kriegsgefangenen und heimatlosen Fremdarbeiter – wieder im ehemaligen Kriegsgefangenenlager unterbringen. Zugleich setzt er sich für einen beschleunigten Transfer der DPs in ihre Heimatländer ein.

Zu den üblichen Maßnahmen der Besatzer zählen die Entfernung der Nationalsozialisten aus ihren Ämtern sowie Verhöre der Mitglieder der NSDAP. Da die Amerikaner naturgemäß oft nur mangelhaft über die lokalen Verhältnisse und die jeweilige Beteiligung eines Parteigenossen an den Verbrechen des Regimes unterrichtet sind, bietet sich manche Gelegenheit zur Abrechnung, auch in unpolitischer Hinsicht: Es genügt, einen unliebsamen Vorgesetzten oder einen Nachbarn, mit dem man in Streit gelebt hat, als aktiven Nationalsozialisten zu diffamieren, und schon ist ein Beförderungsproblem gelöst oder ein Rachebedürfnis gestillt. Reicht dies nicht aus, so kann man in diesen wirren Zeiten ohne sonderliches Risiko anderweitig nachhelfen, wie etwa im Fall des Nabburger Bürgermeisters Josef Haller. Dieser war schon am 24. April von den amerikanischen Nazi-Fahndern vernommen worden und sollte interniert werden. Da ihm jedoch seitens der Bevölkerung ausschließlich positive Leumundszeugnisse ausgestellt wurden, konnte er sein Amt weiterhin ausüben.

Josef Haller, Bürgermeister von Nabburg.

Kurz darauf schwärzt man Haller bei den Amerikanern an: Am 28. April wird der Bürgermeister von drei GIs aus seinen Amtsräumen abgeholt – ungeklärt ist, ob es sich dabei nur um einen Vorwand handelt –, da er die Quellschächte der Nabburger Wasserversorgung inspizieren soll. Die anschließende Fahrt mit dem Jeep geht in den Wald bei Passelsdorf. Was dann genau geschieht, wird nie an den Tag kommen. Einige Zeugen berichten jedoch übereinstimmend, sie hätten das Militärfahrzeug ohne Haller zurückkehren sehen. Während die Frau des Bürgermeisters noch, beunruhigt von dem ungewöhnlich langen Fernbleiben ihres Mannes, bei den Amerikanern nach ihm fragt, findet der Bauer Michael Kreckl am Rande eines Waldwegs Hallers übel zugerichtete Leiche. Der Bürgermeister ist zwei Schußwunden und einem Messerstich ins Auge erlegen. Da solche Methoden nicht zum Repertoire der Amerikaner zählen, auch keinerlei Verbindung zwischen den GIs und Haller besteht, aus der sich ein Tatmotiv ergeben hätte, scheint es naheliegend, den Mörder auf deutscher Seite zu vermuten, was aber nicht weiterführt. Die Nabburger jedenfalls sind davon überzeugt, daß das mysteriöse Verbrechen von einem ihrer Mitbürger begangen worden ist.

Sonntag, 29. April 1945

Trotz aller Bemühungen ist es den Amerikanern noch nicht gelungen, die gesundheitliche Verfassung der befreiten Lagerinsassen des KZ Flossenbürg zu stabilisieren. Seit dem 23. April sind täglich dreißig Häftlinge gestorben. Die Maßnahmen des Betreuungspersonals, das seit dem heutigen Tag unter Leitung von Captain Howard C. Rufus, dem Divisionsarzt der 97. Infanteriedivision, steht, stoßen seitens der Häftlinge auf Protest. Als reichlich geschmacklos empfinden sie, die Leichen ihrer Kameraden nicht zu bestatten, sondern sie nach Brauch der SS im Lagerkrematorium zu verbrennen. Wenig Verständnis finden auch die harten Quarantänebestimmungen, deren Einhaltung ausgerechnet von den Lagertürmen aus überwacht wird, die der SS zur Unterbindung von Fluchtversuchen gedient hatten.

Nur ungeduldig lassen die Häftlinge die zahlreichen Befragungen über sich ergehen, die Vertreter der amerikanischen Kommission für Kriegsverbrechen durchführen. Haftgründe sind zu ermitteln, Hauptschuldige wie Handlanger müssen identifiziert werden, Details über Lageralltag und Praktiken der Aufseher sind zu notieren – alles notwendig für die kommenden Prozesse, aber in den Augen vieler der Befreiten nur unnötiger Aufschub der so lange ersehnten Heimreise. Tatsächlich wird es für die meisten Mitte Mai, bis sie das Lager verlassen können.

Ein glückliches Ende für die Überlebenden? Sicher nicht für alle. Seelisch gebrochen, gesundheitlich nachhaltig geschädigt, gelingt vielen nicht die Rückkehr in ihre frühere Existenz. Ein Jahr Flossenbürg konnte ein ganzes Leben zerstören.

Einer der Todesmärsche anläßlich der Räumung des Konzentrationslagers Flossenbürg hatte am 21. April eine Kolonne von annähernd 600 Häftlingen nach Neunburg vorm Wald geführt. In den letzten Stunden dieses Tags hatte die SS über 200 Häftlinge erschossen, hauptsächlich die nicht mehr Gehfähigen. Schauplatz des Massakers war ein Waldstück am Plattenberg in unmittelbarer Nähe des Ortseingangs. Da die Amerikaner nicht mehr weit entfernt waren, mußten die Einwohner Neunburgs auf Befehl der SS am nächsten Morgen dabei helfen, 204 Tote in einem Massengrab zu beerdigen. Zwei kleinere Gräber befinden sich am „Zeitlarner Hölzl" und in einem der Wälder der Umgebung.

Trotz dieser Vorsichtsmaßnahme bleibt den Amerikanern das Verbrechen nicht lange verborgen. Die Bevölkerung Neunburgs muß nun büßen, was die SS zu verantworten hat, und das, obwohl sie – überwiegend freiwillig – bislang alles getan hat, die befreiten Häftlinge, die seit dem 23. April in ihrer Stadt sind und immer noch zuströmen, gesund zu pflegen und mit Nahrung und Kleidung zu versorgen. Die amerikanische Besatzung beschließt, die Opfer exhumieren und feierlich bestatten zu lassen. Während der Großteil der Bevölkerung gezwungen wird, die notdürftig verscharrten Leichen auszugraben und zu reinigen, werden die Schreiner Neunburgs und seiner Nachbargemeinden verpflichtet, in Tag- und Nachtarbeit primitive Särge zu zimmern, denn die Beerdigung ist auf den 29. April angesetzt.

Am Morgen dieses Tages werden sämtliche Kinder unter sechs Jahren von ihren Müttern ins Amtsgerichtsgebäude gebracht, wo sie von zwei Hebammen betreut werden. Alle Männer zwischen 17 und 60 Jahren sowie die jüngeren Frauen der Stadt müssen sich daraufhin am Plattenberg einfinden, die übrige Bevölkerung hat ein Spalier an der Hauptstraße zu bilden. Amerikanische Militärlastwagen liefern nun die Särge an, in welche die Einwohner die Leichen betten müssen. Daraufhin setzt sich der Trauerzug vom Plattenberg zum Neunburger Friedhof in Bewegung. Vier Personen tragen jeweils einen unverschlossenen Sarg. Die weiblichen Träger werden dreimal ausgewechselt, die männlichen nicht; auch die Schwachen erhalten keine Ablösung. Die Menschen, die an der Hauptstraße stehen, dürfen sich nicht abwenden; wer den schauderhaften Anblick nicht aushält, wird mit Gewalt von den GIs, die die Prozession überwachen, gezwungen, die Leichen anzuschauen.

Als der Zug im Friedhof angelangt ist, werden die Särge am Hauptweg aufgereiht. Alle Neunburger müssen jetzt an den Toten vorbeiziehen und sie sich ansehen. Mit Schlägen traktieren die Bewacher der makabren Szenerie, unter ihnen auch ehemalige Häftlinge, jeden, der versucht, die Augen zu schließen. Die nun folgenden Trauerreden sind nicht im Wortlaut überliefert; einer der Redner, ein ehemaliger KZ-Häftling, fordert jedoch verbürgtermaßen, daß jeder zehnte Neunburger erschossen werden solle. Und wie um dieses zu bekräftigen, schießen tatsächlich kurz darauf einige GIs mehrfach in die Luft.

Um 12 Uhr ist der Hauptteil der Zeremonie vorüber, den Frauen und Kindern wird erlaubt, nach Hause zu gehen; die Männer müssen bis 4 Uhr bleiben – so lange dauert es, bis die Särge in zwei großen Reihengräbern im Westteil des Friedhofs beigesetzt sind.

In den nächsten Tagen gehen die Bilder aus Neunburg um die Welt. Die Bürger der Stadt, die so traurigen Ruhm erlangt hat, müssen deshalb noch für Jahre dagegen ankämpfen, mit denen, die den Massenmord am Plattenberg begangen haben, identifiziert zu werden.

Die kampflose Besetzung des 25 Kilometer südlich von Regensburg gelegenen Marktes Schierling durch die 71. amerikanische Infanteriedivision könnte eine Routineangelegenheit genannt werden, wäre damit nicht zugleich eine Katastrophe abgewendet worden, die für Mensch und Tier in Schierling und seiner weiteren Umgebung den sicheren Tod bedeutet hätte: Die Rede ist von dem Giftgaslager im Wald südlich von Schierling.

Bereits 1937 wurde im Rahmen der Kriegsvorbereitungen des NS-Regimes mit dem Bau der Luftmunitionsanstalt 2–VII, kurz „Muna“, begonnen, 1938 war der riesige Komplex mit eigenem Gleisanschluß fertiggestellt. Da auf dem Gelände zunächst nur konventionelle Munition, Sprengstoffe und Bomben gelagert wurden, war die Bevölkerung in dem strukturschwachen Gebiet froh um die Arbeitsplätze, die Bau und Unterhalt der „Muna“ mit sich brachten, in vermehrtem Maße seit Kriegsbeginn. Die Fronten waren weit entfernt, und die Schierlinger wähnten keinerlei Gefahr für sich.

Das Erwachen kam 1944, als die eroberten Ostgebiete Stück für Stück verlorengingen. Dort waren in großen Mengen Giftgase gelagert, vor deren Einsatz das Regime dann doch zurückschreckte – zum einen, weil ihre Wirkungsweise nur unzureichend kalkulierbar war, zum anderen, weil natürlich damit gerechnet werden mußte, daß der Gegner entsprechend antworten würde. Wäre nun eines der Lager im Osten bombardiert worden, hätte dies für die deutschen Truppen verheerende Auswirkungen haben können, weshalb beschlossen wurde, die chemischen Kampfstoffe nach Schierling zu bringen. So wurden auf 60 Güterzügen 6 Millionen Kilogramm der tödlichen Fracht angeliefert, darunter das bereits im Ersten Weltkrieg eingesetzte Senfgas und das erst in den dreißiger Jahren von der IG-Farben entwickelte Tabun.

Die Bevölkerung ist in Panik, die „Muna“-Leitung beschwichtigt und beruft eigens eine Luftschutzversammlung ein, auf der den Schierlingern Sicherheitsvorkehrungen erläutert werden: Da für die Bevölkerung keine Gasmasken zur Verfügung stehen, soll sie Fenster- und Türritzen mit Zeitungspapier und einer Mehlpampe verstopfen und ansonsten den Anordnungen der Werksleitung Folge leisten. Das beruhigt niemanden, denn rasch hat sich herumgesprochen, daß chemische Kampfstoffe nicht nur durch die Kleidung, sondern auch durch Holzwände, in manchen Fällen sogar durch das Mauerwerk von Häusern dringen.

Am 20. April wird der entsetzten Bevölkerung auf einer Versammlung eröffnet, daß in Anbetracht des immer näherrückenden Feindes das Munitionsdepot gesprengt werden soll. Die

Schierlinger sollen dem Plan zufolge ihre Häuser abdichten und Lebensmittel und Wäsche im Garten vergraben. Völlig unverhofft trifft nun ein Befehl aus Berlin bei der „Muna"-Leitung ein, in dem angeordnet wird, von der Sprengung abzusehen und die Kampfstoffe in die Nähe von Straubing zu bringen. Da jedoch das Eisenbahnnetz zu dieser Zeit bereits weitgehend zerstört ist, gelingt es gerade noch, zwei Züge zum Ziel durchzubringen, der Großteil des Giftgases bleibt auf dem „Muna"-Gelände. Der Kommandant der Luftmunitionsanstalt, Major Richter, beharrt deshalb auf seiner Absicht, das Depot zu sprengen – den Amerikanern sollen keine Beweise für einen Verstoß gegen die Genfer Konvention in die Hände fallen. Es werden also auf dem gesamten Gelände 36-Zentner-Bomben verlegt, die nur noch gezündet werden müssen.

Am 23. April scheint die Katastrophe unmittelbar bevorzustehen: Feindliche Jäger sind im Anflug und werden von der Flak des „Muna"-Komplexes beschossen. Sie können vertrieben werden, kommen aber am 25. April wieder. An diesem Tag erfolgen gar drei Angriffe, bei denen – es kommt einem Wunder gleich – nur geringe Sachschäden entstehen. Zwar wird der Stadel des Bauern Maierhofer in Brand gesetzt, Schierling selbst bleibt aber unzerstört, vor allem aber – das Lager erhält keine Treffer. In dieser gefährlichen Situation beschließt ein technischer Offizier bei der „Muna", Oberleutnant Herbert Keller, etwas zu unternehmen: Einerseits will er erreichen, daß der Markt kein Kriegsgebiet mehr ist, zum andern gilt es, Major Richters Plan zu vereiteln. Keller setzt sich mit der Gauluftleitung in München in Verbindung und gewinnt diese tatsächlich dafür, das Gebiet um Schierling am 26. April zur „weißen Zone", d. h. zum militärischen Sperrgebiet, zu erklären, aus dem sämtliche Truppen entfernt werden müssen. Am selben Tag untersagt auch das Oberkommando der Wehrmacht die Sprengung des Depots. Keller wird nun damit beauftragt, den Amerikanern die „Muna" zu übergeben, und begibt sich am frühen Morgen des 27. April als Parlamentär zum Kommandeur der 71. amerikanischen Division, die schon vor den Toren Regensburgs steht. Die Amerikaner, die von der Existenz des Giftgaslagers nichts wissen, erklären nun ihrerseits umgehend Schierlings Umgebung zum Sperrgebiet. Gefahr kommt nochmals auf, als Teile der deutschen Truppen, die Regensburg in der Nacht verlassen haben, das Sperrgebiet durchqueren. Dies bleibt jedoch folgenlos, zusammen mit ihnen setzt sich auch Major Richter ab.

Als die Gefahr mit dem Einmarsch der amerikanischen Truppen endgültig beseitigt ist, besinnen sich die Schierlinger eines Gelübdes, das sie bereits am 2. April ins Auge gefaßt haben, und beschließen es dann auch zum Dank für ihre Rettung abzulegen, denn anders als durch Gottes Wirken scheint ihnen die Verschonung ihres Orts nicht erklärlich. „Wir erfüllen unser Versprechen", geloben die Gläubigen, „in der Weise, daß wir fünfzig Jahre lang am 27. April einen Feiertag mit festlichem Dankgottesdienst und Opfergang halten."

Und das Giftgaslager? Erst Ende 1946 sind die Räumungsarbeiten abgeschlossen, der Großteil der Kampfstoffe wird unbekümmert in der Nordsee versenkt.

Montag, 30. April 1945

Adolf Hitler begeht zusammen mit Eva Braun um 15 Uhr 30 Selbstmord; kurz zuvor hatte er seine jahrelange Gefährtin noch geheiratet. In Beilngries dürfte die Meldung von besonderem Interesse gewesen sein, denn Eva Braun hatte dort vier Jahre lang die Schule besucht und sich auch danach noch häufig bei ihren Großeltern in dem Ort aufgehalten.

Der gescheiterte Diktator tritt nicht von der Bühne der Weltgeschichte ab, ohne ein politisches Testament zu hinterlassen, „gegeben zu Berlin, den 29. April 1945, 4 Uhr“ und bezeugt u.a. von Goebbels und Bormann, dem Leiter der Parteikanzlei. Zu seinen Nachfolgern bestimmt Hitler Großadmiral Dönitz und Goebbels, die Reichspräsident und Reichskanzler werden sollen – es ist also kein Führer mehr vorgesehen, der alle Macht in sich vereinigt. Beide verpflichtet Hitler, „den Krieg mit allen Mitteln fortzusetzen“ – und das im Wissen, daß die Niederlage besiegelt ist. Für die Opfer, die jeder weitere Kriegstag fordert, empfindet Hitler kein Mitleid. Da der Krieg nun einmal verloren ist, muß er natürlich betonen, daß ihn andere begonnen hatten: „Es ist unwahr, daß ich oder irgend jemand anderes in Deutschland den Krieg im Jahre 1939 gewollt habe. Er wurde gewollt und angestiftet ausschließlich von jenen internationalen Staatsmännern, die entweder jüdischer Herkunft waren oder für jüdische Interessen arbeiteten.“ Mehr als eine militärische Niederlage will Hitler in dem verlorenen Krieg nicht erblicken, die nationalsozialistische „Mission“ ist zurückgeworfen, aber nicht desavouiert. So hält er nicht nur daran fest, „daß unsere Aufgabe des Aufbaues eines nationalsozialistischen Staates die Arbeit kommender Jahrhunderte darstellt“, sondern äußert auch die Gewißheit, es werde „in der deutschen Geschichte ... wieder der Same aufgehen zur strahlenden Wiedergeburt der nationalsozialistischen Bewegung.“ Der letzte Satz des Testaments ist – ohnmächtiger – Befehl und zugleich Manifest von Rassenwahn im allgemeinen und Judenhaß im besonderen: „Vor allem verpflichte ich die Führung der Nation und die Gefolgschaft zur peinlichen Einhaltung der Rassengesetze und zum unbarmherzigen Widerstand gegen den Weltvergifter aller Völker, das internationale Judentum.“

Dönitz, der erst am 3. Mai von den näheren Umständen des Todes Hitlers erfährt, setzt in einem Tagesbefehl an die Truppe die Legende in die Welt, daß Hitler einen heroischen Tod gestorben sei: „Der Führer ist gefallen. Getreu seiner großen Idee, die Völker Europas vor dem Bolschewismus zu bewahren, hat er sein Leben eingesetzt und den Heldentod gefunden. Mit ihm ist einer der größten Helden deutscher Geschichte dahingegangen.“

Für längere Nachrufe ist in diesen Tagen keine Zeit mehr. Vor allem ist kaum vorstellbar, daß sich noch viele für sie interessiert hätten. Für die, die in den bereits von den Alliierten besetzten Gebieten leben, hat die Zeit nach Hitler schon begonnen. Die Mehrzahl der Bevölkerung der noch unerobert Teile des Deutschen Reichs wiederum ist nicht an Legenden, sondern am Überleben interessiert.

Der Landkreis Kötzting wird als letztes größeres Gebiet der – heutigen – Oberpfalz in das Kriegsgeschehen einbezogen. In deren äußerstem Osten gelegen, befindet er sich unmittelbar im Einflußbereich der 11. deutschen Panzerdivision, die im böhmischen Taus stationiert ist. Dies mag die amerikanischen Truppen, die bereits am 23. April Cham erobert hatten, dazu bewogen haben, auf ihrem Weg nach Süden zunächst nicht allzu weit östlich vorzustoßen. Am 23. April nehmen sie zwar noch Miltach im Südosten Chams, von da an verzögert sich aber der Vormarsch des XII. US-Korps deutlich. Man begnügt sich amerikanischerseits damit, die Eisenbahnverbindungen nach Kötzting zu behindern bzw. zu unterbrechen. So wird bereits am 20. April ein Personenzug, der zwischen Kötzting und Cham verkehrt, von Tieffliegern angegriffen, und noch am selben Tag beschädigen Bomber die Bahnhöfe von Miltach und Blaibach schwer. Dabei werden in Miltach zahlreiche Verwundete, die in einem Lazarettzug liegen, erneut verletzt. Die Amerikaner lassen sich also mit ihrem Vormarsch Zeit und setzen ihre Pan-

Regensburg, Frauen im Kriegsgefangenenlager am Hohen Kreuz.

zer erst am 25. April Richtung Kötzting in Bewegung. SS und Wehrmacht versuchen nun, die Bevölkerung mit Terror zum Widerstand aufzupeitschen: Am 25. April wird der Schmied Wolfgang Stöger aus Wettzell von der SS erschossen, tags darauf läßt ein Luftwaffenhauptmann den Landwirt Josef Frisch ohne gerichtliches Verfahren erschießen.

Es hilft alles nichts. Eine in Kötzting stationierte Einheit mit 200 Fahnenjunkern setzt sich ab, als die Amerikaner nahen, wobei sich einzelne ihrer Mitglieder zu Werwolfgruppen zusammenschließen und in den umliegenden Wäldern Zuflucht suchen. Kötzting ist seit dem 26. April in amerikanischer Hand. Die Kämpfe um das östliche Gebiet des Landkreises ziehen sich jedoch noch bis zum 30. April hin. Der Widerstand der deutschen Truppen wird von der amerikanischen Seite mit erheblichen Zerstörungen beantwortet: Großaign, Lederdorn, Warzenried, Engelshütt und Lohberg, wo sich die Kämpfe konzentrieren, werden für eine aussichtslose Sache den Schrecken des Kriegs ausgesetzt. Mit der Einnahme dieser Orte am 30. April steht nicht nur der Landkreis Kötzting vollständig unter Kontrolle der US-Truppen, zugleich ist auch das Ende der Kriegshandlungen in der Oberpfalz nahezu erreicht.

Die Regensburger Bevölkerung wird mit Plakaten auf eine überall durchgeführte Maßnahme der Besatzungsmacht hingewiesen: „Bekanntmachung: Sämtliche Photographenapparate, einschließlich Linsen, Etuis, Entfernungsmesser, Kinoapparate, Stative, Film, Feldstecher und Zubehöre müssen an amerikanische Armee-Behörden der unten angegebenen Tabelle noch abgegeben werden. Verweigerung, diese Gegenstände abzugeben, macht die Schuldigen als Saboteure strafbar. Keine Apparate dürfen Soldaten in den Straßen oder anderen Plätzen über-

Regensburg, Durchgangsquartier für amerikanische Soldaten.

Nähe Regensburg, Freizeitzentrum des XII. US-Korps.

geben werden. Sie sind nur gegen Empfang einer Quittung an der bestimmten Stelle auszuhändigen. Sie werden dort aufbewahrt und bewacht werden, um am Ende des Krieges den Eigentümern wieder zurückerstattet zu werden. Auf Befehl der Militärregierung."

Drei Tage nach der Besetzung Regensburgs wird Oberbürgermeister Dr. med. Otto Schottenheim verhaftet und wenig später in ein Internierungslager überstellt. Diese Maßnahme der Amerikaner war durchaus zu erwarten, denn ohne Zweifel ist Schottenheim ein exponierter Nationalsozialist. Dementsprechend wird er auch zwei Jahre später im Zuge der Entnazifizierung als „Hauptschuldiger" eingestuft und zu viereinhalb Jahren Arbeitslager verurteilt werden.

Viele Regensburger bedauern die Amtsenthebung Schottenheims. Angesichts seiner Verdienste um ihre Stadt ist für sie seine Parteizugehörigkeit von geringer Bedeutung. Vor allem zwei Dinge werden ihm hoch angerechnet: zunächst das von ihm maßgeblich beeinflußte Projekt einer Siedlung, die denn auch bis 1945 seinen Namen trägt, zweitens seine entscheidende Rolle bei der kampflosen Übergabe der Stadt an die Amerikaner.

Natürlich gibt es auch Schottenheim-Gegner in Regensburg: In diesem Lager ist unvergessen, daß Schottenheims Wohltaten sich nicht auf alle gleichermaßen erstreckten. Sie erinnern daran, wie sich der Oberbürgermeister mit Nachdruck dafür einsetzte, daß nur diejenigen Wohnrecht bzw. Eigentum erhielten, die als systemloyal gelten durften. Einer der Siedler hatte nachweisbar auf Betreiben Schottenheims wegen „Verächtlichmachung des bestehenden Staates und wegen politischer Unzuverlässigkeit" die Kündigung erhalten. Darüber hinaus, so argumentieren die Schottenheim-Kritiker, verfolgte der Oberbürgermeister mit seiner Siedlung eindeutig die Ziele nationalsozialistischer Familienpolitik: Frauen mußten sich bereiterklären, ihren Beruf aufzugeben. Drei Jahre nach dem Einzug mußte ein Kind geboren sein. Kinderlose oder Personen, die das fortpflanzungsfähige Alter bereits überschritten hatten, bekamen nur in seltenen Fällen einen Mietvertrag.

Auch das Verdienst, an der Kapitulation Regensburgs mitgewirkt zu haben, mindert sich in den Augen der Schottenheim-Gegner: Nachdem in der Nacht auf den 27. April sämtliche Verteidigungskräfte die Stadt verlassen hatten, sei die Frage „Verteidigen oder Kapitulieren?" ernsthaft doch gar nicht mehr zu stellen gewesen.

Außerdem verübeln sie es dem Oberbürgermeister, daß er sich wenige Tage zuvor, als die Verteidigung Regensburgs noch beschlossene Sache war, nicht für die Rettung seiner Stadt eingesetzt hat. Ihren Beifall hätte es gefunden, wenn sich Schottenheim der drohenden Exekution des Dompredigers Maier entgegengestellt hätte, aber da habe sich der Oberbürgermeister ja auch bedeckt gehalten.

Schottenheim sei nicht irgendein Parteimitglied gewesen, heben die Gegner des Oberbürgermeisters hervor, sondern lupenreiner Nationalsozialist, wenn auch vielleicht kein Fanatiker. Jedem, der auf seinen hauptsächlich kommunalpolitischen Wirkungskreis verweist, halten sie antisemitische Äußerungen wie folgende entgegen: „Bolschewismus heißt Judenherrschaft. ... Der Jude hat und wird immer und ewig nur zerstören können, der Jude ist Parasit und wird es bleiben." Im übrigen habe Schottenheim nicht nur nationalsozialistische Phrasen gedroschen, sondern durchaus auch die Zähne gezeigt. Einmal habe er nach einer Verhandlung, die nicht in seinem Sinne verlief, seinem Gegenüber mit Dachau gedroht. So wie sich Schottenheim in den Dienst des NS-Regimes gestellt habe, könne er nicht behaupten, er habe nur „Schlimmeres verhüten" wollen.

All diesen Einwänden können die Schottenheim-Anhänger wenig entgegensetzen. Da sie jedoch in der Überzahl sind, fühlen sie sich durch ihre dürftigen Argumente nicht sonderlich irritiert.

Dienstag, 1. Mai 1945

Am 21. April war Tirschenreuth von der 90. amerikanischen Infanteriedivision besetzt worden. Das östliche Stiftland blieb jedoch noch für Tage in deutscher Hand – zum einen hatten es die Amerikaner mit ihrem Vormarsch nach Süden eilig und wollten sich nicht mit Plänkeleien in einem militärisch unbedeutenden Gebiet aufhalten, zum anderen bot das unwegsame Gelände den Verteidigern beste Möglichkeiten, einen nur mit halber Kraft angreifenden Gegner zurückzuweisen.

Eines der Dörfer, das um keinen Preis aufgegeben werden soll, ist Wondreb, nordöstlich von Tirschenreuth gelegen. Am 24. April hatte der Werwolf einen amerikanischen Panzerspähwagen, der sich dem Dorf näherte, attackiert und dadurch zu verstehen gegeben, daß Widerstand geleistet würde. Seit diesem Tag wird der Ort nahezu täglich von den Amerikanern beschossen. Alles Bitten des Bürgermeisters, die Verteidigung Wondrebs einzustellen, ist umsonst, der Führer der Wehrmachtskompanie äußert zwar Verständnis, beruft sich aber auf seinen Befehl, die Stellung zu halten.

So nimmt das Unheil seinen Lauf. Johann Schärdel verzeichnet in seinen Erinnerungen mit dem zutreffenden Titel „Das bittere Ende in Wondreb" für den 1. Mai gleich zwei Angriffe: „Nachmittags 3 Uhr: Artilleriebeschuß setzt wieder ein. Gleichzeitig Schützenfeuer im westlichen Dorf. Die Frauen eilen in den Keller. Der Beschuß wird immer stärker. Wieder liegen fast alle Einschläge im unteren Dorf, an dessen Rand ja auch die Schützenstellungen sind. Salve auf Salve fällt in das Dorf. Die Ortsmitte wird auch beschossen. Weißer Rauch quirlt aus dem Dach der Rosa Gmeiner. Der ganze Westteil des Dorfes liegt in einem Schleier von Rauch und Staub, aus dem das Bersten der Granaten und Feuerstöße aus Sturmgewehren und MGs herüberdringt. Plötzlich zwei ganz nahe Einschläge, und im gleichen Augenblick quillt eine schwarze Rauchwolke hinter dem Dach unserer Scheune empor. Das Anwesen unseres nächsten Nachbarn ist getroffen. Flammen prasseln, Menschen schreien. Der Beschuß geht weiter. Man zögert, das Haus zu verlassen, um zu helfen. ... Wie auf einem Präsentierteller liegt Wondreb vor dem Feind. Nun steht auch das Gehöft der Veronika Gmeiner in hellen Flammen, und weiße Rauchwolken quellen aus der Scheune des Anwesens Müller."

Verzweifelt versuchen die Bauern, ihre brennenden Anwesen zu retten und warten noch nicht einmal, bis das Schießen aufgehört hat. Nur auf dem Hof Veronika Gmeiners löscht niemand, wie Schärdel bemerkt; die ganze Familie ist im Pfarrkeller. „Da ist kein Mensch zu sehen, der hilft, obwohl die Flammen aus allen Fugen kommen. Die Glut ist kaum zu ertragen. ... Ein Flüchtling namens Stahlmann scharwerkt im Stall. Er hat das Vieh von den Ketten gelöst und schreit nach einem Helfer. Die störrischen Tiere wollen nicht aus dem Stall. Ein Futtertrog, der am Ausgang steht, hat es ihnen besonders angetan. Sie fressen und fressen, während das Feuer weiter Unglück verbreitet. Stahlmann und ich versuchen die Tiere durch den hinteren, noch feuerfreien Ausgang zu bringen. Es ist eine Arbeit zum Verzweifeln, derweil draußen das peitschende Knallen des Schützenfeuers weitergeht. Es gelingt uns, das Vieh zu retten, während vom Anwesen nichts mehr gerettet werden kann als ein bißchen Bettzeug." Der zweite Angriff am Abend ist nicht weniger heftig und vernichtet noch weitere bäuerliche Existenzen.

Und wieder beknien der Bürgermeister und Schärdel den Kompanieführer abzuziehen. Doch dessen Kadavergehorsam ist unerschütterlich.

Mittwoch, 2. Mai 1945

Nachdem am Dienstag in Wondreb mehrere Höfe in Brand geschossen worden waren, bestürmt der Bürgermeister zum wiederholten Male den Befehlshaber der Einheit, die das Dorf verteidigt, seine Leute abzuziehen. Sogar der NSDAP-Ortsgruppenleiter unterstützt ihn in seinem Verlangen. Und wirklich ist der Zeitpunkt gekommen, da der Leutnant zum Rückzug blasen kann, ohne sich selbst zu gefährden. Er erklärt, daß er an anderer Stelle eine neue Verteidigungslinie aufbauen und deshalb das Dorf dem Feind überlassen werde. Befragt, ob man denn nun in Wondreb die weiße Fahne hissen solle, warnt er die beiden: „Dazu rate ich nicht", zitiert ihn Johann Schärdel, der an der Unterredung teilgenommen hat, „es könnten einige gehängt werden, und auch die Werwölfe könnten kommen und sich rächen. Kommt der Gegner, so sieht er selbst, daß das Dorf frei ist. Alles andere ist Unsinn."

Vielleicht hätten die Wondreber doch besser daran getan, diesem Rat nicht zu folgen und die weiße Flagge zu hissen, denn mittags eröffnen die Amerikaner das Feuer, woraufhin der schönste Hof des Dorfes in Flammen aufgeht. Erst als sie keine Gegenwehr bemerken und nun doch Bettücher an den Häusern sichtbar werden, hören sie zu schießen auf. Parallel zur Straße, denn diese ist vermint, bewegt sich wenig später eine Kolonne von Panzern und Militärfahrzeugen aus Richtung Kleinklenau auf den Ort zu.

„Auf der Südseite des Dorfes kamen die Leute aus den Kellern heraus und winkten immerzu mit weißen Tüchern ins Dorf hinein. Einmal um den Feind zu besänftigen, was zu verstehen war; aber auch dann noch, als sie längst bemerkt haben mußten, daß keine Gefahr mehr bestand, winkten sie immer noch. Das war uns zuviel. Gar so willkommen waren uns die Amerikaner denn doch nicht." So Johann Schärdel, der sich über das Verhalten seiner Mitbürger ärgert.

Die Kämpfe sind vorüber, aber die Besetzung Wondrebs durch die Amerikaner wird doch von einem Todesfall überschattet: Als die Frau des Schuhmachers Zintl im Eingang ihres Hauses steht, um den Einzug der Amerikaner zu verfolgen, löst sich ein Schuß aus dem Gewehr eines GIs – vermutlich ohne Absicht – und verletzt sie so sehr, daß sie zwei Tage später stirbt.

In dem Dorf Hermannsreuth, durch dessen Ortsmitte die Grenze zu Böhmen verläuft, findet ein verlustreiches Artilleriegefecht statt, das sechs Stunden dauert. Mehrere Soldaten – Amerikaner wie Deutsche – werden tödlich verwundet, aber auch einige Zivilisten kommen um. Zehn Anwesen gehen in Flammen auf.

Nachdem die Kämpfe dieses Tages vorüber sind, sucht der 70jährige Lorenz Dill, Wirt des Gasthauses „Zum wilden Mann", den Gefechtsstand von Wehrmacht und SS auf und bedrängt sie inständig, das Dorf aufzugeben. Die Forderung ist um so mehr berechtigt, als ja nicht nur heute Opfer zu beklagen sind – von den Zerstörungen einmal abgesehen: Bereits in der letzten Woche sind vier Kinder auf einem der Felder von einer explodierenden Mine getötet worden.

Flossenbürg: Die Särge mit den Opfern werden zum Friedhof gebracht.

Dill hat kaum sein Anliegen vorgetragen, als ihn der SS-Kommandant festnehmen und nach Galtenhof, wo sich gerade ein Standgericht befindet, bringen läßt. Noch am selben Abend ist der Gastwirt tot.

Donnerstag, 3. Mai 1945

In Flossenbürg werden zahlreiche nach der Befreiung des Konzentrationslagers an Typhus und Fleckfieber verstorbene Häftlinge beerdigt. In den letzten Tagen ist auf Anordnung der Amerikaner inmitten des Orts ein Friedhof angelegt worden. Einige Einwohner müssen mit Fuhrwerken die Särge vom Lager zum Friedhof bringen, andere sind damit beauftragt, für Blumenschmuck zu sorgen. Die gesamte Bevölkerung des Orts muß an der Zeremonie teilnehmen. Sie ist allerdings durch einen Zaun von den überlebenden Häftlingen, die ihren Leidensgenossen das letzte Geleit geben, und den Ehrengästen aus 14 Nationen abgetrennt. Captain Goldstein, jüdischer Kaplan der 97. Infanteriedivision, zelebriert die Totenfeier.

Insgesamt sind auf dem Flossenbürger KZ-Ehrenfriedhof 141 Häftlinge begraben.

Mähring ist eine der letzten Gemeinden der Oberpfalz, die von den Amerikanern eingenommen wird. Auch hier, im äußersten Osten des Stiftlandes, hat sich die Wehrmacht verschanzt, um den Vormarsch des Feindes nach Böhmen aufzuhalten.

Flossenbürg: James F. Flaha aus Cleveland bläst zum Abschied von den Opfern.

Am vorigen Abend durften die Bewohner noch hoffen, ihnen blieben größere Zerstörungen erspart. Konrad Weis, in dessen Hof sich die Führung der Wehrmachtseinheit niedergelassen hat, berichtet, weshalb: „Die Offiziere saßen gerade um den Küchentisch, als ein Melder von der Radiostation hereinkam und sagte: ‚Melde gehorsamst, Hitler ist tot!‘ Diese Nachricht schlug wie eine Bombe ein. Alle saßen erschüttert da, und ich sagte: ‚Jetzt könnt ihr gehen?‘ Der Oberleutnant meinte, es werde für ihn sicher ein Ersatz gefunden. Die Soldaten blieben jedoch wegen ihres Eides auf dem Posten."

Am Donnerstagmorgen kommt ein Lastwagen mit Material an – die Verteidiger richten sich auf längere Kämpfe ein. Als Tiefflieger auftauchen, versuchen sie erfolglos, diese mit Gewehren abzuschießen. Etwas später lassen sich die zumeist jugendlichen und entsprechend unerfahrenen Soldaten auf ein Gefecht mit einem Panzer ein. Dessen Besatzung erschießt zwei von ihnen und nimmt einige andere gefangen. All diese Anstrengungen genügen zwar nicht, die Besetzung Mährings durch die Amerikaner zu verhindern, bewirken aber doch eines, und zwar heftigen Granatbeschuß. Sieben Höfe sind zerstört, wie die Bauern niedergeschlagen feststellen müssen, als sie die Luftschutzkeller verlassen.

Es hätten noch mehr in Brand geschossen werden können, wäre der Wehrmachtseinheit nicht irgendwann die Aussichtslosigkeit einer weiteren Verteidigung klar geworden. Einem Teil gelingt es noch, sich über die böhmische Grenze zu flüchten, die meisten werden jedoch gefangengenommen.

Nicht viel anders ergeht es Wernersreuth: Die Gemeinde war am Dienstag durch abgeworfene Flugblätter aufgefordert worden, die Straßensperren zu entfernen und zu kapitulieren; andernfalls würde das Dorf völlig zerstört. Der örtliche Befehlshaber ignoriert jedoch die Warnung und läßt weiterkämpfen. Sämtliche Zufahrtstraßen werden vermint, um den Vorstoß der gegnerischen Panzer zu erschweren.

Dadurch gereizt, nehmen die Amerikaner Wernersreuth nachts um 2 Uhr unter Artilleriebeschuß. Bevor sie in das Dorf einrücken, belegen sie es nochmals mit einem halbstündigen Trommelfeuer. Ein Flüchtlingsmädchen wird von einem Granatsplitter getroffen und stirbt, mehrere Personen werden mehr oder minder schwer verletzt. Endlich sehen Wehrmacht und Waffen-SS ein, daß sie nichts mehr zu bestellen haben, und flüchten in die böhmischen Wälder. Zurück bleibt eine zutiefst verstörte Bevölkerung inmitten der Ruinen ihrer Höfe.

Ausblick

Mit der Besetzung der östlichen Teile des Landkreises Tirschenreuth am 3. Mai 1945 ist für die Oberpfalz der Zweite Weltkrieg beendet. Südlich der Donau und im Norden Deutschlands wird noch gekämpft. Hitlers Nachfolger, Reichspräsident Karl Dönitz, seit dem 2. Mai im Amt, notiert am selben Tag in seinem Tagebuch, weshalb: „Die militärische Lage ist hoffnungslos. Im gegenwärtigen Stadium muß es Hauptziel der Regierung sein, möglichst viel deutsche Menschen vor der Vernichtung durch den Bolschewismus zu retten. Soweit die Angelsachsen diesem Ziel entgegenstehen, muß auch gegen sie weitergekämpft werden."

Unbeirrt durch mehrere mißlungene Versuche, die Allianz zu spalten, hält auch die neue deutsche Führung am Ziel der „Kapitulation nur vor dem Westen" fest und sieht sich doch immer wieder der Forderung nach „bedingungsloser Gesamtkapitulation" gegenübergestellt. Am 8. Mai 1945 endlich ergeht der erlösende Befehl an die kämpfende Truppe: „Am 9. Mai 1945, 0.00 Uhr, sind auf allen Kriegsschauplätzen von allen Wehrmachtteilen und von allen bewaffneten Organisationen oder Einzelpersonen die Feindseligkeiten gegen alle bisherigen Gegner einzustellen." Vorausgegangen war die Unterzeichnung der Kapitulationsurkunde in Reims am 7. Mai, eine Zeremonie, die am 9. Mai in Berlin zusammen mit Vertretern der Roten Armee wiederholt werden mußte.

Die Abschlußmeldung des Wehrmachtsberichts vom 9. Mai 1945 bescheinigt der Truppe hohes soldatisches Ethos: „Der deutsche Soldat hat, getreu seinem Eid, im höchsten Einsatz für sein Volk für immer Unvergeßliches geleistet. ... Die einmalige Leistung von Front und Heimat wird in einem späteren gerechten Urteil der Geschichte ihre endgültige Würdigung finden. Den Leistungen und Opfern der deutschen Soldaten zu Lande, zu Wasser und in der Luft wird auch der Gegner die Achtung nicht versagen. Jeder Soldat kann deshalb die Waffe aufrecht und stolz aus der Hand legen." Wirklich?

Allein zwanzig Millionen Bürger der Sowjetunion waren tot, Millionen waren in den Konzentrationslagern ums Leben gebracht worden, ganze Landstriche, vor allem in Osteuropa, waren verwüstet – „Unvergeßliches" war in der Tat geleistet, zumindest unterstützt, worden. Was aber das „spätere gerechte Urteil der Geschichte" angeht, ist zu sagen, daß es vielleicht noch schärfer ausfällt als das der damaligen Zeit, war anfangs doch nur ein Teil der Schuld bekannt, die das NS-Regime auf sich geladen hatte. Und diese Verbrechen nicht gekannten Ausmaßes hatte die Wehrmacht als militärischer Arm der nationalsozialistischen Diktatur geduldet, ermöglicht und oft sogar selbst begangen.

Andererseits: Auch die Gegenseite hatte sich die Hände schmutzig gemacht, wie ohne Beschönigung festzustellen ist. Die Erinnerung an Dresden oder, später, die grausamen Bedingungen in den Rheinwiesen-Kriegsgefangenenlagern zwischen Düsseldorf und Mainz, die Vertreibung der Deutschen aus den ehemaligen Ostgebieten ist heute noch für viele mit bitteren Gefühlen verbunden. Ob dies alles notwendig war, wird man mit Recht fragen dürfen. Indes ergibt sich hieraus freilich kein Grund, das – ohne Übertreibung – historische Verdienst der Alliierten, die nationalsozialistische Herrschaft beseitigt zu haben, zu relativieren. Schon gar nicht lassen sich die Toten der einen mit den Toten der anderen Seite verrechnen. Ein Gleichgewicht begangener Grausamkeiten konstruieren zu wollen, ignorierte die historische Kausalität: Die Opfer, die z. B. die Bombenangriffe der Alliierten forderten, hätte es ohne den Angriff Deutschlands auf seine

Nachbarn nicht gegeben. Und auch historische Singularität würde geleugnet: Der Genozid von Auschwitz ist ein Quantensprung in der Geschichte der Unmenschlichkeit.

Wenn man den Alliierten überhaupt einen Vorwurf machen kann, dann eher den, daß sie es soweit haben kommen lassen, daß das NS-Regime in der Lage war, einen Krieg riskieren zu können, ohne von vornherein mit einer Niederlage rechnen zu müssen. Von Nazi-Deutschland angegriffen, hatten sie jedoch alles Recht, sich zu verteidigen und später, als das Blatt sich zu wenden begann, sogar die moralische Verpflichtung, den Aggressor nicht nur – wie dies bei früheren Kriegen üblich war – in seine Schranken zu weisen, sondern von der Bühne der Weltgeschichte zu fegen.

Nur – wie bekämpft man einen zu allem entschlossenen Gegner, ohne zugleich das Blut unschuldiger Opfer zu vergießen? Ist es am Ende unmöglich, sich angesichts eines Feindes, der in allem die Maßstäbe der Zivilisation verhöhnt, niederer Racheinstinkte zu erwehren? Im Grunde weist dieses Dilemma, in das die Alliierten verwickelt waren, tragische Züge auf – der Kreuzzug gegen die Unmenschlichkeit, zu dem sich dieser Krieg allmählich entwickelte, konnte nur mit inhumanen Mitteln gewonnen werden. Anders ausgedrückt: Es gibt keinen „sauberen" Krieg, der archaische Kampf Mann gegen Mann und die – mißglückten – „chirurgischen Eingriffe" der neuesten Zeit unterscheiden sich nur in der Methode, nicht aber in ihren unvermeidlichen Wirkungen: dem Leid, das sie über die Zivilbevölkerung bringen, zumindest über die Hinterbliebenen der gefallenen Soldaten. – Von diesem Elend zu reden, war eines der Anliegen dieses Buchs.

Sofern das Ende eines Krieges viel mehr als das Schweigen der Waffen bedeutet, weil Folgen aller Art zu bewältigen sind, so gilt das in besonderem Maße für den Zweiten Weltkrieg, vor allem aber für Deutschland: Sollte es noch bis in die fünfziger Jahre dauern, bis die unmittelbaren Kriegsschäden beseitigt waren, so war die politische und psychologische Auseinandersetzung mit dem Krieg und den Ursachen, die zu ihm geführt hatten, d. h. der Diktatur, die ihn gewollt hatte, ein Prozeß, der viel längere Zeit in Anspruch nahm. Der Friedensvertrag zwischen den Kriegsparteien konnte nach Jahrzehnten der Ost-West-Spaltung der Welt gar erst im Zusammenhang mit der deutschen Einigung unterzeichnet werden.

Das alles lag im Frühjahr 1945 noch im Dunkel der Zukunft. Zunächst durfte sich die Bevölkerung Deutschlands glücklich schätzen, daß die militärischen Auseinandersetzungen ein Ende genommen hatten und die Bombardements ihrer Städte endlich vorüber waren. Was dann aber auf die einzelnen Menschen zukam, war doch recht unterschiedlich – jeder war auf andere Weise vom Kriegsende betroffen. Für die einen bedeutete es wiedererlangte Freiheit, und zwar nicht nur für die Häftlinge der Konzentrationslager und die politischen Gefangenen in den Zuchthäusern, sondern auch für all die, die sich in mehr oder minder offener Opposition zur nationalsozialistischen Diktatur befanden. Die anderen wiederum blickten einer höchst unsicheren Zukunft entgegen: die aktiven Nationalsozialisten ohnehin, aber auch die Nutznießer des Regimes, die im Hintergrund geblieben waren. Würden die Sieger Rache üben oder würden sie sich mit der Entmachtung derer, die sich exponiert hatten, begnügen? Dementsprechend betrachtete man den Einmarsch der feindlichen Mächte denn auch – je nach Interessenlage – als Befreiung oder als Untergang Deutschlands und reagierte mit Euphorie oder Depression.

Für die Mehrheit der sogenannten „unpolitischen“ Bevölkerung dürften jedoch – von der Trauer um die Toten nicht zu reden – verständlicherweise materielle Aspekte gegenüber den politischen Dimensionen des Kriegsendes im Vordergrund gestanden haben. Zerstörte Gebäude, Verkehrssysteme sowie Produktionsstätten mußten wiederaufgebaut werden, und, noch elementarer, die Ernährung der Menschen, einheimischer ebenso wie die der zahllosen Flüchtlinge, mußte sichergestellt werden. Der Mangel war allgegenwärtig. Medikamente, Textilien, Heizmaterial, Ersatzteile wofür auch immer – alles fehlte: wie überall, so auch in der Oberpfalz.

Der Mangel in Zahlen: In Weiden mußte im Mai 1945 eine Person wöchentlich mit 1 050 g Brot, 200 g Fleisch oder Wurstwaren, 125 g Fett, 50 g „Nährmitteln“, 25 g Kaffee-Ersatz, 30 g Käse und 30 g Quark auskommen. In einem Rechenschaftsbericht für die Monate April und Mai 1945 schrieb der Landrat von Burglengenfeld: „Die Lebensmittelproduktion im Landkreis reicht für den gesamten Bedarf nicht aus; die Versorgung mit Getreide und Kartoffeln erscheint wohl z. Zt. gesichert, nicht aber mit Milch, Fett und Fleisch, die schon vorher aus reicheren Gegenden eingeführt wurden.“ Oft kam erschwerend hinzu, daß Bauern die allgemeine Not ausnützten, weshalb der Landrat forderte: „Die Ablieferungspflichten müssen verschärft durchgeführt und der anfangs auftretenden Meinung der landwirtschaftlichen Bevölkerung, daß freie Wirtschaft herrsche, nachdrücklich entgegengetreten werden.“

Eine nicht minder große Belastung bedeutete in vielen Städten und Gemeinden die Zerstörung von Wohnraum. So war etwa Regensburgs Wohnungskapazität um 7,5 Prozent reduziert. Mochte diese Zahl in anderen Städten Deutschlands gewiß um ein vielfaches übertroffen werden, so verschärfte sich die Misere hier – wie in der Oberpfalz insgesamt – dadurch, daß aus den östlichen Nachbarländern Massen von Flüchtlingen zuströmten.

Weiden beispielsweise, das im Januar 1945 noch 31 614 Einwohner zählte, hatte im Februar 1945 schon 4 735 Flüchtlinge, Bombengeschädigte und Evakuierte unterzubringen, im August 1945 waren es dann 8 624 zusätzliche Menschen, die ein Dach über dem Kopf brauchten. Die Möglichkeiten der Stadt waren so restlos erschöpft, daß sich die amerikanische Besatzungsmacht ein Jahr später entschloß, eine Zuzugssperre für Weiden zu verhängen. Es ging ja nicht nur darum, daß die Menschen – Einheimische wie Flüchtlinge – Wohnraum benötigten, so unerträglich die Enge, in der man zusammengepfercht war, auch immer sein mochte. Die Bevölkerung mußte ja auch mit dem nötigsten versorgt werden. Und dieses Problem stellte sich unter der nationalsozialistischen Kriegswirtschaft nicht wesentlich anders dar als in den Anfängen der Besatzungszeit. Aussicht auf eine spürbare Anhebung des minimalen Angebots von Gütern aller Art sollte erst die Währungsreform von 1948 bringen.

Die Integration der Flüchtlinge, vor allem der Sudetendeutschen – „Bayerns vierter Stamm“ –, war eine Aufgabe, die trotz aller Bemühungen noch weit in die fünfziger Jahre hinein ungelöst bleiben sollte. Das Zusammenleben von alteingesessener Bevölkerung und Flüchtlingen war alles andere als spannungsfrei: Nicht nur, daß die Einheimischen kaum selbst genug zum Leben hatten, die neuen Mitbürger stellten oft genug auch unliebsame Konkurrenten im Kampf um die raren Wohnungen und Arbeitsplätze dar. Die hieraus erwachsenden sozialen Konflikte wurden häufig durch mentale Fremdheit, oft bedingt durch konfessionelle Unterschiede, noch verstärkt.

Die Auseinandersetzungen zwischen Einheimischen und Flüchtlingen waren jedoch Bagatellen im Vergleich zu den Ausbrüchen von offener Gewalt, zu denen es oft kam. Plünderungen, Vergewaltigungen, ja sogar Mord waren keineswegs auf die ersten Tage der Besatzung beschränkt. Entwurzelte Menschen aus aller Herren Länder vagabundierten in Dörfern und Städten, eigneten sich mit Gewalt an, was ihnen nicht freiwillig gegeben wurde, nahmen Rache für alles, das sie zu erleiden gehabt hatten. Nicht immer griff die amerikanische Besatzung ein, sondern war, im Gegenteil, gelegentlich selbst an Übergriffen beteiligt.

Unisono heißt es in den Chroniken, Erinnerungen und Augenzeugenberichten, daß es in aller Regel die DPs aus Osteuropa waren, die am meisten Angst und Schrecken in der Bevölkerung verbreiteten. Mögen diese Berichte durchaus den Tatsachen entsprechen, so kann man sich andererseits des Eindrucks nicht erwehren, daß in ihnen doch auch die nationalsozialistische Propaganda nachwirkt, die den Deutschen jahrelang eingehämmert hatte, daß die Bewohner Osteuropas, insbesondere die russischen, als „Untermenschen" zu betrachten seien. Überhaupt war es keine Zeit, in der differenzierte Urteile über andere Völker gedeihen und Klischees abgebaut werden konnten. Im Gegenteil, die Wunden, die man sich gegenseitig geschlagen hatte, lagen noch lange offen, und so nimmt es nicht wunder, daß gerade die befreiten polnischen und russischen Gefangenen sich immer wieder zu Exzessen der Gewalt hinreißen ließen. Und umgekehrt wird es verständlich, daß die Amerikaner, die aus dem Krieg vergleichsweise unbeschädigt hervorgegangen waren, von all den Ausländern, mit denen man es zu tun hatte, im Urteil der deutschen Bevölkerung am günstigsten abschnitten. Die humanitäre Unterstützung, die sie unmittelbar nach der Besetzung Deutschlands – als es am dringendsten erforderlich war – gewährten, später die berühmten CARE-Pakete, vor allem aber die erheblichen finanziellen Leistungen, mit denen sie die völlig darniederliegende deutsche Wirtschaft wieder in Gang brachten, legten im Laufe der Jahre mit den Grundstein dafür, daß aus Gegnern Partner und Verbündete werden konnten.

Wird man also im großen und ganzen feststellen dürfen, daß es zu ernsthaften Klagen mit zunehmender Dauer der Besatzungszeit nicht allzuviel Anlaß gab, so ist die Frage nach den Gefühlen, mit denen die Besatzer empfangen wurden, bei weitem nicht so eindeutig zu beantworten. Alle Aktivisten wußten natürlich, daß sie nichts Gutes erwartete, wie umgekehrt die Opfer des Regimes die Amerikaner euphorisch begrüßten. Aber die Masse der Bevölkerung, die sicher nicht schuldlos am Zustandekommen der nationalsozialistischen Herrschaft war, und dem Regime zujubelte, so lange es noch Erfolg hatte, wie reagierte sie?

Viele Chroniken sprechen von allgemeiner Freude über das Ende der Schreckensherrschaft, doch ein Blick auf das Druckdatum läßt an der Richtigkeit solcher Behauptungen zweifeln. Aus einer Entfernung von zehn und oft noch viel mehr Jahren scheint es sich hierbei eher um Projektionen, in die späteres Wissen um die Natur des NS-Regimes eingeflossen ist, als um historische Wahrheit zu handeln. Zeitgenössische Berichte scheinen da zuverlässiger zu sein. So meldet das evangelische Pfarramt Erbendorf an das Dekanat Weiden: „Von einer Begeisterung über die erfolgte ‚Befreiung' war nur bei wenigen etwas zu spüren. Aber es ging doch allgemein ein Aufatmen durch die Gemeinde darüber, daß die ständige Bedrohung durch den Luftkrieg aufgehört und auch das Zwangsregiment im Inneren sein Ende gefunden hatte. ... Mit der Besatzung und damit der Niederlage Deutschlands hatte sich die Mehrheit als mit einer unabänderlichen Tatsache bald abgefunden, Trauer über den Zusammenbruch des bisherigen politischen Regimes empfanden nur die wenigen, die dessen überzeugte Anhänger waren."

Gewiß hatten die Nationalsozialisten alles getan, daß der Abschied von der Diktatur leicht fiel; ihr Terror, der in den letzten Kriegsmonaten die gesamte Bevölkerung bedrohte, ließ viele

Nähe Regensburg, ein amerikanischer Soldat der 99. Division vor einer Kultstätte des Nationalsozialismus.

den Charakter des Regimes aufgrund unmittelbarer Anschauung erkennen und sich von ihm distanzieren. Trotzdem, bei allen Schrecken, die das untergehende Regime verbreitete, war aus den Deutschen nicht – gewissermaßen über Nacht – ein Volk von NS-Gegnern geworden, das die Amerikaner als Befreier gefeiert hätte. Doch die Besatzer, die ausgezogen waren, den Nationalsozialismus zu zerschlagen, hatten eine ganze Reihe von Plänen für die Umgestaltung Deutschlands im Gepäck.

Zwei miteinander zusammenhängende Maßnahmen standen dabei im Vordergrund: der Aufbau demokratischer Strukturen in Politik und Verwaltung, Wirtschaft und Gesellschaft zum einen, die Entnazifizierung zum anderen. Die anstehende politische Säuberung wie auch die Neuordnung Deutschlands konnte natürlich nicht den Deutschen selbst überlassen bleiben: Die Militärregierungen wachten darüber, daß alles nach ihren Plänen verlief. Ungeachtet der überraschend frühen Einsetzung der Regierung Schäffer in Bayern schon am 28. Mai 1945 und nachfolgend der anderen Länderregierungen behielten die amerikanischen, englischen und französischen Besatzer für vier Jahre die vollständige Kontrolle über (West-)Deutschland, bis sie – im Zusammenhang mit der Entstehung der Bundesrepublik im Jahre 1949 – dem neugegründeten Staat die (Teil-)Souveränität gewährten.

Fand die Demokratisierung Deutschlands recht schnell die Zustimmung der Bevölkerung, so stieß die Entnazifizierung weithin auf Ablehnung, ohne daß deren Notwendigkeit prinzipiell bestritten werden konnte. Keiner war sicher vor Denunziation, alte Rechnungen wurden beglichen, Schuldige kamen mit glimpflichen Urteilen davon, minder oder gar nicht Beteiligte sahen sich, mit Berufsverbot belegt, ihrer Existenzgrundlage beraubt. Der Erfolg dieser großangelegten politischen Säuberung ist noch heute umstritten. Sofern es ihr Ziel war, die Aktivisten des Nationalsozialismus von jeglichem Einfluß auf die Neugestaltung Deutschlands auszuschließen, ist dem Unternehmen weitgehend Erfolg zu bescheinigen, auch wenn bis in die Parlamente hinein immer wieder Parteigenossen von äußerst zweifelhafter Vergangenheit gedrungen sind. Daß mit der Entfernung des politischen Personals der NS-Diktatur aus den öffentlichen Ämtern zugleich die sozialen, mentalen und institutionellen Voraussetzungen beseitigt worden wären, die die nationalsozialistische Herrschaft ermöglicht haben, ist schon eher in Frage zu stellen. Von einem noch so hohen Prozentsatz der Stimmen für die demokratischen Parteien kann nicht auf eine allgemeine Akzeptanz der Demokratie geschlossen werden. Schon gar nicht wird man behaupten können, daß mit der Entnazifizierung und überhaupt mit den Prozessen gegen die NS-Täter alle Schuld gesühnt worden ist.

Um noch einmal von der Oberpfalz zu reden: Gauleiter Ruckdeschel, ein Täter, wurde 1949 nach seiner Entlassung aus amerikanischer Haft zu 13 Jahren Zuchthaus verurteilt. Ein Teil der Strafe wurde dem Anstifter des Mords an Domprediger Maier, Josef Zirkl und Michael Lottner erlassen. Danach hatte das Volkswagenwerk in Wolfsburg für den Mann Verwendung als Abteilungsleiter. Oder Johann Igl, ein Opfer: Die deutsche Justiz hielt seine Hinrichtung im ersten Verfahren für „keine rechtswidrige Handlung“, stellte das zweite ein und ließ das dritte schon gar nicht mehr zu. Die Kirche, in der er Mesner war, erinnert an ihn mit keiner Gedenktafel.

Nichts von all dem, von dem in diesem Buch die Rede war, kann ungeschehen gemacht werden. Ist etwas daraus gelernt worden? Wohl doch, auch wenn es kurz nach Kriegsende für viele noch unvorstellbar war, daß die Deutschen sich aus der Barbarei erheben und in nicht allzu ferner Zeit in den Kreis der zivilisierten Nationen zurückkehren würden.

Dank

Ohne die freundliche Hilfe vieler Institutionen und Privatpersonen, die mir Informationen zugänglich gemacht und insbesondere die Illustrationen beigesteuert haben, wäre dieses Buch nicht zu realisieren gewesen. Ihnen allen gilt mein Dank, vor allem aber Herrn Franz Busl, Bärnau, Herrn Ernst Dausch, Nabburg, Herrn Theo Hutter, Dietfurt, Herrn Walter Lang, Schwandorf, Herrn Hans Schuster, Hemau und Herrn Walter Weinberger, Neumarkt.

Herrn Dr. Klaus-Dietmar Henke, Berlin, möchte ich dafür danken, daß ich mich seiner voluminösen Materialsammlung bedienen durfte, die er im Zusammenhang mit der Entstehung seines soeben erschienenen Werks „Die amerikanische Besetzung Deutschlands“ angelegt hat.

Herr Dr. Konrad M. Färber, Buchverlag der Mittelbayerischen Zeitung, ist allen Autorenwünschen gegenüber aufgeschlossen gewesen.

Frau Dr. Isabel Pantenburg, Institut für Zeitgeschichte, München, hat sich um die Endredaktion des Buchs verdient gemacht.

Frau Ruth Ibañez, Regensburg, hat die beiden Karten angefertigt. Für die prompte Erfüllung sämtlicher Änderungswünsche möchte ich mich bedanken.

Frau Regine van Sweringen, Washington, hat freundlicherweise die Photographien aus dem Nationalarchiv Washington besorgt.

Unentbehrlich war mir die Hilfe von Frau Irene Stuiber, M.A., Herrn Thomas Schlemmer, M.A., und Herrn Dr. Hans Woller, alle Institut für Zeitgeschichte, München. Frau Stuiber hat viele Materialien, die in den Text eingegangen sind, beschafft und dabei vielerlei Mühen auf sich genommen. Thomas Schlemmer und Hans Woller haben in zahlreichen Gesprächen und mit kritischem Sachverstand die Niederschrift des Manuskripts begleitet, die Lesbarkeit des abgeschlossenen Textes „getestet“ und überdies bei der Bildredaktion mitgewirkt. Ihres Interesses und Rats gewiß zu sein, gab mir die Sicherheit, mich auf dem schwankenden Boden der Zeit, über die ich zu schreiben hatte, zu bewegen.

Wieder einmal hat meine Familie ein Übermaß an Geduld mit mir aufgebracht. Und wieder einmal weiß ich nicht, wie ich ihr danken soll.

München, im März 1995 Rainer Ostermann

Quellen- und Abbildungsnachweis

Folgende Institutionen und Privatpersonen haben für dieses Buch freundlicherweise Text- und Bildmaterial zur Verfügung gestellt oder mich in anderer Weise unterstützt:

Stadtarchiv Amberg, Herr Dr. Laschinger.
Haus der Bayerischen Geschichte, Augsburg.
Bildarchiv Preußischer Kulturbesitz, Berlin (S. 21, 22).
Oberpfälzer Volkskundemuseum Burglengenfeld, Frau Dr. Berwing (S. 55, 59, 160).
Stadtarchiv Cham, Herr Bullemer (S. 10, 11, 70).
Stadtarchiv Furth im Wald.
1. Oberpfälzer Kultur- und Militärmuseum, Grafenwöhr, Herr Meiler (S. 31).
Markt Kallmünz, Gemeindearchiv (S. 116).
Markt Konnersreuth, Gemeindearchiv, Herr Weiß (S. 79).
Stadtarchiv Kötzting.
Bildarchiv Foto Marburg im Kunsthistorischen Institut der Philipps-Universität, Marburg (S. 40 – obere 2 Abb., 75 u., 83, 98 – 2 Abb., 114, 115, 126, 144).
Bayerisches Landesamt für Denkmalpflege, München, (S. 39, 41, 42, 43, 75 o.).
Bayerischer Landesverein für Heimatpflege e.V., München.
Institut für Zeitgeschichte, München – Sammlung Henke.
Stadtmuseum Neumarkt, Frau Wurst.
Pädagogisches Institut der Stadt Nürnberg, Herr Ogan (S. 97).
Museum Parsberg (S. 24).
Bischöfliches Zentralarchiv Regensburg, Msgr. Dr. Mai (S. 16, 143).
Mittelbayerische Zeitung, Regensburg – Archiv.
Fürst Thurn und Taxis, Zentralarchiv – Hofbibliothek, Regensburg (S. 44, 119).
Stadtarchiv Regensburg.
Stadt Regensburg, Presse- und Informationsstelle – Bilddokumentation, Herr Heilmann (S. 40 u., 56, 57, 74, 118, 139, 140, 141, 145, 158 u., 159, 162).
Stadtarchiv Roding, Frau Ackermann (S. 52 – u.).
Stadtarchiv Schwandorf, Herr Lang (S. 63 – 2 Abb., 64, 65, 66 – o., 66 – u. re., 68 – o., 69, 77, 88, 89, 110, 111, 129, 130, 131, 161).
National Archives, Washington (S. 82 – 2 Abb., 90, 102, 104, 120 – 2 Abb., 121 – 2 Abb., 122, 123, 127, 128, 135, 136, 170, 171 – 2 Abb., 175, 176, 182).
Stadtarchiv Weiden, Frau Vorsatz (S. 53).
Frau Maria Bechtel, Kötzting.
Herr Franz Busl, Kreisheimatpfleger, Bärnau.
Herr Ernst Dausch, Kreisheimatpfleger, Nabburg (S. 105, 165).
Herr Dr. med. Walter Erdel, Regensburg (S. 46 – 2 Abb.).

Herr Hans Grieger, Schnaittenbach (S. 86).
Herr Albert Hanfstingl, Teublitz (S. 60).
Herr Peter Heigl, Nürnberg.
Herr Theo Hutter, Dietfurt.
Herr Georg Kempf, Cham (S. 71).
Herr Prof. Dr. Wilhelm Kick, Regensburg.
Herr Wilhelm Leibl, Burglengenfeld (S. 108).
Frau Ella Lummer, Waldmünchen.
Herr Alfred Mehler, Tirschenreuth (S. 30).
Frau Hanni Muggenthaler, Regensburg (S. 92).
Herr Heinz Pätzold, Regensburg (S. 138).
Frau Aurelia Rigl, Regensburg (S. 100).
Herr Theodor Rohrmüller, Regensburg (S. 49).
Herr Hansjörg Schneider, Waldmünchen (S. 155).
Herr Hans Schuster, Altbürgermeister von Hemau (S. 149).
Herr Erich Spahn, Grafenwöhr (S. 32 – 2 Abb., S. 33).
Herr Fritz Wallner, Schierling.
Herr Dr. Volker Wappmann, Vohenstrauß (S. 146 – 2 Abb.).
Herr Joachim Wechler, Regensburg (S. 78).
Herr Walter Weinberger, Neumarkt.

In einigen wenigen Fällen war es nicht möglich, die Inhaber der Rechte an den Abbildungen zu ermitteln. Diese werden gebeten, sich wegen eventueller Ansprüche mit dem Verlag in Verbindung zu setzen.

Ortsregister

Inhaltsverzeichnis

Marktredwitz
Waldsassen
Pechbrunn
Mitterteich
Wernersreuth
Bayreuth
Fuchsmühl
Wondreb
Mähring
OBERFRANKEN
Kemnath
Tirschenreuth
Hermannsreuth
Vorbach
Neustadt
Oberbibrach
Windisch-Eschenbach
Plößberg
Pegnitz
Speinshart
Pressath
Eschenbach
Neustadt a.W.
Flossenbürg
Grafenwöhr
Auerbach
Weiden
Kaltenbrunn
Mantel
Schirmitz
Vilseck
Luhe
Vohenstrauß
BÖHMEN
Achtel
Hahnbach
Wernberg-Köblitz
ITTELFRANKEN
Hirschau
Hirschbach
Sulzbach-Rosenberg
Pfreimd
Nürnberg
Amberg
Nabburg
Oberviechtach
Winklarn
Kümmersbruck
Taus
Schwarzenfeld
Schönthal
Waldmünchen
Herzogau
Rötz
Schwandorf
Furth
Warzenried
Neumarkt
Schmidmühlen
Bodenwöhr
Cham
Velburg
Burglengenfeld
Maxhütte-Haidhof
Roding
Regen
Nittenau
Kötzting
Kallmünz
Blaibach
Miltach
Lohberg
Parsberg
Regenstauf
Berching
Naab
Breitenbrunn
Beilngries
Dietfurt
Regensburg
Donaustauf
Paulushofen
Barbing
NIEDERBAYERN
Obertraubling
Kelheim
Bad Abbach
Köfering
OBERBAYERN
Straubing
Donau
Ingolstadt

Besetzung der Oberpfalz
U.S. Korps
XII. / 90.Inf.Div.
XII. / 11.Pz.Div.
XII. / 26.Inf.Div.
XX. / 71.Inf.Div.
XX. / 65.Inf.Div.
III. / 14.Pz.Div.
III. / 99.Inf.Div.
Datum der Bombardements
Datum der Besetzung
Eger
Waldsassen
Bayreuth 14.4.
Kemnath 20.4.
Tirschenreuth 21.4.
Pegnitz
Grafenwöhr 5.4.,8.4.
Weiden 16.4. 22.4.
Nabburg 22.4.
Amberg 9.4.,11.4. 22.4.
Nürnberg 20.4.
Schwandorf 17.4. 23.4.
Waldmünchen 26.4.
Furth 26.4.
Neumarkt 11.4.,20.4. 23.4.
Cham 18.4. 23.4.
Roding
Regen
Burglengenfeld 22.4.
Parsberg 23.4.
Regenstauf
Naab
Beilngries
Dietfurt 25.4.
Regensburg 11.4.,16.4. 27.4.
Kelheim
Straubing
Donau
Ingolstadt